# 擁有七個名字的女孩

## 一個北韓叛逃者的真實故事

李晛瑞／大衛・強 著
朱浩一 譯

**左** / 在照相館拍下這張照片時，我只有三歲。住在北韓的那段日子裡，我只拍攝了這張照片。 ©NOMAN Studio

**右** / 母親跟漂亮阿姨一起合照，這是在母親逃離北韓前的不久拍下的。她們很親，但就如同許多家庭成員分別住在南北韓的家庭一樣，她們相信此後或許將永不再相見。 ©NOMAN Studio

去鴨綠江打水的女人。 ©REUTERS Reinhard Krause

**上**／一幢位在惠山市內的公共建築上的標語寫道：「統一祖國。偉大的領袖金日成永遠與我們同在。」 ©REUTERS Reinhard Krause

**下**／這幅具有宣傳意味的金正日畫作出現在一支隊伍中的一輛花車上。畫中的他站在一個經歷過風雨的陽台上，眼神凝望著破曉。這幅畫作象徵他帶領了北韓穿過狂風暴雨，往燦亮的未來邁進。背後一輛花車上的標語寫著「自力更生！」 ©HarpersGWSNAS0902

兩幅出現在團體操表演中的金氏家族成員的肖像在一場團體操表演當中，數以千計的孩子整齊劃一地舉起紙板，建構出金日成及其子金正日的肖像。我跟同屬紙板組的同學們在惠山體育館裡彩排時，有好幾個小時的時間，校方都不准我們去上廁所，逼得我們只好尿在褲子裡。 ©breathoflifestar

**上**／北韓人民在位於平壤的萬壽台山崗向金日成跟金正日的巨型銅像鞠躬，這裡是崇拜金氏家族的主要聖地。來拜訪首都的外國人都會被帶到這裡，並被要求對這些銅像鞠躬。北韓政府透過這樣的方式，來讓一般的老百姓留下深刻的印象：世界各地的人都尊敬且景仰金氏家族。 ©breathoflifestar

**下**／這些位於平壤的高樓大廈，是趕在2012年的金日成百歲誕辰紀念日之前完工的，因為有金日成的出生，北韓才會成為「一個強盛的國家」。政府安排讓勞動黨內的高級黨員及其家人住在這些高樓中。 ©breathoflifestar

**上**／要去惠山市內的工廠上班的工人們跟在單位領導的後面前進。要去學校上學的孩子們也是採取同樣的做法。
©REUTERS Reinhard Krause

**左下**／集合式住宅 然而，就算被歸類為「核心階層」的家庭，也可能要住在破舊的房屋當中。 ©breathoflifestar

**右下**／惠山市內的邊境守衛。 ©REUTERS Reinhard Krause

**上**／在TED大會上發表親身經歷的演說，讓她的傳奇故事在全世界傳開。 ©NOMAN Studio

**下**／在英國大使館演講。 ©NOMAN Studio

CONTENTS

## 第二部　進入巨龍的心臟地帶

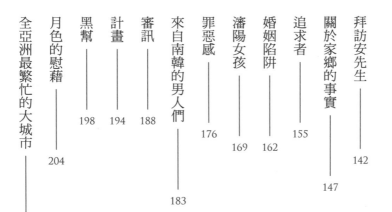

## 第三部 進入黑暗地帶

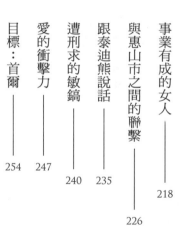

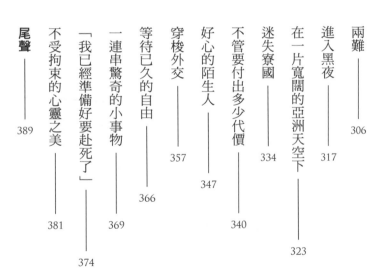

# 作者札記

爲了保護仍然留在北韓的親友，我在寫這本書的時候，更改了一些人的姓名，並隱藏了相關的細節。除此之外，書中所有的情節，都如實地依照我記憶所及去描述。如果是別人跟我說的故事，我也都照實將它們陳述出來。

# 前言

我的名字叫做李晛瑞。

這不是我出生時的名字，也不是在往後的人生中，不同的時期裡，別人強迫要我接受的名字。這個名字是我在獲得自由以後，給自己取的名字。「晛」這個字的意思是「陽光」。「瑞」的意思則是「好運」。會選擇這個名字，是因爲我的未來將充滿光明與溫暖的日子，我將再也不會活在陰影的底下。

我站在一個巨大的講台的側邊翼幕中，聆聽著數百名觀眾所發出的聲響。一個女性用軟刷幫我上了腮紅。一個麥克風裝到了我的身上。心臟撲通撲通地猛跳，我很擔心麥克風會接收到我的心跳聲。有人問我準備好了沒有。

「準備好了。」我說，但其實並沒有把握。

接下來，我就聽見了擴音器在宣布的聲音。有人正在說出我的名字，有人正在介紹我。觀眾席上湧起了大海般的聲響，很多人在鼓掌。我開始覺得非常緊張。

我走上講台。

我忽然很害怕，雙腳使不上力，聚光燈有如一顆顆遙遠的太陽讓我頭暈目眩，觀眾的臉我一張都不認得。

我總算是讓自己的身體朝講台的中央處移動。我緩緩地吸氣，藉此穩定自己的呼吸，同時大力吞下自己的口水。

這是我第一次用英文，用這種我不熟悉的語言來講述自己的故事。經歷了漫長的旅程，我才來到了此刻。

觀眾席很安靜。

我開始說話。

我聽見自己的聲音在顫抖。我告訴他們，有一個女孩，她在成長的過程中，相信自己的祖國是世界上最棒的國家。但她卻在七歲的時候，第一次親眼目睹了公開處刑的過程。我告訴他們，那天晚上，她穿過了一條結凍的江水逃跑，然後才爲時已晚地意識到，她再也沒有辦法回到自己的家及家人的身邊。我描述了那個晚上對我的人生帶來的轉變，以及多年以後發生的可怕事件。

有兩次，我都感覺到自己的眼淚快要流下來了。於是稍微停頓了一下，用眨眼的方式忍住眼淚。

對我們這些出生在北韓並逃離了祖國的人來說，我的故事並不特別。但我可以感覺到，這個故事對現場的觀眾帶來了衝擊。他們很震驚，大概在問自己，爲什麼像我的祖國那樣的國家竟然仍存在這個世界上。

也許他們很難去理解我仍舊愛自己的祖國，也非常想念北韓。我想念北韓冬天時白雪覆蓋的高山、煤油味，以及燃燒的煤炭味。我想念自己在北韓度過的童年、我父親懷中的安全感，以及睡在加熱過的地板的感受。我應該要對自己的新生活感到滿意才對，可是我仍舊是那個來自惠山市的女孩，仍然想在最喜歡的那間餐館裡跟家人一起吃麵條。我想念自己的腳踏車，以及江水對岸的中國風景。

離開北韓跟離開其他的國家不同。離開北韓比較像離開另一個宇宙。不管去到多遠的地方，我永遠也沒有辦法徹底逃離北韓的重壓。就連對那些經歷了常人難以想像的痛苦，才好不容易逃出了地獄的人來說也是一樣。許多難民都相當難以接受這個自由世界裡的新生活，過得也不快樂。其中，更有一小部分的人決定放棄，回去住在那塊黑暗的土地上。就連我也多次受到誘惑，想回去北韓。

然而，事實上，我已經不能夠回去了。就算我幻想北韓有一天或許會成爲自由的國度，但在建國至今已將近七十年的現在，北韓依舊跟過去一樣封閉而殘酷。此刻，回去祖國對我來說甚至會帶來危險，我很有可能會被視爲祖國土地上的異鄉人。

重讀了這本書，我發現這本書裡的故事寫的是關於我的覺醒，一段漫長而艱困的成長歷程。我接受這樣的事實：身爲一個脫北者，我對這個世界來說是個異鄉人，是個難民。就算試圖去融入南韓的社會，我覺得自己永遠也不會被視爲一個徹頭徹尾的南韓人。更重要的是，我不認爲自己有辦法完全接受這樣的身分。我到南韓的時候已經二十八歲了，太晚了。面對這個問題，最簡單的解決辦法就是說「我是韓國人」，但世界上並沒有一個國家叫做「韓國」。統一的韓國並不存在。

我想要脫下自己的北韓身分，擦掉北韓在身上留下的印記。但是我沒辦法這麼做。我不確定自己爲什麼下不了手，但我猜想，可能是因爲我有一段很快樂的童年時光。還是孩子時，隨著逐漸意識到外面的世界有多龐大，我們同時也會產生一種需求，讓自己不單只是家庭裡的一分子，更成爲一個國家裡的一分子。接下來的階段則是體認到人類的集體存在，成爲一個世界公民。但對我來說，這個發展的階段卡住了。在成長的過程中，我對外面的世界幾乎一無所知。我對外界的模糊印象，都先經過了黨的過濾。離開北韓後，我才慢慢發現世界各國都將我的祖國視爲邪惡的代名詞。但多年以前，在我的身分認同逐漸成形的時候，我並不知道這件事。我以爲北韓的生活方式很正常。唯有隨著時間跟距離拉長以後，我才意識到北韓的風俗民情跟統治者有多麼地奇特。

因此，我必須說，北韓是我的祖國，我愛北韓，但我希望北韓能變得更好。我的家人跟我認識的很多好人都住在北韓，因此，我怎麼能夠不愛自己的國家呢？

這是我的故事。我希望這本書能夠讓大家一窺我所逃離出來的那個世界。藉由這本書，希望能鼓舞那些像我一樣的人，他們都很努力地在適應這個對他們來說很不可思議的世界裡的新生活。希望這個世界能夠開始聆聽他們想要說的話，並採取行動。

# 序幕

我被母親的哭聲吵醒。我的小弟弟敏鎬依然睡在身旁的地板上。我意識到的下一件事情，是父親衝進了房間，口中人喊：「起來啊！」他使勁拉我們的手臂，把我們拉站起來，然後把我們趕在一起後推著走出房間。母親站在他的背後尖叫。當時是黃昏，天色幾乎已暗。天空很明朗。敏鎬還沒睡醒，昏昏沉沉。到了大街上，我們回頭，看見黑漆漆的濃煙從我們家廚房的窗戶湧出來，深色的火舌舔舐著外牆。

我訝異地發現父親竟然又跑進了屋子裡。

一陣狂風發出奇怪的怒吼聲從我們的身旁吹過，吹進了屋內。我們聽見了「呼」的一聲。屋頂一邊的屋瓦塌陷了，一團宛如菊花般的亮橘色火球往天空升騰，照亮了街道。房子的一側陷入火海，柏油般的黑色濃煙從其他窗戶裡冒出來。

父親人呢？

鄰居忽然把我們團團圍住。有人潑了一桶水——彷彿這麼做就能撲滅火焰。接著聽見吱嘎聲以及木頭裂開的聲音，緊接著火焰就吞噬了整座屋頂。

我沒有哭泣，甚至忘記了呼吸。父親沒有從房子裡面出來。

雖然只經過了區區幾秒的時間，對我來說卻像經過了好幾分鐘。他忽然現身，朝著我們跑過來，不停地猛咳嗽。他被煙燻黑了，臉上的汗水閃閃發光。他兩邊的手臂下各夾了兩個扁扁的方形物體。

他腦子裡想的不是我們的財物。他救出了那些畫像。我當時十三歲，年紀已經大得足以了解父親如果不這麼做的話，可能會招來怎麼樣的危險。

後來，母親跟我解釋發生了什麼事。爲了賄賂父親，幾個士兵給了他一大罐航空燃料。這個罐子放在廚房裡。廚房裡有一個鐵製的煉炭爐。煉炭是一種圓形的塊狀煤炭，北韓的家家戶戶都使用以煉炭作爲燃料的爐子來取暖。母親當時正在把那些燃料倒進另外一個容器裡，沒想到手一滑，罐子掉了出去，撒濺到煤炭上，然後就爆出了火花。鄰居們一定都在猜想，出事時，她到底是在煮什麼東西啊。

熊熊大火越燒越烈，整面牆都是火光。敏鎬開始大哭。我握著母親的手。父親小心翼翼地把畫像放下，接著把我們三個人抱住——我的雙親很少會在公共場合做出這麼親密的舉動。

我們靠在一起，看著自己的家在一波波的火光中燒毀、崩塌，鄰居大概都覺得我們很可憐吧。父親就這樣看著眼前的景象——他一臉骯髒，身上那套嶄新的人民服[1]毀了。而過去，母親總是把家裡打點得很好，並對此感到相當自豪。她更費盡心思注重自己的穿著打扮。如今，她卻只能看著那些漂亮的碗盆跟衣物都付之一炬。

然而，最令我感到震驚的，是我的父母看起來居然不難過。我們住的地方是北韓常見的兩房

1 即改良版的中山裝，分為拉鍊跟鈕釦的款式，顏色多為藍色跟綠色。

式低矮平房，裡面有國家配給的家具。回想起來，的確很難想像怎麼會有人懷念那種地方。但父母的反應在我的心中留下了很深刻的印象。我們一家四口平安無事地在一起——對他們來說這才是最重要的。

就是在這個時候，我了解到我們幾乎可以不需要所有的東西——我們的住家，甚至我們的國家。但我們永遠都需要其他人，和家人的陪伴。

整條街上的人都看到父親救出了那些畫像，這種英雄式的行動會讓一個市民因而獲得公開的表揚。然而事後，情況卻變得一發不可收拾。當時我們還不知道，其實已經有人在暗中監視著父親。

上 / 渭淵車站 ©NOMAN Studio
下 / 惠山公園 ©Hyeonseo Lee

# 第一部

# 世界上最偉大的國家

惠山市內的牛車 ©REUTERS Reinhard Krause

# 一輛翻山越嶺的火車

時間是一九七七年，夏天已近尾聲。一天早上，一名年輕女性在惠山車站的月台上跟姊妹們道別後，搭上了一輛前往平壤的火車。她收到了官方的許可，因此得以拜訪住在平壤的兄弟。因為過度興奮，所以她前一天晚上沒什麼睡。在她的心目中，「革命首都」是一個神祕而富未來感的地方。能夠親自去一趟平壤，這機會非常難得。

空氣仍然涼爽，而且聞得到附近的鋸木廠散發出來的新鮮木材味道；空氣裡的濕度還不會太高。她的座位靠窗。火車啓程，緩緩地沿著舊惠山線嘎吱嘎吱地前進。火車穿過了被松林覆蓋的高山，越過了陰影密布的峽谷。偶爾會隱隱約約地看見遠處下方的一條白色江水。不過隨著路途漸行漸遠，她發現自己的心思並沒有放在眼前的風景上。

滿車都是要返回首都的年輕軍官，他們個個精神抖擻。一開始，她覺得他們很煩。但很快地，她就跟其他乘客一樣，被他們逗得笑了出來。軍官們邀請車廂內的人跟他們一起玩遊戲——各種文字遊戲跟骰子遊戲——來打發時間。在那名年輕女性輸了一個回合以後，軍官們懲罰她唱一首歌。

車廂內變得很安靜。她低頭看著地板，鼓起勇氣，然後站起來，藉由抓住行李架來穩住自己的身軀。她二十二歲。由於要出門旅行，因此將那頭烏黑亮麗的秀髮用髮夾固定在後面。她穿了一件白色的連身裙，連身裙上有紅色的小花圖案。她唱的那首歌，出自北韓那年流行的電影，電影的名稱叫做《將軍的故事》。她唱得很好，聲音甜美而高亢。在她演唱完畢之後，同車廂內的每一個人都報以熱烈的掌聲。

她坐了回去。最外側的座位坐了一個老奶奶，老奶奶的孫女則坐在她們的中間。忽然間，一個身穿灰藍色制服的年輕軍官走過來站在她們的面前。他非常謙恭有禮地跟那名老奶奶做自我介紹。接著他抱起了那個小女孩，然後在那個年輕女性旁邊的位子上坐下，隨後再讓小女孩坐在自己的大腿上。

「告訴我妳叫什麼名字。」是他說出口的第一句話。

母親就是在這樣的情況下認識了父親。

他的聲音聽起來很有自信。相較於他那抑揚頓挫的平壤腔調，她不免覺得自己的惠山北部口音既粗俗又不得體。但他很快就安撫了她的情緒。他說自己其實也是惠山人，只不過因爲在平壤待了很長的時間，所以故鄉的口音不見了，而他之前又不好意思先承認這件事。她雖然目光低垂，但卻不時會偷瞄他幾眼。從世俗的觀點來看，他長得不算帥——他的眉毛又粗又濃，兩邊的顴骨高高地聳起——但她欣賞的是他的軍人舉止跟他的自信。

他說，他覺得她的連身裙很漂亮。她害羞地笑了笑。她覺得自己長得平凡又沒特色，所以喜歡穿漂亮的衣服來陪襯自己。但事實上，她比她自己認爲的還漂亮。旅途雖然漫長，時間卻過得很快。在聊天的時候，她發現他不停地看著她，而他的眼神中帶有一種其他男人所沒有的眞摯。她的臉因此而變得又紅又燙。

他問她幾歲，接著他非常正式地說：「請問我可以寫信給妳嗎？」

她答應了，然後給了他自己的地址。

事後回想時，母親不大記得去拜訪她那身在平壤的兄弟的過程點滴。火車上的那名軍官佔據了她所有的思緒。此外，她也記得當時的光景：光線被山上的松林的枝葉篩成了許許多多的斑點，照進車廂裡。

信沒有來。幾個星期過去，母親試著要將他趕出自己的腦海。她心想，他在平壤一定有女朋友。三個月過後，她已經走出了失望的心情，也不再去想他。

六個月過後的一天晚上，當時全家人都在惠山的家中。雖然天氣非常寒冷，但這幾星期以來的天空都很澄淨，讓他們擁有了一個美好的秋冬時節。晚餐快要吃完的時候，他們聽見了鋼頭鞋發出的喀噠聲正在一步步靠近房子，接著就聽見了一聲強而有力的敲門聲。餐桌旁的每一個人都露出了警戒的眼神。他們沒想到這麼晚會有人過來。母親的一個姊妹走過去打開門，她轉頭過來叫我的母親。

「有人要找妳喔。」

城市裡停了電。母親手裡拿著一根蠟燭來到門邊。父親人就站在門口，身上穿著軍隊的厚大衣，帽子則是夾在手臂底下。他在發抖。他對她鞠躬，同時道歉，說自己這段時間都跟著部隊去外地操練，而操練的期間則規定不能寫信。他臉上的笑容很溫柔，甚至有點緊張。在他的背後，點點星子懸掛在群山之間。

她邀請他進入他們溫暖的家。他們從那天晚上開始交往。

對母親來說，接下來的十二個月有如作夢一般。她之前從來沒有談過戀愛。父親依然駐守在平壤附近，因此他們每個星期都會互相通信，約好見面的時間。母親會去基地找他，他也會搭火車去惠山見她，她的家人也藉這個機會去認識他。對她來說，那些沒有辦法見到他的數星期之間，都充滿了最甜蜜的計畫及最甜美的想像。

有一次，她曾經跟我說，那段時間裡所發生的一切都帶有一種魔幻的光彩。在她身邊的人都宛如感染到了她的樂觀，而她有可能不是在作夢。當時的世界雖然處於冷戰的高峰期，但北韓正在度過它最好的年月。連續了好幾年的豐收，表示他們的食物很充足。而以共產世界的觀點來看，北韓的工業已邁入了現代化。南韓，我們不共戴天的敵人，則進入了政治的混亂期，而該死的美國佬則在一場殊死戰爭之中敗給了越南的共產軍隊。資本主義的世界似乎陷入了低潮。全國各地的同胞都深信歷史站在我們這邊。

在春天來臨，山上的積雪開始減少的時節，父親去了一趟惠山，請求母親嫁給他。她含著淚水同意了。她覺得幸福又美滿。而且最重要的，是雙方的「出身成分」都很好，讓他們的社會地位得以穩固又安全。

出身成分是在北韓實施的階級制度。每一個家庭，都會依據父系家族在一九四八年北韓建國之前、建國期間，以及建國之後的所作所爲來將該家庭分類爲核心階層、動搖階層，或是敵對階層。如果你的祖父是工人與農夫的後代，而且在韓戰的期間選對了陣營，你的家庭就會被歸類爲核心階層。然而，如果你的祖先當中包含了地主，或是在日本殖民時期幫日本人做事的行政官員，或是在韓戰期間逃到了南韓，你的家庭就會被歸類爲敵對階層。三大階層又可以依照狀況分爲五十一種層級，位在最高階的是金氏家族，最低階的則是永遠也不會從牢裡釋放出來的政治犯。諷刺的是，這個新興的共產國家所創造出的社會階級制度，比過往封建時期的帝王所制定的階級制度更精細而具有層次。有百分之四十的人口是屬於敵對階層，他們都已經學會了放棄夢想。他們會被分派到農場、礦坑工作，也會從事其他耗費體力的勞動工作。位處動搖階層的人有機會成爲低階的行政人員、教師，或擁有除了中央的掌權階級以外的軍人階級。唯有核心階層的人可以住在平壤、有機會加入勞動黨，並能自由選擇想要從事的職業。不會有人明確地告訴你，你在「出身成分」這個階級系統中確切的等級，但我想多數人憑直覺就會知道，如同一群由五十一隻羊組成的群體一樣，你從牠們吃東西的順序就能判斷出誰的階層高，誰的階層低。其中最美妙也最陰險的地方在於，在這個階級制度中，要往下沉淪很容易，要往上爬則幾乎是不可能，就算透過結婚也沒有辦法，除非偉大的領導人在某些特別的情況下寬恕了你們家的罪行。而佔了總人口比例百分之十或十五的菁英階層做人處事更要小心謹慎，一點差錯也不能犯。

在我父母相遇的那個時候，家庭的出身成分至關重要。它不只決定了一個人的一生，更決定了他們的孩子的人生。

我母親的家族擁有絕佳的出身成分。我的外祖父在二次世界大戰期間表現傑出，是一名戰爭英雄。在韓國還是日本的殖民地時，他滲透進了大日本帝國的警察組織，將機密情報送到了躲藏在當地山區的共產游擊分子的手中，並從警方的監獄中救出了一部分被捕的游擊分子。戰爭結束後，他接受了表揚。他在自己所住的社區中廣受崇敬。他保留了一張自己穿著日本警察制服的老相片，也寫了一份手稿來講述自己的故事。但在他過世以後，外祖母把這些東西都燒掉了，以防有一天這個故事會遭到他人的誤解，反而爲家族帶來災難。

外祖母在就讀大學的時候，成爲了一名積極的共產黨黨員。一九四〇年代，她赴日本留學，後來她回到韓國，成爲了少數的菁英知識分子。在那個多數人連小學都沒有辦法唸到畢業的年代，外祖母的留學經驗及教育程度在韓國人之中是非常罕見的。她在年僅十三歲的時候就加入了勞動黨。外祖父在娶了她以後，就搬到了她在惠山的故鄉。而不是依照當時的習慣，把她帶回他所住的省份。他成爲了地方政府裡的官員。一九五〇年秋天，韓戰發生第一年，美國的軍隊進入了惠山市。他爲了避免被捕，因此躲進了深山之中。美軍挨家挨戶搜索勞動黨黨員。當時，外祖母背上揹了一個嬰兒（她未來還會再生下七個）。她把他們的黨證藏在屋頂上的煙囱的磚頭縫隙之間。

「如果美軍找到了那些黨證，他們會把我們統統槍斃。」她告訴我。

她審愼保管黨證的行爲，使得我們家族得以擁有良好的出身成分。那些在美軍靠近住家時，就將黨證銷毀的黨員，後來都遭到了質疑。其中的一部分人受到了嚴厲的肅清，並被送去勞改營。在她後續的人生之中，外祖母隨時都會用一條細繩把她的黨證掛在脖子上，藏在衣服底下。

在我的父母交往了十二個月以後，他們本來應該要走入婚姻，但後來的故事卻不是這麼發展。

問題出在我母親的母親。我的外祖母不同意這場婚事。她不看好父親的前景跟他在空軍裡的職業生涯。她認爲母親可以找到更好的對象，可以嫁給一個能讓她過更好的日子的男人。由於她在日本所接受的教育，以及她那崇尙改革的共產黨黨員資歷，使我外祖母那一代的人認爲一旦論及婚嫁，則愛情不是主要的考量條件。穩定的經濟才是首要。只要運氣夠好的話，兩人就會在婚後愛上彼此。她認爲，幫母親找到最合適的對象，是她的責任。關於這件事，母親不能違抗她的意願。因爲當時沒有人膽敢違抗自己的父母。

母親度過了幸福又快樂的一年，如今故事卻開始變成一場惡夢。

透過關係，外祖母認識了一位富有魅力的女士。那時，平壤的電影工業正在蓬勃發展，而這位女士正是一名演員。那位女士的兄弟在首都的外交部擔任官員，於是我外祖母就安排要把我母親介紹給他。我母親對此感到不可置信。雖然對方很友善，但她對這個政府官員並沒有興趣。她愛我的父親。在母親不知道的情況下，外祖母就已經安排要把母親嫁給那個官員。

我的母親崩潰了。幾星期以來，她的眼睛都因爲流淚跟睡不著覺而疼痛。痛苦把她逼往了絕望的境地。外祖母強迫她跟我父親斷絕往來。寫信告訴他這個消息時，父親沒有多說些什麼。母親知道自己讓父親心碎了。

一九七九年春天，在一個明亮、寒冷的日子裡，我母親嫁給了那個平壤的政府官員。那是一場傳統的婚禮。她身穿韓國的傳統服飾，也就是一件繡有繁複花樣的紅色絲質韓式襖裙——一件能包覆住身體的長裙，外面罩上一件下襬較短的上衣。新郎則穿了一件西洋風格的人民服。婚禮結束以後，按照慣例，他們在萬壽台山上那座巨大的金日成銅像的底部拍結婚照。這個舉動是要展現出，不管一對夫妻如何鍾愛彼此，也比不上他們對慈父領袖的敬愛之意。沒有人露出笑容。

母親是在度蜜月的時候懷了我，然後在一九八〇年一月於惠山市把我生下。我出生時的姓名是金智惠。

看起來，母親跟我的未來似乎都已經成定局，不會再變了。

然而，愛情卻穿破了外祖母的精心策劃，找到了自己的出路，如同河流總會找到回大海的路一樣。

我母親在惠山市出生、長大。惠山市是位於北韓東北方的兩江道[2]政府的所在地。市內多山，長了許多的雲杉、落葉松跟松樹。這裡適合耕種的田地很少，生活很困苦。在韓國的民間傳說中，惠山市內的住民堅強又頑固。他們的生存能力很強。有一句俗諺說，若你把惠山市的人丟在大海的中央，他們會自己想辦法找到陸地。類似的俗諺總是把事情簡單化，但我的確在母親的身上看到了這些特質。隨著時間過去，敏鎬跟我也會展現出類似的人格特質——尤其是在頑固的部分。

母親受不了跟那個官員，也就是我的生父一起過日子，因此在我生下後不久就離開了他。韓國人計算年齡的方式跟多數國家不同。孩子剛出生就算一歲，不需要滿一年。所以這件事情是發生在我一歲的時候。

2 「道」一詞始於中國漢朝，為早期的行政區劃，目前中、台均已不使用，但南北韓仍繼續使用，等同於許多國家的「省」。

兩人很快就離婚了。如今輪到外祖母晚上睡不好了。女兒離過婚已經夠丟臉了，這個離過婚的女兒居然還揹著一個寶寶，這讓她幾乎找不到好對象。外祖母堅持要把我送給別人領養。

母親的一個兄弟成功地找到一對出身高貴、住在平壤、想要領養小孩的年輕夫婦。這對夫婦千里迢迢地來惠山市要看看我的長相，並打算要把我帶回去。他們隨身還帶了一個箱子，箱子裡面裝了玩具跟質料很好的衣物。

後續在屋子裡出現了很糟糕的場面。淚流滿面的母親拒絕把我交出去。外祖母使勁要從母親手裡把我奪走，母親怎麼樣也不肯放。我開始大聲哭叫。那對來自平壤的夫婦被眼前的景象嚇得目瞪口呆：外祖母先是對母親大發雷霆，接著則開始驚慌失措，苦苦哀求。很快這對夫婦就開始生氣，控訴我家的人欺騙了他們。

這件事情發生後不久，母親去軍事基地找我那個當軍官的父親。兩人感動重逢，他立刻就接受了她，而且更毫不遲疑地把我視如己出。

由於他們深愛彼此，外祖母也只好妥協。在那之後，她對我父親的印象也有所改觀。跟我父親見過面的人，都會覺得他很有威嚴，不過他卻溫和又友善。他從來都不喝酒，情緒也沒有失控過。然而，我父母之間的濃烈情感卻讓外祖母很擔心。她警告他們，若伴侶之間的愛意過於濃烈，他們的感情就會沒有辦法長久，而且其中一方在很年輕的時候就會去世。

我的父母終於結婚了。但現在，他們又遇到了一個新的問題——這次是他的雙親。如果祖父母知道我母親已經跟別人生下一個小孩的話，他們一定會強烈反對這樁婚事，因此父母試著要隱瞞起有我的事實。然而在惠山這種大家彼此之間大多都認識的城市，這種祕密常是紙包不住火。消息走漏，我祖父母在結婚典禮的幾天之前知道了我的存在。他們收回了原先的同意之詞，不准父親娶我的母親。我父親苦苦哀求。想娶我母親的心意已經歷過一次挫折，如果第二次又面臨失敗，他可能會承受不了這樣的打擊。

百般不願，祖父母總算同意了這樁婚事，但有一個條件：我必須改名，以象徵加入一個新的家族。北韓跟其他地方一樣，如果母親改嫁，孩子經常都要跟著改姓，但鮮少要連帶更名。我母親沒有選擇的餘地。因此，四歲的我在父母婚後不久就換了新的身分。我的新名字叫做朴敏英。

婚禮在惠山市悄悄地舉行了。這次不穿精緻的韓式襖裙，我母親穿了一件時尚的連身套裙。我父親則穿著軍服。祖父母在跟母親家族裡的親戚碰面時，絲毫不掩飾他們的失望神情。

我的年紀還太小，感受不出這些緊繃的氛圍。我也不知道關於自己身世的眞相。我要到七年以後，直到上小學了，才會知道這個祕密。即便到了現在，還是有一部分的我寧可自己永遠都不要發現這一切。隨著時間過去，這個眞相會讓我心碎，也會讓那個溫和、慈愛，我一直以爲是自己生父的男人心碎。

# 位在世界邊境的城市

四歲以前，住在兩江道的我，是在一大家子的叔伯姑嬸中長大的。雖然在父母親結婚以後，因爲父親工作的緣故，我們得要像游牧民族一樣四處搬遷，搬到國內不同的城市跟軍事基地，但早年的記憶已在心中扎根，讓我一生當中都對惠山市有著濃濃的眷戀之情。

兩江道是韓國境內緯度最高的地區。夏季的山景十分壯闊。冬季則會下雪，變得非常寒冷。日治期間（一九一〇—一九四五），日本人帶來了鐵路跟林場。某些日子裡，到處都聞得到剛剛被鋸斷的松木的氣味。兩江道也是一個矛盾的地區。北韓的最高峰是白頭山[3]。白頭山附近有許多神聖的革命史蹟地，只有出身成分最爲優良的人能夠獲准住在這裡。然而同時，土地最爲貧瘠的刑罰地區白岩郡，也在兩江道內。違反國家制度的家庭，就會因爲被判以「境內流放」的刑罰，而送到這裡。

在我的成長過程中，惠山市是一個很刺激的地方。並不是因爲那裡活力充沛——鄉下地方並沒有什麼著名的美景、餐館，或流行什麼特別的小眾文化。這個城市的魅力，來自於鄰近狹長的鴨綠江，而鴨綠江是韓國自古以來與中國之間的國界。對像北韓這種封閉的國家來說，惠山市就

3 即中國的「長白山」。

如同一座位在世界邊境的城市。對住在那裡的市民來說，惠山市是各種高級舶來品——透過合法、非法，跟嚴重非法的方式——輸進北韓的入口。這讓惠山市成為了一個欣欣向榮的交易與走私的中心，並為當地人帶來了許多利益跟好處，特別是能夠跟江水對岸的中國商人成為利潤豐厚的合作夥伴，賺進全球都能流通的強勢外幣：人民幣。有時候，惠山市會讓人覺得像個政府的鐵腕政策稍微鬆綁的半法外之地。這是因為，幾乎從管理市政的政黨領袖，到最底層的邊境守衛中的每一個人，都想從這些交易當中分一杯羹。然而，平壤方面偶爾也會下令取締走私行為，而這些平常睜一隻眼閉一隻眼的官員，則有可能會因而變得翻臉不認人。

因此，出身惠山市的人，比北韓其他地區的人更有商業腦袋，也更富有。大人會跟我說，我們能夠住在這裡非常幸運。他們說，除了平壤以外，這裡是全國最棒的地方。

我記憶中的第一件事情就發生在惠山市，而那最初的記憶差點就成了我最後的記憶。

說來奇怪，我還記得自己身上穿的那件洋裝。那件淺藍色的洋裝很漂亮。我自己一個人走過家後面的草地，然後坐在一塊枕木上撿石頭，接著再把石頭都放在自己的大腿上。那件洋裝跟我的手都因為這樣而弄髒了。忽然間，我聽到了很吵雜的聲響。那聲響非常大聲，劃破了空氣，在山谷之間迴盪一陣以後，就漸漸消逝到了遠方。我轉過頭。鐵軌的兩旁有松樹，一個跟房子一樣巨大的黑色物體沿著鐵軌的彎曲處直直地朝著我的方向前進。我不知道那是什麼東西。

一連串令我困惑的景象——閃爍的車頭燈、刺耳的金屬聲、刺鼻的燃燒氣味。有人在大喊。喇叭聲又一次大作。

黑色物體來到了我的面前，在我的頭頂上。我在黑色物體的下面。震耳欲聾的吵雜聲跟嗆鼻的燃燒氣味。

火車的駕駛員後來跟母親說，他在鐵軌彎曲的地方就看到了我。火車當時離我只有一百公尺的距離，來不及煞車，只能朝我衝來。他說，他的心臟都快要停了。我從第四節車廂的底下爬出來。不知道爲什麼，我竟然在笑。草地上出現了很多很多的人，母親也在人群裡面。

她把我從手臂的地方拉起來，然後大喊：「敏英，我跟妳說過多少次了？絕對——不要——下來——這裡！」接著，她緊緊地把我抱在她的腰際，然後開始大哭。一個女人從人群裡面走出來，走到我們的身旁，跟她說這是一個好預兆。能夠在年紀這麼小的時候就大難不死，這表示我以後會很長壽。我母親是一個非常迷信的人。年復一年，她會不停重述那個女人所說過的話。這句話成了某種救命仙咒。每當身陷險境，我就會想起這句話。

＊＊＊

我母親有七個手足——加上我母親總共是四女四男——每一個人都具備惠山市人特有的頑固個性。他們的職業千差萬別。其中一個極端是「富舅舅」。他是平壤一間成功的貿易公司的主管，能夠取得奢侈的西洋物品。富舅舅是我們的驕傲。另一個極端則是「窮舅舅」。在娶了一個來自集體農場的女孩以後，他在出身成分體制裡的地位就一落千丈。他是一個很有才華的藝術家，本來有機會成爲同行內的頂尖人物，得以獲准幫領導人畫肖像，但他的工作卻截然不同：他日復一日都在畫那些豎立在田野上的長長的紅色宣傳標語牌，勉勵疲憊的農工「解放經濟成長，邁入改革階段！」以及諸如此類的字句。其他兄弟還有經營當地電影院的「戲院舅舅」，以及販售毒品的「鴉片舅舅」。鴉片舅舅在惠山市很有影響力。由於出身成分很好，因此當局不會調查他的勾當，而當地的警察都很喜歡收他的賄賂。他會讓我坐在他的膝蓋上，跟我說一些跟高山、動物，以及傳說生物有關的民間故事，這些故事都很有趣。如今，回想起那些故事，我想他八成都是在吸毒亢奮以後說的吧。

對母親來說，家庭就是一切。我們的社交生活主要都是在家裡，她外面的朋友很少。關於這點，她跟父親很像。他們都是很內斂的人。我從來沒有看過他們手牽著手，也沒有看過他們在廚房裡偷偷擁抱。只有少數的北韓人會有那種浪漫的舉動，但他們對彼此的感情卻總是展現得清清楚楚。有時候，在吃晚餐的時候，母親會對父親說：「能遇見你眞是太好了。」而父親則會彎身對我耳語，音量剛好大到母親能聽得見：「妳知道嗎，就算他們載了十大台卡車的女人來給我，讓我隨便選一個自己最中意的，我依然會婉拒所有的人，一樣選擇妳母親。」

他們的婚姻一直都很幸福美滿。母親會咯咯笑著說：「你們的父親擁有天底下最漂亮的耳朵！」

父親因軍隊事務而到遠方時，母親就會帶著我去跟外祖母或其中一個阿姨住在一起。母親的姊妹中，最年長的是「老阿姨」。她是一個鬱鬱寡歡的獨居女子，直到多年以後，我才知道她有過一段不幸的婚姻。最年輕的則是「高阿姨」，她是一個很慷慨的人。在母親的姊妹裡，最美麗聰明的是「漂亮阿姨」。還是女孩的時候，她曾經想當一名花式溜冰的選手，但有一次意外滑倒，害她斷了一顆牙齒，因此外祖母就要她放棄這個夢想。漂亮阿姨的腦袋很精明——我母親也擁有相同的才華——她靠著把中國貨物賣往平壤跟咸興市而賺了很多錢。她也很強悍。有一次，她在一間既沒有電力、麻醉藥也不足的醫院裡，就靠著蠟燭的燈火，動了割盲腸的手術。

「我聽得見他們在把我的身體切開。」她說。

我很害怕地問：「不會很痛嗎？」

「嗯，會啊，可是又能怎麼辦呢？」

母親是天生的大企業家。對一名出身成分高貴的女性來說，這是一個不常見的特質。在一九八〇年代到一九九〇年代的初期之間，許多同樣出身的女性，會認爲從事貿易去賺錢是不道德的，有損她們的尊嚴。但母親是惠山人，她嗅得出哪裡可以做買賣。後來的數年之間，她冒險經手過許多能賺錢的小買賣，讓我們家能夠在最艱苦的情況下繼續生存。在我成長的過程中，「貿易」跟「市場」依舊是骯髒的字眼。但過了幾年，在做買賣成爲了求生的手段之後，人們對這件事情的態度就有了極大的轉變。

她對我的管教很嚴格，把我養育得很好。她對每一件事情都有很高的標準。她教導我撞到老人家、說話太大聲、吃飯吃太快，以及吃飯時嘴巴沒有閉起來，都是很沒有禮貌的事情。我學習到坐下來時雙腿張開，是很不雅的舉動。我學習到坐在地板上時，要跟日本人一樣，雙腳彎曲後疊在一起，上身則要挺直。她還教導我早上要跟她還有父親道別時，必須要行九十度的鞠躬禮。

有一次，一個女性朋友來找我，看到我做這個動作，她說：「妳爲什麼要這麼做啊？」她的問題嚇了我一跳。「妳不會這麼做嗎？」

我的朋友笑到全身無力。在那之後，有人就會用誇張又嘲諷的正式鞠躬動作來取笑我。

母親沒有辦法忍受家裡不整齊，她對條理的追求有時會近乎偏執。在公眾場合時，她會盡心打扮——她從來都不穿老舊的衣服，而且對時尚很敏感，不過仍然很少對自己的打扮感到滿意。身處在一個認為美就等同於圓臉、大眼，再加上杏唇的社會中，她抱怨自己卻生了一雙鳳眼跟一張尖臉。她常拿自己的長相來開玩笑：「懷妳的時候，我很擔心妳的長相會像我。」她對時尚的喜好也遺傳給了我。

＊＊＊

我本來應該要在惠山市唸小學的，但後來卻沒有。某年十二月的一個晚上，父親下班回家，臉上掛了一個大大的笑容。當時，外面在下雪，他的帽子跟制服上都灑滿了白雪。他拍了拍手，要了杯熱茶，接著告訴我們，說他升官了。他要被轉調到其他的基地。我們將要搬到北韓西岸的安州市去。

## 牆上的眼睛

剛邁入一九八四年不久，我們一家三口就搬到了安州市。我當時四歲，一看到當地的景象時，母親的心都涼了。當地主要的產業是開採煤礦，而流經安州市中心地帶，一路流到黃海的清川江，則因汙泥跟煤渣而烏黑混濁。有人告訴我們，清川江的水流在夏天的時候會變得很難聞，梅雨季節則容易氾濫，水會淹進城市。就跟北韓的其他城市一樣，安州市裡多數的建物都是在韓戰結束以後重建的。每一棟房子看起來都很單調，缺乏色彩。市中心的主要道路上，是一整排用混凝土磚塊蓋成的公寓。只有少數幾棟採用了蘇聯風格的公家單位建築，以及一座裡面同樣擺了一尊金日成銅像的公園。市內的其他房子，則都有個瓦片砌成的屋頂，房子的外形又矮又胖。雖然惠山市的建築風格也跟這裡差距不大，但因爲城市的後面有群山峻嶺，再加上我們家的生活多采多姿，因此對我們來說，惠山市是個迷人的地方。

母親非常後悔離開了惠山市，她知道往後要拜訪自己的母親跟手足都會變得很不容易，頻率也會因而降低。但同時，她也知道我們要開始過好日子了。多數的北韓家庭從來都不遠行，他們一輩子都待在同樣的地方，就算只是要離開自己住的地區，都需要有旅行許可證。父親的工作讓他得以拿到其他人沒辦法獲得的物資，我們幾乎每一餐都有魚或肉可以吃。我當時並不知道，多數的北韓人很少有機會吃魚或肉，次數少到他們大多都清楚地記得自己是哪一天吃到了魚或肉

——通常是領導人的生日，因爲那天會配給額外的食物。

我們不喜歡在父親的軍事基地裡面的新家。屋裡有一台嵌在牆裡的收音機，收音機上有擴音器。這台收音機關不掉，上面也沒有音量控制按鈕。收音機裡偶爾會由班長——負責管轄我們所住的社區單位的人——大聲地喊出各種指示，或宣布要進行防空演習。班長通常是五十多歲的女性。她的職責是傳遞政府單位的警告、檢查有沒有人在沒有獲得許可的狀況下熬夜不睡覺，並隨時留心住在她管轄的街區裡的家庭的所作所爲。我們要搬進去的那天，她拿了兩幅畫像給我們。這些畫像跟我們在惠山市家裡的一樣。我們連在這裡的第一頓飯都還沒吃，就先把畫像掛到了牆上。

我們全家都在這些畫像的底下過日子、吃喝、交流跟睡覺。我在他們的凝視下成長。每個家庭的首要職責，都是照顧好這些畫像。事實上，這些畫像代表了另一個家庭，而且比我們的雙親更睿智、仁慈。這些畫像所描繪的，是北韓的國父，我們偉大的領導人金日成，以及金日成鍾愛的兒子金正日。金正日是「親愛的領導人」，有一天將會繼承他父親的地位。他們那用噴槍繪成的冷漠臉龐懸掛在我們家裡，乃至於所有家裡最顯著的地方。不論是任何建築，只要我一踏進門，就會看到他們像聖人般懸掛在牆上。

從年紀還很小的時候開始，我就會幫母親擦拭這些畫像。我們使用一條政府單位提供的抹布，這條抹布只能夠用來擦拭這些畫像。連腳步都還走不穩的時候，我就已經知道這些畫像跟其他的家用物品截然不同。有一次，我用手指著那些畫像，母親大聲斥責我：「絕對不可以這樣做。」於是我學到，用手去指是非常失禮的行爲。如果要指向這些畫像，我們會把掌心往上，帶著敬意。「要像這樣。」她說，同時做給我看。

這些畫像必須掛在現場最高的地方，而且要掛得方方正正。同一面牆上絕對不可以出現其他的圖像或凌亂的雜物。公共建築跟黨內其他高級幹部的住家裡則必須懸掛第三幅畫像。第三幅畫像上的人是早逝的抗日英雌金正淑。她是金日成的第一任妻子，也是金正日神聖的母親。我認爲她長得非常漂亮。我們把這神聖的三人組稱爲「白頭山三大將軍」。

每個月裡大概會有一天，戴著白手套的將領們會進入街區內的家家戶戶，檢查這些畫像。如果他們回報有一戶沒有把這些肖像擦拭乾淨的話——有一次，我們看到這些將領用手電筒從某個角度去打光，想藉此看出玻璃上是否有一絲汙點——這一戶人家就會受到懲處。

每次要擦拭這些畫像的時候，我們都會非常小心，彷彿這些畫像是從高麗王朝[4]古墳裡挖掘出的稀世珍寶，或是濃縮鈾[5]一樣。如果是因爲夏季的潮濕而使紙張受潮，產生發霉的斑點，將領們並不會因而怪罪下來。但如果是因爲其他的原因而導致畫像受到損害，屋主就可能會惹上極大的麻煩。每一年，新聞媒體都會報導拯救畫像的英勇事蹟。我父母曾從收音機的報導裡，聽見說話的人讚揚一名老爺爺把畫像高舉在頭頂，舉步維艱地跋涉過險峻的氾濫洪水（老爺爺救了畫

---

4 為朝鮮半島的古王朝。創建於西元九一八年，於一三九二年時因部屬發動政變而滅亡。多數已出土的古墳都位於黃海北道裡的開豐郡內。

5 鈾為自然界中稀有的化學元素，具放射性。將鈾礦以同位素分離法處理過後，可以獲得低濃縮鈾與高濃縮鈾。低濃縮鈾可以用來供核能電廠發電，高濃縮鈾可以用來製造核子武器。

像，卻爲此而犧牲了自己的性命），也曾在全國發行的日報《勞動新聞》中看到一張照片：在一起嚴重的土石流災害發生以後，一對夫妻搖搖晃晃地坐在他們屋頂的瓦片上，手裡緊緊抓著那些神聖的畫像。報紙鼓勵全國國民都應該將這些現實生活中的英雄視爲榜樣，效法他們的行爲。

對我來說，這個「國家意志入侵住家」的舉動很自然，我並不覺得自己受到了壓迫。很難想像有人會去抱怨這些畫像的存在。每逢日曆上的大節日——金日成與金正日的生日——我們一家三口就會成排站在畫像的前面莊嚴地鞠躬致敬。

那個小小的家族儀式，是政治力量唯一會進入我家的時候。父親下班時，桌上會擺著我們每餐都會吃的米飯、羹湯、泡菜，跟醃黃瓜。母親會先等我說完：「偉大的領袖父親金日成，感謝您賜給我們豐盛的一餐。」然後我們全家才會動筷子。但吃飯時，我父母只會聊自己或家族裡的成員遇到了些什麼事。惠山市的親戚那裡總是會傳來許多無傷大雅的消息。

我們從來也不會討論嚴肅的話題。就像那些提前意識到前方的道路可能會出現什麼險境的孩子一樣，我也學習到要避談那些話題。這是爲了要保護我自己。關於這點，我們跟其他家庭並沒有什麼不同。由於不管我們在公開場合或私底下所聊的話題幾乎都跟黨的威信有關，因此任何話題都可能會涉及政治，也連帶潛藏著風險。所以我父母不會粗心大意地在我面前批評世事，免得我不小心重述或誤解了他們的話。

逐漸長大，我意識到了背後的風險。我知道風險就在那裡，但同時也覺得那風險的存在很正常，就像空氣裡的汙染分子，或是火焰可能會害人燙傷。我不會擔心，而敏鎬出生以後，他也不會擔心。我們甚至很少提到牆上那雙照射在我們身上的領導人之眼。舉例來說，我們在提到金日成的名諱時，也不會忘記要加上他其中的一個頭銜——偉大的領導人、偉大的領袖父親、同志、總理，或是元帥——否則如果被人舉報的話，會被視爲帶有冒犯領導人之意，並受到嚴厲的懲處。

跟世界上其他國家的孩子一樣，我會跟其他小孩玩在一起，也會吵架。我父母爲這件事擔心不已。尤其是母親，她似乎有種趨吉避凶的才能。一部分是因爲她的出身成分良好，因此對自己很有自信。但除此之外，她還擁有一種跟人打交道的圓滑天賦，這個天賦一次又一次地救我們脫離險境。她應付班長很有一套。我們所住的街區每星期會開一次會。而她會在參加集會時，盡己所能地跟班長交朋友，送對方小禮物。我們所知道的班長多半都是講理的女強人，因此母親能理解她們的想法。但她總是會仔細地打理我們家的門面，除了盡量不要引起政府單位的注意之外，也注意不引發他人的妒忌。

如果遇到了善意跟理性都沒有辦法解決的問題，我母親就會試著借助金錢的力量。

我們剛抵達安州市的那星期裡，在市中心的街道上，有五名戴著紅色臂章的義務糾察員叫住了她。這些糾察員會在城市裡悄悄地巡邏，四處尋找那些違反了北韓數之不盡的社會秩序法規的人——任何穿著牛仔褲的人、頭髮稍微過長的男性、戴了項鍊或搽了畀國香水的女性，這些人全部都違反了社會主義的原則，也象徵著道德的淪喪以及墮落的資本主義者。這些熱心的義務糾察員有可能傲慢又咄咄逼人。在北韓，所有成年人的左胸胸口都要佩戴一個圓形的小胸章，上面有偉大領導人的肖像。而這些糾察員最卑劣的手段，就是在早晨的尖峰時刻，去抓住那些出門時忘了戴上胸章的人。這些被逮著的人得面臨一個棘手的問題：任何人都不能宣稱自己「只是不小心忘記了」偉大的領導人。

母親那天早上所犯的錯，是在公開的場合穿著褲子，而不是裙子。由於領導人宣布韓國女性穿褲子很不雅觀，因此這件事情是禁止的。這些糾察員包圍了她，並要求她說明自己穿褲子的動機。為了避免紛爭，她支付了罰金，並塞了些賄款給對方，使自己的身分證明手冊上不會留下案底。

我母親行賄的動作很有自信。只要沒有被人抓到，這件事情其實稀鬆平常。在北韓，若你想要把事情辦好，或是要規避嚴格的法律、某些荒謬的觀念，行賄經常是唯一的手段。

我們慢慢地習慣了在軍事基地裡的生活。我發現，在軍營裡生活跟在外面生活的差別其實沒有想像中那麼大。大家彼此之間都互相認識，軍營裡面的安全措施也不多。父親會開玩笑說，整個國家就是一個大型的軍事基地。當時的我們很不容易跟別人交朋友。

跟父親一樣，母親也會避免跟他人交流。她知道該怎麼跟他人保持適當的距離。身在一個你認識的人越多，就越有可能會有人批評或告發你的國家中，這種保守的態度為她帶來的只有好處。我帶朋友回家的時候，她的待客之道是周到但不熱情。而她的本性其實並不是這樣。北韓最慘的一點，就是每個人的臉上都戴著面具，因為摘下面具就要承擔風險。對外，我母親的態度既冷酷又不苟言笑，儼然是一名具備優良出身成分的婦女。事實上，她既幽默又富同情心。若是為了幫助自己鍾愛的那些人，她會願意賭上一切。她經常會伸出援手，去幫助那些日子過得不是太好的手足，特別是窮舅舅跟他那些住在集體農場的家人。她資助過他們食物、衣物，還有金錢——雖然我羞於承認，但她資助的數量實在是多到令我抱怨連連、氣憤不已。雖然母親做事實事求是，但骨子裡的她卻崇敬鬼神。她強烈地感受到祖先的存在，因此會在農曆過年以及秋收的節慶「秋夕[6]」時來到祖先的墓旁，以食物跟供品祭祖。祭祖時的她會悄聲說話，並告訴我：「說話要注意分寸。」因爲祖先聽得見你說的話。

在這個時候，我最要好的朋友是我養的小狗——牠是一隻可愛的小型犬，其他國家的人還會幫這種狗穿上小裙子呢。大人不准我這麼做，因爲大家都知道，幫狗狗穿衣服這種事，只有信奉墮落的資本主義的人才會去做。比起在乎人，那些豺狼一般的美國佬更在乎狗。這是幼稚園裡的老師們跟我說的。美國人甚至還會幫狗穿衣服呢，因爲他們自己就跟狗沒兩樣。

進入安州市的幼稚園就讀時，我六歲了。此時，雖然我因爲年紀太小所以還沒有意識到，但進入幼稚園就讀的這個舉動，暗示了我跟父母的關係已經開始有所不同。從某種意義上來看，我已經不再屬於父母了，我屬於國家。

6 即韓國的中秋節，跟其他華人地區的中秋節一樣訂於農曆的八月十五日。是慶祝秋收、祭祖、送禮的日子。

# 黑衣女士

學校在九月時開學，寒假長，暑假短，因爲北韓冬季的氣候很嚴峻，園方難以維持校園的溫暖。我就讀的幼稚園在教室的中間擺了一個巨大的火爐，火爐靠著燒木柴來發熱。牆上畫了很多色彩鮮豔的景象，有做體操的孩子、穿制服的孩子，還有一名北韓士兵用步槍的刺刀同時刺穿一個美國佬、一個日本人，跟一個南韓人。

從上學的第一天，學校就開始灌輸北韓的意識形態給學童。

老師們會告訴我們小小英雄的故事，這些孩子在日本殖民時期起身反抗日本人。還會告訴我們金日成童年時的傳奇事蹟——雖然年紀還小，他卻自願把食物跟鞋子送給更不幸的孩子。只要能看見別人快樂，他甘願自己受苦。

每次只要提到領導人，那些老師的嗓音都會變得低沉而顫抖，彷彿他們在吟誦活神仙的名諱。牆上展示了一些照片：年輕的金日成加入了游擊隊；微笑的孤兒圍住了金日成；金日成穿著白色的元帥軍服，此時的他已是我們的國父。他高大而英挺。與他並肩作戰的妻子金正淑，則像是民間故事裡才會出現的英勇女士。他們自然而然地就成了眾人景仰的對象。

他們的兒子，也就是所謂的「親愛的領導人」金正日的誕生故事，則聽得我渾身起雞皮疙瘩。上天的異象預言了他的降生——白頭山上出現了雙彩虹、燕子以人的聲音啼唱出讚頌的歌曲，以及天空上出現了一顆耀眼的新星。聽完這些話以後，一股激盪的敬畏之情流過我們小小的身軀。我頭皮發麻。這個事蹟眞的太神奇了。老師們鼓勵我們用畫圖及著色的方式去表達出當時的情況：那間被大雪覆蓋的、他出生的小木屋，背景是聖山，天空還有一顆新星。他的生日是二月十六日，這天成爲了「光明星節」。幼稚園裡也有那間木屋的小模型。木屋上畫了白雪，上面罩了一層玻璃櫃。

這段時期裡的我無比快樂。由於我們是金日成的子民，因此我們成了世界上最偉大的國家的子民。我們的口裡唱著他出生的村莊萬景台的歌曲，同時也搭配簡短的舞蹈，並在歌詞唱到「萬景台」這個字時舉起雙手。金日成的生日是四月十五日，這天是「太陽節」，而我們的國家是「日不落之國」。

這些生日都成了國定假日，而且當天政府會發放零食跟糖果給所有的孩子。從很小的時候開始，我們就會把偉大的領導人及親愛的領導人跟禮物還有快樂的心情連結在一起，就像西方的孩子想到聖誕老人時一樣。

我年紀太小，還不懂得懷疑。我百分之百相信這個英勇的一家人拯救了我們的祖國。金日成創造了國內一切的事物。在他出現之前，所有的東西都不存在。他是我們的父親的父親，我們的母親的父親。他是一名無敵的戰士，光是在這段人生中，就已經戰勝了兩個極有權勢的偉大帝國——在韓國五千年的歷史上，只有他有辦法辦到。他在十年之內，跟日本打了十萬場仗——在那之後，他甚至還擊敗了美國佬。他可以行軍好幾天都不睡覺。他可以同時出現在東方跟西方。只要他一出現，花朵就會盛開，積雪就會融化。

就連我們玩的玩具，都帶有思想教育的功用。如果我用積木蓋出了一輛火車，老師就會跟我說，我可以開著這輛火車去南韓，拯救那些饑餓的孩子。我的任務就是要把這些饑餓的孩子帶回故鄉，帶到偉大的領袖父親的懷抱之中。

我們在課堂上唱的許多歌曲，都跟統一韓國有關。這件事情牢牢地記在我的心裡面，因爲老師告訴我們，南韓的孩子身上都穿著破舊的衣服。他們在垃圾堆裡面找食物，並且受到性喜虐待的美國士兵的荼毒。美國士兵把他們當作射擊的標靶、開車輾過他們，或把他們當擦鞋童來使喚。老師拿一幅幅赤腳的孩子在冬天行乞的漫畫給我們看。我覺得這些孩子每一個都很可憐，我眞心希望自己能夠拯救他們。

偉大的領導人曾再三表示，孩子是我們的未來，應該用對待貴族的方式去照顧他們，因此老師們都對我們很好。學校裡不會有體罰。我們會唱一首叫做〈我們很快樂〉的歌曲，而我們唱得字字眞誠。我們心存感激、充滿自信，覺得老師很愛我們。

父母從來都不敢在我或後來出生的敏鎬的面前批評學校的教學方式。這麼做很危險。但他們對我們所學的東西也不會發表任何意見，也不會要我們複習。事實上，他們對學校的事情隻字不提。不過，我母親的確教導我，如果我們有遇到任何好事情，記得一定要讚頌偉大的領導人跟國家。因爲她個性十分謹愼，因此才會要求我這麼做。如果我沒有這麼做的話，別人會認爲是她沒有教，而且可能還會被告密者注意到。到處都有告密者——不論是我們住的軍事基地、城市裡的大街上，或是幼稚園裡都一樣。他們隸屬於省政府級的國家安全保衛部，也就是「保衛部」。他們是祕密警察。光靠翻譯，國外的人沒有辦法理解到北韓人聽到「保衛部」三個字時的不寒而慄。就像詩人張振成[7]所形容的一樣，光是提到這幾個字，就能讓小孩停止哭泣。

保衛部的人不會從街角或停在路邊的車裡監看，也不會隔著牆壁偷聽別人的對話。沒有那個必要。北韓的公民會幫他們注意。鄰居會告發鄰居；孩子會監視孩子；上班的人會窺看同事；而管轄街坊鄰里的班長，則負責有條理地維持一套監控系統的運作，以監看自己社區內的家家戶戶。如果有關當局要她特別監管某一個家庭，她就會要求這個家庭的左鄰右舍配合。告密者通常能夠拿到額外的食物配給。而保衛部對那些眞的會影響百姓的犯罪行爲，例如非常普遍的竊盜或是貪汙等興趣缺缺；他們把心力都放在對政黨的不忠，哪怕是非常輕微的可能性，不管是眞的抑或只是有人想像出來的，就足以讓整個家庭——祖父母、父母，以及小孩——人間蒸發。他們的房子會被拉起繩子查封，一輛卡車會在入夜以後把他們帶走，這家人便從此不見蹤影。

當時的我從來沒有留意到，父母親對學校所教的課程不予置評。我要到多年以後，才會注意到這件事。當時的我，沒有質疑過他們對國家的忠誠，也沒有懷疑過他們是否相信無私又超凡的金日成拯救了我們的國家。

---

7 曾為金正日的御用詩人，位居要職，卻在與金正日本人見面以後發現對方不過是個粗俗的凡人，而非他們心目中的神祇。他回到故鄉，親眼看見鄉民同胞都因大饑荒之故而死於街頭。在那之後，他接觸到南韓的廣播及報紙，後來就開始祕密創作反抗體制的詩作。罪行遭人揭發以後，他逃到了南韓，創立了以脫北者為對象的雜誌《國際新焦點》。著有回憶錄《敬愛的領袖：從御用詩人到逃亡者，一位北韓反情報官員眼中的北韓》。

幼稚園放暑假時，母親帶我回惠山市拜訪親戚。那趟旅行之所以令我印象深刻，是因爲我聽到了另一個足以撼動我童稚的世界觀的傳說。那個傳說是販毒維生的鴉片舅舅在外祖母的家裡跟我說的。

鴉片在北韓不難取得。農夫從一九七〇年代就開始種植罌粟花，後續再透過國家的實驗室把原料精煉成高純度的海洛因——海洛因是北韓少數能夠達到國際水準的產品。北韓透過出口海洛因賺進外匯。然而，北韓卻禁止本國的人民使用或交易海洛因。但在這樣一個靠著賄賂撐起的經濟體制下，大量的海洛因流入民間。透過非法的管道，我舅舅不單在惠山市內販售海洛因，更將海洛因賣到了江水對岸的中國，因爲中國市場有極大的需求。我外祖母也會定期施打海洛因。許多人都是如此——因爲止痛藥跟一般藥品通常不容易取得。

鴉片舅舅有一雙閃閃發亮的超級大眼睛，比母親的其他兄弟姊妹都還要大。多年以後，我才忽然意識到他的眼睛爲什麼會這麼大。他告訴我，每次下雨的時候，都會有一位女士從天而降。

「她穿著黑色的衣服，」他語帶神祕地說，同時吸了一口菸草味濃烈的香菸，然後吐出一個黃色的煙圈。「如果抓住她的裙子，她就會把妳一起帶上天空。」

回到安州市以後，我每天都期待下雨。最後，當我總算聽到雷聲，我就跑出了房子，抬頭往天上的雲朵看，雨滴噴濺在我的臉上。如果偉大的領袖父親金日成能夠同時出現在東方跟西方，那麼對我來說，雲朵之中有一個穿著黑衣的女士在四處翱翔也相當合理。我開始想像她是天界的女王。其實我非常害怕這個女士，但我又太好奇，想要找到她。我抓住樓梯，免得她忽然快速地從雨中出現，一把將我抓走。

母親很快就毀了這魔幻的時刻。

「妳在幹嘛？」她從前門大喊。「快進來。」

「我在等黑衣女士。」

「什麼？」

接著她臉色一變，彷彿想起了什麼。她顯然對鴉片舅舅說過的這個故事有點印象，隨後便意識到我竟徹底深信這個故事。忽然間她開始狂笑，笑到彎了腰，手環抱住了自己。然後她擁抱了我，我可以感覺得到她的身體在顫抖。幾個小時以後，我父親回家了。母親還在笑，邊笑邊煮晚上要吃的飯。她用袖子輕輕地擦了眼睛。

現在我搞迷糊了。

有一些神奇的故事，我應該要深信不疑。而還有一些故事，我如果相信了，就會失去自己的尊嚴。當時的我真的很想要相信黑衣女士的存在。

幼稚園裡的世界明明白白。老師們對一切的善惡都有簡單的答案。出了幼稚園，外界則讓我困惑。如果我有機會好好地跟鴉片舅舅聊天的話，他說不定能夠把這件事情解釋給我聽。

有一次，我在他家裡的桌上看到一塊金條，金條的旁邊則是一坨像瀝青一樣黏乎乎的東西。

我問他那是什麼，他說那是鴉片。

「用妳那枝鉛筆的筆尖去沾一點。」他說。

「能拿來做什麼啊？」

他大口呼吸，同時嘻嘻笑。「當然是拿來吃囉。」

我當下覺得一陣冷，不太舒服。但那些症狀幾分鐘後就不見了。

雖然安州市骯髒又荒涼，但環繞四周的山丘卻很漂亮。我在那裡度過了三個恬靜的夏日，在野花遍開的原野上野餐。一年當中，總會有幾個月，蜻蜓會在空中嗡嗡飛舞。牠們徘徊在藍天跟綠野之間，快速地從我們身旁飛過。我們會跑過高聳的青青草地，去追逐蜻蜓。每一個孩子都會這麼做。每逢週末，我父親也會加入我們的行列。有些孩子會先把蜻蜓的頭咬掉，然後吃掉牠們。那些孩子說，蜻蜓吃起來有堅果的味道。

有一次，我們在一小片高聳的松樹林之間野餐。把野餐墊擺好以後，母親開始用長長的樹枝去敲打樹木，於是松毬如雨水般落下。我四處跑，把松毬收集到一個袋子裡。我們從來沒有笑得那麼開心過。

那個畫面在我的腦海裡留下了鮮活的印象。當時的快樂很純粹。不久之後，我就面臨了一個痛苦的變故。回到家以後，我們發現我養的小狗死掉了，一輛基地裡的卡車輾過了牠，我哭得很慘。父親說，我們不會再養狗了，因爲要小狗很難找得到。

但讓我在安州市的回憶蒙上一層陰影的，卻不是小狗的死亡。接下來還發生了更可怕的事情。

# 橋底下的男人

七歲那年，在一個炎熱的午後，母親有事要我進鎮裡一趟。天氣潮濕得令人不舒服，河裡飄出惡臭，到處都看得到蒼蠅。沿著河岸回家的時候，我看見了眼前有一群人。人群密密麻麻集結在鐵道橋下方的道路上。我有個奇怪的預感，覺得應該不是什麼好事情，但我又忍不住好奇跑去看。我鑽進人群裡，看看到底發生了什麼事。接近人群最前面的人抬頭往上看。我跟著他們的視線望去，看到了一個上吊的男人。

他的臉上罩了一個骯髒的布袋，雙手被綁在背後。他身上穿著工廠作業員的靛藍色制服。被一條繩子綁在橋上鐵軌處的他沒有任何動靜，但他的身體卻緩緩地擺動著。幾個表情冷酷、揹著來福槍的士兵就站在旁邊。觀看的人群很安靜，動也沒動，彷彿在參加某種儀式。繩子嘎吱作響。我聞到男性的汗臭味。我對眼前的景象感到混亂，因爲人們只是看著，沒有人有任何動作，沒有人去幫助那個男人。

最微不足道的細節至今仍留存在我的腦海。我記得站在旁邊的男人點了一根菸，然後把手往側邊擺，於是聚集的煙霧讓他的手指看起來霧濛濛的。現場沒有風。我忽然覺得似乎沒有空氣可以呼吸。

我得離開那裡。我幾乎拚盡力氣才離開了人群。

在母親聽到我看見了什麼以後，她的臉色變得跟死魚一樣蒼白。她轉過身背對著我，假裝自己在忙。然後她喃喃地說：「以後不要再去看那種東西了。」

接下來的幾天之內，城裡到處都有被吊死的人。母親變得很害怕。她認識其中一名被害者——叫做白敬熙的女人。她被控爲了盜取金錢而色誘一個在國家銀行上班的官員，因此在人民審判庭上被判刑。母親當時人在現場。事實上根本就沒有審判——有人唸出了對她的指控，被害人當場處刑。如果被判有罪的人在處刑以前就因恐懼而昏了過去，庭上就會宣布休庭，擇日再開庭。如此一來，被害人就沒有辦法知道後續的情況。要到生命的最後一刻，才會發現終點就在自己的眼前。

梅雨季節即將來臨。整個早上，安州市的天空都轟隆隆響個不停，使得母親的心情更惶惶不安。她的肚子裡面懷著敏鎬，覺得整個人都不大對勁。

那個女人從一輛警用廂型車的背後走出來，然後發現自己的眼前有八個審判員。審判員都坐在一張設置在公共廣場的桌子的後方，廣場的周圍被警察跟一大群無聲的群眾團團包圍。她的手被綁在後面，她的臉被打得又黑又腫，打到連我母親都不太認得出她來。她不知道自己人在哪裡，眼神中有種動物在戒備時的恐懼。

一陣嘰嘰嘎嘎的聲音以後，擴音器大聲地唸出了對她的指控。

那個女人跪了下來，開始啜泣，並說她感到萬分的抱歉，也對自己的所作所爲感到不齒。母親知道那個女人有個當警察的兒子；那個女人一定認爲她兒子能夠透過關係救她一命。

「宣判，處以吊刑。」

那個女人因震驚而猛抬起了頭。她看著圍觀的群眾，彷彿要跟他們求情。廂型車的後面有一根高高的木杆，木杆上垂下一個套索，宣判之前刻意擋住讓她看不見。警察立刻從兩邊抓住了她，把她帶往木杆處。她掙扎、亂踢、哭號，但套索一瞬間就套到了她的脖子上。繩子猛地拉緊，她就被拉了上去。她的身體因痛苦而扭動、抽搐了幾秒，接著就鬆軟了下來。

母親回家以後，天空開始下雨，雨水沿著鉛杆流下。她的視線聚焦一處，眼神疏離又空洞。她說，直到這件事發生以後，她才意識到殺人跟殺動物一樣容易。屍體隨隨便便地扔到了一輛卡車的後面。她問一個審判庭的官員說屍體會被埋在哪裡，對方說會直接載去垃圾堆，然後用砂土掩埋。

這樣的處理方式讓母親很不舒服。

少了一個能讓子子孫孫去探望的祖墳，那個女人的靈魂將不得安息，從此騷擾生者。

那年夏天，因爲工作的關係，父親跑遍了國內的軍事基地。少了父親在身旁，在吊刑事件以後，母親的心情一直無法平復，晚上也睡不好。吃早餐的時候，她兩眼無神，說她作了惡夢，夢裡那些被吊死的人都成了鬼魂來找她。她的心神無法集中，連最簡單的事情也做不好。她被這些鬼魂嚇壞了，因此想搬離安州市。不知道是因爲受了她的壓力，抑或只是單純的巧合，我的父親宣布我們要搬家了，母親終於放下心中的大石頭。我們將要搬去北韓的第二大城市：咸興市。

我們離開了安州市，但沒有立刻前往咸興市。父母親希望新生寶寶能夠誕生在我們的故鄉惠山市，這樣他的出生證明就會登記在那裡，跟家裡的其他人一樣。因此，我的弟弟是在惠山市出生的。北韓的家族有個命名的習俗，每個孩子名字的第二個字都要一樣，我叫敏英，我的弟弟叫敏鎬。當時七歲的我心情很差，因爲每個人都來輕聲逗弄新生的寶寶，而且舉手投足裡都充滿了憐惜之意。川流不息的親戚——老阿姨、漂亮阿姨、高阿姨、鴉片舅舅跟戲院舅舅——都來探望他。人人的嘴裡盡是恭喜的話語，兩手也提滿了禮物。而我的母親也顯得容光煥發，因爲再一次被親戚跟老鄰居包圍而非常開心。

然而，有一件跟親戚有關的事情，卻是她不樂見的。我父親的父母想要看他們的孫子。當時的我，還不知道自己眞正的父親另有他人。我心想父親的雙親就是我親生的祖父母，但出於某種我不懂的原因，我們之前卻從來沒有去拜訪過他們。

祖父母家裡的木地板很冰，我不喜歡去那裡，我感受到母親也不喜歡。我的祖父很嚴肅，不會主動跟我們說話。吃晚餐的時候，他自己一個人坐在遠處另一張桌子旁的地板上。祖母會先去服侍他。這個舉動原本是要表達出對客人的尊重，但卻帶來了距離感。我的父親通常溫和又有自信，此時卻顯得很緊張，爲了塡補現場的靜默而變得喋喋不休，跟我們拜訪外祖母還有舅舅、阿姨時截然不同。

一到祖父母的家以後，我就立刻感受到他們喜歡敏鎬大勝於我。他們只有在抱著敏鎬，或是聽到他咯咯笑或哭泣的時候，臉上才會顯露出開心的神情。面對敏鎬的時候，他們會變得很慈愛。面對母親跟我的時候，他們會變得冷淡又客氣。我告訴自己，這是因爲敏鎬是男孩子，那些拘謹的老古板比較喜歡孫子，而非孫女。敏鎬是我父母唯一生下的兒子，因此使得他在整個家族裡的地位至關重要。接下來的日子裡，每當我們拜訪祖父母，他們都會準備禮物給敏鎬，但是什麼也不會給我。如今我知道，母親老早就知道事情會變成這樣。難怪她會對我既慷慨又仁慈。只要我開口，她就會給我零用錢、糖果餅乾，跟漂亮的衣服。這也是爲什麼她會在我九歲生日的那天，給了我一個很棒很棒的禮物，是我待在北韓的那段歲月裡收過最棒的。

# 紅鞋

我對要搬到位在東岸的咸興市感到非常興奮。當時的咸興市是有名的工業重鎮，是「維尼綸」的主要生產地。維尼綸的發源地是北韓。它是一種合成纖維，可以用來製造制服。我們對能夠發明出維尼綸感到非常自豪，甚至還把它編進了愛國歌曲裡面。維尼綸不容易染色、很容易縮水，穿起來僵硬又不舒服，但卻具備絕佳的耐燃性。市內甚至還有許多餐廳，跟一間剛開幕的全北韓最大的戲院呢！

我不可抑制地指著到處都看得到的車輛；這裡的車輛比安州市多很多，連腳踏車都比較多。街道很寬敞，兩旁種了樹的大馬路上開著無軌電車，只要電車移動，上方的電纜就會隨之發出火花。這裡的建築物也比較不那麼破舊。不過，這裡的空氣汙染很嚴重。有些早上，天空會染上一層硫磺的顏色，也聞得到從巨大的興南化肥廠區飄過來的化學肥料的惡臭。偉大的領導人曾經數度來到興南化肥廠區，並親自指導作業。到處都看得到他曾經說過的話：在市內隨處可見的紅色標語牌上、雕刻在石匾上，更出現在東興山的側邊，距離地面約有兩公尺的高度。他的形象無所不在。不管是用彩繪玻璃做成的壁畫、用大理石跟青銅形塑而成的雕像，或是懸掛在大樓側邊的肖像。這些藝術作品都會將他描繪成士兵、科學家、堅定的思想家，或是帶給孩子歡樂的朋友。

雖然父親在空軍裡的軍階很高，但我們的住處只能算是差強人意。這一次，我們住到了另一座軍事基地裡的一棟六層樓混凝土公寓大樓裡。大樓裡沒有電梯。屋裡有三間房間，有供應冷水。屋裡本來是貼上黃色壁紙裝飾，但母親立刻換成了另一種品質比較好的、可以清洗的壁紙，還幫浴室換上了藍色的磁磚。在冬天，水管會結凍；在夏天，黴菌會把外牆染成一片黑色。

然而，我是個非常幸運的孩子，雖然我到現在還是沒有辦法徹底了解自己有多幸運。父親的軍階不只讓他能夠得到別人求之不得的物資，更讓他收到了許多禮物與賄賂，所以家裡總有許多食物跟日常用品。

理論上來說，政府會透過公眾配給制度供給每一個人日常所需的糧食、燃料、家用品跟衣服。拿到的東西的品質跟數量，取決於你做的工作重要與否。工作的場所每個月會提供兩次能交換物資的配給券。直到幾年以前，黨還很認眞地在考慮是否要廢除貨幣。一旦制度健全，金錢只會用來當作零花，或是上髮廊時可以使用。但多數時候，中央計畫式經濟制度相當缺乏效率，經常失靈，配給券會因爲遭竊而導致數量減少或大量消失，使得人民就必須更仰賴賄賂或黑市來取得生活必需品。而黑市的交易都是透過現金，通常使用的是強勢外幣，而非韓元。

咸興市的冷麵很有名。我們經常去有賣冷麵的餐館用餐。這裡的冷麵是泡在冰冷的牛肉湯汁裡，拌上味道很重的醬料，不過還有很多種其他的做法。吃冷麵時，母親會因爲純然的喜悅而閉上雙眼。她對冷麵已經到了上癮的地步。

每逢星期日，我就會跟社區裡的女孩子一起在大樓外面的混凝土前院嬉戲，我們會跳跳繩或跳房子。

其他六天，我人不是在學校，就是忙著做跟學校有關的活動。不單只有孩子的時間被塡滿，每一個人——工廠作業員、黨幹部、士兵、碼頭工人、農夫、教師、主婦、退休的人，也包括了我的父母——都要在工作之餘忙著參加接二連三的組織會議或枯燥乏味的活動，例如跟意識形態有關的「學習小組」或「討論會」。這些集會通常都要與會者背誦「偉大的領導人」及「親愛的領導人」的演講，或是在工作一天後參加歷時好幾個小時的演講。演講的主題包羅萬象，從黨早期的革命歷史、養豬的新技術，到水力發電以及金正日寫的詩詞。這就是共產主義者使用的手法之一——確保每一個人都不會誤入歧途，變成一個自私自利或是追求隱私的人——但這也是監控系統的一種。不間斷地參與公民活動，表示一天當中多數時候都有人在監視我們，我們擁有的自由時間屈指可數。

我從安州市開始唸小學，但我現在得轉到咸興市的新學校就讀，這讓我覺得很害怕。母親費了很大的勁，才讓我在入學的第一天走進學校。這裡的孩子看起來比較粗暴，說話的口音也不同；這裡少了安州市學校裡的那種「鄉村」感。學校走廊裡的標語旗幟把我們的首要之務講得清清楚楚：「讓我們一起爲了國家而學習吧！」以及「隨時都要爲了金日成元帥做好準備！」

但是我的個性很外向，加上對新同學也充滿了好奇，所以很快就跟幾個女生變成好朋友。這一切都要歸功於關愛我的家人爲我培養出了自信心。

在咸興市唸書的時候，我第一次參加「淨化生命的時刻」，或也可以說是「自我批評大會」。從金正日在一九七四年引進這套做法開始，這一直都是北韓生活的基本特色，也是每個人都極爲害怕的場合。我們從小學時期開始參加這種大會，此後一生不間斷。我們學校的大會在每星期六舉行，全班四十位同學都要參加，由老師擔任主持人。每一個人輪流起立，指控某人的所作所為，然後自己也要懺悔。沒有人可以用害羞當藉口，沒有人可以不受指責。

這種大會對成人來說一定充滿羞辱跟痛苦：起身，在全體員工的面前指責一名同事。也許是這人工作上犯了什麼疏失，也許是這人有什麼待改進的缺點。但能用來怪罪孩子的事情真的不多。教室裡的氣氛變得非常凝重。老師要大家嚴肅以待，絕對不可以有兒戲的心態，但那些指控通常都很荒唐。在大會開始的時候，我們都會用金日成或金正日所訂的某條戒律作為開場，然後站起來指控哪個孩子違反了這條戒律。很諷刺地，當指控滿天飛、手指四處指著別人的同時，是我們唯一稱呼彼此為「同志」的時候。

這些大會會創造出令人極度恐懼又痛苦的氣氛，就連孩子們之間都會有相同的感受。但通常藉由每個人都擁有的人道精神，不管是大人或孩子都會找到辦法把遺毒從體內清除乾淨。如果我沒有辦法指控別人的話，我可以改為指控自己，這種做法是被允許的。或者我也會跟朋友講好，這禮拜我先批判她，下禮拜再換她批判我，而批判的理由都是事先捏造好的。因此，我的朋友會起立，然後說：「我們偉大的領袖父親說，孩子必須全心全意都把精神集中在課業上，同時心靈必須保持清醒。」接著她會指著我。「上禮拜，我注意到朴同志上課的時候沒有聽老師講課。」我會低垂著頭，試著讓自己看起來很羞愧。下禮拜就輪到我了。藉由這麼做，我們就能繼續保持朋友關係。母親會跟工作場所的其他同事達成類似的協議；敏鎬上了小學以後也如法炮製。這些大會幫我上了一門生存的課程。我說話、行事都要小心謹慎，要對其他人保持高度警戒。跟那些在這門技藝上修練多年的成年人一樣，我也已經戴上了面具。

學生經常發現他們面臨了出乎意料的批判。一旦發生這種事，他們就會報仇。在極罕見的情況下，這種報仇行動也可能會招來致命的後果。在我唸國中的最後一年，有一次，班上的一個男生指著另外一個男生，說：「我上次去你們家的時候，看到你們家裡有很多東西都是之前沒有的。你們哪來的錢買那些東西？」老師把這段批判的言論回報給了校長，校長又把這件事回報給了保衛部。保衛部的人展開調查，發現那個家庭裡有一個脫北者，會從南韓寄錢給家人。他們家族三代都因此而被視爲叛國者，遭到逮捕。

就像層出不窮的告密者一樣，我也把自我批判大會當作正常生活的一部分。但我也意識到，這些事情對我的人生沒有任何正面的影響，它們只會帶來負面效果。

我年輕的時候最大的里程碑式事件，是發生在我九歲的那年，地點在咸興市。我跟其他同齡的孩子一起加入了北韓的共產黨先鋒運動：朝鮮少年團。全國各地的學校都在同一天舉辦入團典禮，父母跟老師都會到大型的公開場所集合觀禮。這天被視爲北韓人一生當中最驕傲的日子之一。

年齡介於九歲到十四歲之間的少年少女都有加入先鋒運動的義務，但並不是每一個人都會在同時間入團。首先，要接受一場艱鉅的記憶力考驗：我得要表現出自己已經背好了先鋒隊成員的權利跟義務。從今以後，不論身在何處，不問任何理由，我都要遵循偉大的領導人跟親愛的領導人的指示。我的思維及行動都必須遵照他們的教誨。如果有人要我做的事情違反他們的意願，我必須拒絕並且予以譴責。我的記性很好，因此輕而易舉地就通過了考試。而且因爲我在學校最重要的科目——金日成與金正日的革命史——表現卓越，因此我獲選參加當年度第一梯次的入團典禮。那天是一九八九年二月十六日，金正日的生日。

爲了參加這場典禮，我母親特別提前幾天幫我買了一雙新鞋。這雙鞋是外國的牌子，我們是在一家外幣商店買的。外幣商店是一種特別的店鋪，專門提供那些有辦法取得外幣的人購買商品。這雙新鞋讓我非常興奮，爲了要讓我冷靜下來，母親讓我偷瞄一眼。那是一雙用漆皮做成的娃娃鞋。上面釘了一個鞋扣，顏色是性感的深紅色——跟我們穿的只有黑色款式的廉價國產鞋截然不同。直到典禮的前一天晚上，母親才讓我把那雙鞋從鞋盒裡面拿出來。

在典禮的現場，我們拿到了一條紅色的棉質領巾，跟一枚能別在上衣的銀色先鋒小徽章。對我來說，那條領巾象徵我長大了，再也不是一個小孩子了。但我沒有想到，自己應該要有的興奮感，卻被對紅鞋的期待給取代了。等待的過程令我百般折磨。典禮的前一夜，我把那雙紅鞋放在身旁伴我入眠——我醒過來好幾次，要確認鞋子沒有憑空消失。

天終於亮了，我欣喜若狂。典禮在學校的禮堂舉行。爲了裝飾禮堂，牆上掛了許多孩子創作的圖畫跟拼貼畫——圖案是白頭山森林裡的游擊隊祕密基地，那裡是親愛的領導人誕生的地方；以及那顆在他誕生的夜晚出現在天上的新星。校長跟老師們站在講台上致詞。致詞的聲音被擴音器放大成了隆隆巨響。講台的中心擺著一大束金正日花。這是一種鮮紅色的秋海棠，是象徵金正日的花朵。接著每一個人都站了起來高唱〈金正日將軍之歌〉。最後，先鋒隊的成員們非常莊重地走上講台，領取自己的領巾跟徽章。觀眾席裡的那些父母親會爲每個孩子鼓掌。

因爲穿著漂亮的紅鞋，因此我滿心驕傲地走上講台，去領取我的領巾跟徽章。如今回想起來不免覺得訝異，這雙紅鞋居然沒有帶來負面的影響。所有出席這場典禮的人一定都有注意到這雙鞋。直到多年以後，我才意識到這個禮物是多麼的奇特。有好幾百個孩子參加了這場典禮，他們多數都穿著黑色的國產鞋。母親是個嚴謹的女人，但是，不管是有意或無心，她卻鼓勵我放膽追求自我特質。

我們拍了很多張團體跟家庭合照。那天，我的父母也很驕傲。父親身穿空軍制服，母親則抱著兩歲的敏鎬。

沒有被選上那天參加典禮的同學，就得要等到四月十五日金日成生日才能參加下一場入團典禮。

我認識的其中一個女孩沒有獲准參加二月份的入團典禮。她經常缺席。老師心血來潮，決定要帶著那個女孩的幾個朋友一起去家裡探望她。那個地區很破舊，看得見混混四處走動。這裡的房子很骯髒。我們犯了一個嚴重的錯誤，我們實在不應該來探望她的。他們家家徒四壁，而且聞起來有臭水溝的味道。她顯然不想讓我們知道他們家很窮，但偏偏我們人又已經到了。他們家只有兩間小小的房間，我們全部擠在其中一間，每個人都盯著自己的腳看。與此同時，因尷尬而滿臉通紅的老師，則建議她的母親應該要試著讓我們的朋友天天都到學校去上學。

這次的經驗讓我產生了極大的困惑。我知道每個人的社會地位都有所不同，但在這個世界上最棒的國家裡面，我們都是平等的國民，領導人竭盡心力要讓我們過好日子。難道不是這樣嗎？

在北韓，唸書是免費的。雖然事實上父母們會不停捐獻一定的物資，讓學校可以轉售，以維持正常的營運。我們都很老實，從來都不會去懷疑其實上學根本就不是免費的。因爲愛國，所以捐獻是我們的義務——兔毛會做成手套跟帽子，供保護我們的士兵穿戴；廢鐵會做成他們的槍，銅器會做成他們的子彈；香菇跟莓果可以出口，幫我們賺進外匯。有時候，老師會當著全班同學的面，批判那些沒有提供捐獻物資的孩子。

一九九〇年初，我十歲，父親宣布我們又要搬家了，這次要搬回惠山市。母親受夠了咸興市的空氣汙染跟枯燥乏味，她很想念自己的家人跟乾淨的空氣。她認為這座工業化城市的環境不好，她不想讓敏鎬在這裡長大。我們又一次很期待要搬家，我的父母不停聊起惠山市跟那裡的人。

我們要回家了。

敏鎬、母親跟我都從火車車窗向父親還有咸興市揮手道別。父親要一兩天以後才會來跟我們會合。那趟旅程本來應該不會留存在我的記憶之中，但卻因為一起戲劇性的事件，而從此深深地烙印在母親跟我的腦海之中。

往北的路上，我們得在東岸一個叫做吉州的小鎮換車。北韓的火車站會嚴密地檢查旅客的文件，乘客經常得要穿過警方跟查票員組合起來的封鎖區域。除非乘客的身分證明手冊上有蓋准許旅行的章，並持有一張四天之內必須使用的車票，否則不准上火車。到了終點站以後，這些文件全部都要再檢查一遍。一名女性的查票員查看了我母親的車票後，粗率地告訴她車票過期了。這種類型的官員多數北韓人都很熟悉——一穿上制服，就以為自己頭上有了偉大的領導人的光環。她把母親的身分證明手冊跟車票都拿走，並要她稍等。

母親用手摀著臉，我們有麻煩了！她得再回到咸興市取得旅行許可，我們才能再買新的車票。這會需要不少時間，而她還帶了兩個小孩跟行李。我們困住了。敏鎬大聲啼哭，母親把他從背上放下來，抱住他，我們一起癱倒在車站內的長椅上。我握著她的手。我們一家三口看起來一定很慘，因為有一個頭戴灰帽、身穿朝鮮鐵道省制服的中年男子面帶微笑地朝著我們走過來。他問我們發生了什麼事。聽完母親的解釋後，他走往查票員的辦公室。那個女人不在那裡，但他把母親的車票跟身分證明手冊拿了回來還給她。

他低聲說：「火車一靠站就跳上去，但如果她過來找你們就躲起來。」

母親非常感激，想問對方的地址，她好寄點東西過去。

他舉起雙手。「沒時間講這些了。」

火車吱吱嘎嘎地進站，空氣裡增添了一股公廁的臭味跟鋼鐵的燒焦味。火車發出刺耳的煞車聲後停下，車門開始迅速打開。

我們上了車。車廂裡擠滿了人。母親快速地跟同車的乘客解釋我們的處境，並詢問我們是否可以蹲在他們的背後。果然，一分鐘以後，我們聽見那個查票員的聲音，她在跟月台上的人詢問我們的下落。接下來，我們知道她進了火車的車廂。

「有沒有人看見一個揹著嬰兒又帶小女孩的女人？」她大喊。「她有在車上嗎？」

「我們有看見。」兩個站在我們前面的乘客異口同聲地說。「他們往那個方向去了。」

那個女人下了車，依然左顧右盼要尋找我們的蹤影。我們聽見她問了更多月台上的人。我們屏住呼吸。火車怎麼還不開？感覺似乎過了一分鐘。終於，我們聽見了汽笛尖銳的聲響。火車轉換了軌道後繼續往前開，火車的車鉤轟的一聲接在了一起。母親看著我，終於鬆了一口氣。她剛剛一直都很怕敏鎬會再開始大哭。

北韓人很少對陌生人親切，幫助別人會給自己帶來風險。諷刺的是，爲了強迫我們成爲好國民，國家把我們全都變成了指控者跟告密者。由於這段插曲如此特別，因此母親曾多次回憶起這件事，說她多麼地感謝那個男人，還有那些乘客。幾年以後，國家進入了最黑暗的時期。此時，我們想起了他。把他人看得比自己還重的好人通常都是最先死去的，存活下來的都是些無情又自私的人。

# 新興市鎮

軍方在惠山市幫我們安排了一個新家。我們的鄰居是其他的軍官跟他們的家眷。以北韓的標準來看，新家的設備很好。家裡有兩個房間跟一間蹲式的廁所。地板的暖氣設備很強，讓油布下面的膠脫落，散發出類似香菇的味道，但屋子的保暖效果很差。一到冬天，我們的背部雖然是暖的，鼻子卻是冰的。如果想洗熱水澡的話，我們就得要煮水。

母親一如往常地開始更動家裡的裝潢，換掉了壁紙跟家具。她不介意這間屋子的任何缺點。能夠回到惠山市，並重新回到以前的社交圈，讓她非常地開心，我們都覺得很自在。

在我們離開的這幾年，惠山市有了蓬勃的發展。跨越中韓邊境的非法交易的規模似乎變得更大了，而母親也想要做點買賣。她在當地的市政府局處找到了一份工作，但她的薪水就跟其他的公務員一樣少得可憐。她想要跟漂亮阿姨、富舅舅，還有鴉片舅舅一樣賺大錢。

惠山市看起來什麼都有——從高級酒跟昂貴的外國香水，到西洋品牌的服飾跟日本的電器——只要你買得起。走私者會帶著他們的貨物從中國的長白縣[8]橫跨又窄又淺的江水後，由韓國

8 全名為長白朝鮮族自治縣，為中華人民共和國吉林省白山市管轄的自治縣，人口約八萬六千人，其中少數民族朝鮮族佔了約一萬四千人。

這邊的聯絡人去收取這些貨物。或者他們會選擇穿過長惠國際大橋（當地人都稱爲友誼橋）。如果要藉由過橋的方式從事非法交易，那就得賄賂北韓的海關官員；要渡江走私則需要對邊境警衛行賄。冬天江水結冰的時候，走私者會躡手躡腳地渡江，其他時候會在入夜以後涉水而過。或者，如果已經收買好了駐守在關鍵地點的警衛，而且兩方已經講好了的話，也可以在光天化日的情況下渡江。

我們看得到這裡的榮景。不過外來的人也許完全看不出來，畢竟北韓的人民比較窮，不希望引起國家的注意。入夜以後，任何人從中國往北韓的地方看，只會看到一片漆黑，只有寥寥幾盞油燈在窗旁閃爍。到了白天，這裡也缺乏生氣，人們鬱鬱寡歡地騎著腳踏車去工作。但繁榮的跡象無所不在。例如那間專供外國人住宿的飯店，父母偶爾會帶敏鎬跟我去那裡過夜（飯店經理是我母親的朋友）。那間飯店裡總是擠滿了來自中國的商人。天亮了以後，我們會跟他們一起吃早餐，但從來不會跟他們講話，以免被告密者或保衛部的間諜聽見。市內的外幣商店在惠山車站的對面，店內有許多的顧客在用強勢外幣購買別處買不到的，或至少透過國家的公眾配給制度拿不到的物資。走進那裡，就像走進一座神奇寶窟。有些商品的包裝顏色鮮豔到讓我不敢相信——外國的餅乾跟巧克力，因爲裹著一層銀色跟白色包裝紙而教人難以抗拒；還有各種裝在明亮的瓶子裡的柳橙、蘋果、葡萄果汁。這些瓶子的上面都寫了西方的文字，它們是來自遙遠的豐饒國度。店外，有幾個非法的外幣兌換者像蒼蠅一樣在附近徘徊。母親筆直地從他們身旁走過，不跟他們打交道，因爲這些人是騙子。她說，他們會把報紙綑成一束，然後只在最上面放幾張眞鈔，他們知道這些透過非法的手段買賣外幣的人根本不敢張揚。公立的美容院總是預約滿滿，女人會去那裡把頭髮燙捲（不能染髮，因爲染髮是禁止的）。公營的餐廳生意興隆。最明顯的跡象是，當地的露天市場生氣勃勃，人家都在忙著做生意。

市場在北韓社會裡的處境很曖昧。在金正日實際上從他父親的手中接掌了大權以後，北韓政府曾數度企圖要一舉取締所有的市場，或要大幅縮短市場的營業時間，因爲金正日宣稱市場是各種非社會主義活動的發源地。（關於這點，他的確沒說錯。）但由於公眾配給制度不停癱瘓，或無法提供民眾足夠的生活物資，因此他沒有辦法廢除市場的存在。有時候，若平壤下令嚴格取締，市場就會在無預警的情況下忽然關閉，但總隔沒幾天就會再次蓬勃發展，就像繁殖力旺盛的堅韌雜草一般。對攤商的管理規則也是說變就變。多年以來，販售稻米都是違法的行爲，因爲稻米是偉大的領導人賜與我們的神聖作物。但我經常跟母親一起去逛市場，不單買得到稻米，也買得到肉類、蔬菜、廚房用品，以及中國流行的衣物、化妝品——藏在一層層的草蓆底下，因爲賣方跟買方都要承擔極大的風險，和外國的流行音樂錄音帶。大家公認日本的商品品質最好，再來就是南韓的產品（宿敵的標籤跟商標都有先仔細地清除乾淨），最後才是中國製品。

母親一刻也沒浪費。她很快就跟住在江水對岸長白縣的中國商人講好要送貨品過來惠山市這邊，再由她去銷售，賺取不錯的利潤。她主要的貿易夥伴是安先生跟張先生，他們兩位都是韓裔華人，在江對岸的中國那裡有房子。

由於母親的事業蒸蒸日上，因此在我們抵達惠山市以後的第二年，她帶我去算命。我們起了個大早，天空依然一片漆黑。父親跟敏鎬還在睡。當時的季節是春天，顏色鮮豔的綠色植物沿著空蕩蕩又布滿塵土的街道開始抽芽。我們快步趕往車站，要搭第一班通勤列車前往大五泉，會算命的女人就住在這個村落。

母親認識幾個通靈人，並花了很多錢在他們的身上。我因爲太早就被叫醒而變得很容易生氣，但她告訴我，要跟靈體溝通的話，黎明是最好的時刻，因爲頻道很暢通。「她的準確度會更高。」

同時，母親也想比其他人還早到。有時她到的時候，會發現命理師已經出門了。鄰居會說，她開了一輛貼了黑色隔熱膜的賓士出門了，要去幫一位高階的黨幹部做祕密諮商。北韓是一個崇尚無神論的國家。如果有人被發現持有聖經，將會面臨死刑或終生監禁於集中營。北韓只允許將對宗教的熱情使用在信奉金氏家族上。靈媒跟命理師一樣屬非法行業，但政黨裡的高階幹部卻會跟這些人諮詢。我們聽說，就連金正日本人都會尋求靈媒跟命理師的意見。

命理師住的房子非常老舊，單層木骨建築，牆壁是用泥巴糊成的，茅草屋頂。我不知道這種房子居然還存在。房子歪向一邊，聞起來很潮濕。那個女士的年紀很大，頭髮蓬亂而密實。她獨力撫養自己的孫女。

「我有個關於買賣的問題，」母親小聲地說。「我中國那邊的合夥人有貨。我想知道什麼時候比較適合去拿。」

換句話來說，她想知道哪一天是走私的好日子，免得沒弄好惹禍上身。有時候，如果日期已經提前訂好了，我母親就會付錢請對方主持一場法事，以消災解厄。

那位女士在桌上撒了一把白米，然後用指尖去把零散的米粒匯聚在一起。她聚精會神地觀察這一小撮米，然後開始連珠炮似的說了一大串話。我不知道她是在跟我們說話呢，還是在跟神靈說話。她說出了一個取貨的黃道吉日。

「那天早上要離家的時候，一定要先踏出左腳。然後在身旁撒一些鹽，接著祈求山神賜給妳好運。」

母親點了點頭。她對這個答案很滿意。

「這是我女兒。」她說，並告知對方我的生辰八字。命理師直盯著我看，她的眼神讓我很不安。然後她重重地閉上了雙眼。

「妳女兒很聰明，」她說。「她的未來會跟音樂有關。她會吃異國的稻米。」

我們往車站的方向走回去。太陽出來了，天空乾淨又漂亮，空氣很清新。天空的畫面被層疊的高聳山巒所侵蝕，但是一團白濛濛的霧靄懸掛在山腳下的松林之間。牽著我的手，母親緩慢地走過滿是灰塵的小徑。她腦子裡在想的是剛剛的預言，她把「異國的稻米」解讀成我會住到海外。然後她嘆了一口氣，意識到自己可能白白浪費了錢。正常情況下，北韓人不可能獲准出國旅行，更別說移民了。算命就是這麼一回事。他們會跟你說很多事情，但你自己選擇要相信什麼。不過，雖然我仍然懷疑，她怎麼可能有辦法預言哪一天適合走私，我卻比較能接受她對我未來的預測。我也認為自己的未來會從事音樂相關的行業。家裡另外請了老師教我彈奏手風琴，我已經學了一陣子了，也學得很好。北韓很流行演奏手風琴，這是因為在二次世界大戰結束時，朝鮮半島有一半以上的地方都充斥了蘇聯紅軍的士兵，而演奏手風琴就是他們所遺留下來的傳統，不過黨從來都不願意承認我們的文化其實有受到異國的影響。我的想法是，老婦人的預言指的是說，我未來會成爲一個職業的手風琴演奏家，而且會嫁給來自其他地區的人。也許我以後會住在平壤。這是我的夢想。只有菁英才能住到那裡去。有好幾個星期的時間，我都在作同樣的白日夢，直到一件事情發生了。這件事情不但粉碎了我的幻想，也讓我的整個童年蒙上了一層陰影。

# 祕密相片

距離拜訪命理師已經過了幾個月，在暑假的時候，有一天，母親帶著敏鎬出門了，把我留在外祖母家。她是一個很有趣的女人，頭腦很好，而且總是有許多故事可以講。她學早期的韓國人，把一頭銀髮往後梳，盤成髮髻後再用一根髮簪固定住。然而，這次來拜訪她的時候，她卻告訴了我一個讓我極爲震驚的故事。

就算到了今天，我依然不知道爲什麼她要那麼做。她沒有惡意。而我也不認爲她的智力有退化，讓她記性變差，不知道什麼該講什麼不該講。我能想到的唯一解釋，就是她認爲，與其等我長大成爲一個女人後自己發現，還不如趁我年紀還小，還是個女孩的時候，就先知道眞相，這樣我會比較容易接受這個事實。她如果眞的是這麼想的話，她就太過高估我了。

那是一個溫暖的週六早晨，門窗敞開。庭院裡，有幾隻啁啾的松鴉在喝一個盆子裡的水。我們坐在她那張桌子旁，然後她忽然開始看我，眼神異常專注。她輕聲說：「其實，妳的父親不是妳的父親。」

我聽不懂她說的話。

她伸手緊握住了我的手。「妳姓金，而不是姓朴。」

她暫停了很久。我不知道她接下來要說什麼，但我可能猶豫地露出了笑容。她也許在跟我開玩笑吧。跟我母親一樣，她很愛說笑。

看我一頭霧水，於是她說：「我來把眞相告訴妳。」

她站起來，朝她存放那些最好的碗盤的玻璃櫃走過去。底部有一個小抽屜。她僵硬地彎下腰。我看見她脖子後面的那條細繩，她的黨證就是掛在那條細繩上。她拿出一個厚厚的信封，然後把信封交給我。信封聞起來有霉味。

「打開來看。」

我把手伸進去，然後抽出一張黑白相片。那是一張結婚喜宴的照片，我立刻就認出了母親。她穿著一件美麗的韓式襖裙，站在畫面的中央。她是新娘。但那個畫面很不對勁，因爲站在她身旁的新郎不是我父親。這個人又高又英俊，他把一頭光滑的頭髮往後梳，身上穿了一件西裝。他們背後的金日成銅像伸長雙手，彷彿在指揮交通。

外祖母指著那個穿西裝的新郎。「這個人是妳的父親，而這個女士……」她指著男人右側那個漂亮的女人。「是他的姊妹，也就是妳的姑姑。她是平壤的一個電影女演員。妳長得跟她很像。」她嘆了一口氣。「妳的生父是一個很好的男人，他非常愛妳。」

周圍彷彿忽然都暗了下來。把我跟「現實」綁在一起的那個東西被切斷了。我在不眞實的世界裡飄浮，而且滿心困惑。

她解釋說，因爲我媽實在太愛我現在的父親，沒有辦法接受要跟她當時的丈夫，也就是我的生父一起過日子，因此選擇跟對方離婚。

我的父親居然不是我的父親？我的眼睛開始盈滿了淚水。她怎麼說得出這種話？

我什麼也沒說，她似乎感應到了我腦中出現的下一個問題。我不敢開口去問。心想，如果張開嘴的話，我就會碎裂成一片片。

「敏鎬是妳同母異父的弟弟。」她點點頭說。

我盯著她看，但她繼續往下講。

「幾年前，妳母親去拜訪妳住在平壤的富舅舅。當時，她在大街上碰到了妳眞正的父親……」

我的身體一陣寒顫。我不喜歡她稱呼這個男人爲我的父親。

「妳母親的皮包裡有一張妳的照片，而她把照片拿給他看。妳父親也沒說話。他只是不停地盯著那張相片看，看了很久，然後他在妳母親還來不及阻止他之前，就把照片塞進了自己的口袋，接著就離開了。因此，他有妳的照片。」外祖母的眼神飄向窗外的群山。「在那件事情以後，我寫了一封信給他那個當演員的姊妹，問他後來過得怎麼樣。她跟我說，妳父親在離婚以後很快就再婚了，對方幫他生下了一對雙胞胎姊妹，其中一個女孩子取了跟妳同樣的名字，叫智惠。」

原來我出生時的名字叫做智惠。

外祖母的臉上浮現一抹陰霾。「他不應該那麼做的。」北韓的人相信，如果有人再婚，然後把第二段婚姻裡所生下的孩子，取了跟第一段婚姻裡所生下的孩子同樣的名字的話，後來出生的那個孩子就會死去。

「那個女孩子在年紀很小的時候就生病死掉了。」

離開外祖母家時，我的腦袋昏昏沉沉。我感覺自己被掏空了，想哭的同時又有種麻木感。她沒有要我保守這個祕密，但我知道自己永遠也不會跟母親、父親或任何人提起這件事。我當時太年輕，不知道自己最應該做的，就是跟別人聊一聊這件事情。因此，我把這個祕密埋在心中，而它卻開始齧咬我的心。我依然百般困惑。我只稍微了解到，這個祕密解釋了爲什麼祖父母會對我那麼冷淡，卻對敏鎬那麼慷慨。他有他們的血緣。我沒有。

我回到家的時候，敏鎬正坐在地板上用各種顏色的蠟筆畫圖。他所畫的圖讓我很震驚，我又一次熱淚盈眶，也產生了一股類似憤怒的情緒。那幅圖案簡單卻迷人，上面有火柴棒似的我、他、母親跟父親，我們在一顆明亮的太陽底下手牽著手。太陽裡面有一張戴著眼鏡的男人的面孔——是金日成。

敏鎬如今五歲了。他長成了一個心地善良的男孩，很喜歡幫我們的母親做事。他笑起來非常可愛。但現在，我覺得彷彿有一堵玻璃牆出現在我們之間。他是我同母異父的弟弟。

我們之間的關係從此改變。我變成了一個會去招惹他，也會開始跟他吵架的姊姊，而且他永遠也吵不過我。此刻回想起來，我對他感到相當抱歉。母親會說：「妳到底是哪根筋有問題啊？妳爲什麼就不能學學敏鎬？」

直到多年以後，我才有辦法成熟地看待外祖母告訴我的消息，然後去找他。

那天晚上，我一句話也沒說。母親聊到漂亮阿姨投資的事業；敏鎬的筷子停在半空中，有人叫他不要這樣；父親跟平常一樣平靜，彷彿一切如昔。到最後他才說：「妳怎麼了？妳跟隻小老鼠一樣安靜。」

我盯著自己的碗看。我沒辦法正視他。

在北韓，家庭就是一切。血緣關係就是一切。出身成分就是一切。他不是我的父親。

我開始把他推開，拒他於千里之外，認爲自己不再愛他了。我所感受到的痛苦不禁讓我產生了這種想法。

我開始逃避他。

# 當一名優秀的共產黨黨員

我加入了街上其他孩子的小組。沒有人遲到過。把紅領巾扶正後，我們整列成隊。我們在學校裡的班長負責率領小組前進。他舉著紅色的旗幟，我們跟在他的背後，雙手不停擺動，口中同時高歌。

萬古的游擊戰士他是誰？
絕世的愛國者呀他是誰？

從一九九二年九月開始，我在惠山市唸中學。每天早上八點，我們都會列隊上學。這些歌曲我們都非常熟，因此能夠自然而然地合唱。

您的名字有多麼的重要啊，偉大的將軍，
您的名字將會千年永流芳，金日成將軍！

到了現在，我之前一直渴望戴上的紅領巾卻只會教我心煩。深受母親的影響，因此我很在意自己的穿著。我不想要穿這些單調的北韓服裝，我想要與眾不同。而早些時候，在同一年的春天裡也發生了一件事情，讓我更在意自己的外表。

那天，母親來學校陪我一起吃中餐。我們就坐在教學大樓的外面。天空出了太陽，我們在河邊吃飯糰。此時，有一個男孩子從我們二樓的教室窗口大喊，他的聲音大到就連對岸的中國人都聽得到：「欸，敏英，妳母親好醜喔，長得跟妳很不像耶。」有幾個男孩子在他背後發出笑聲。我當時十二歲，因爲憤怒而臉紅。我從來都不認爲自己的母親不好看，我感受到的羞辱感更甚於她。她卻在笑，同時要我冷靜下來，然後她捏了捏我的臉頰，對我說：「男孩子們都在注意妳耶。」

我們的課程包含了韓語、數學、音樂、美術，以及「共產主義的道德規範」——一門融合了北韓的民族主義與傳統的儒家思維的課程，我不認爲這門課跟西方人所認識的共產主義之間有太多的關聯性。我也開始學習俄文、漢字、地理、化學跟物理學。父親則特別要我把中國書法學好，他說書法很重要。許多韓文跟日文的字體，是從古老的中國文字中擷取出來的，雖然隨著時間的演變，這幾種語言之間的差異性越來越大，但這些國家的人民經常發現，他們可以透過漢字來溝通。當時的我滿心只想著衣服跟男孩子，因此並不覺得父親的話很有道理。我並不知道將來有一天，我會因爲他曾經逼我學中文而感謝他。他的要求成爲了一項禮物，而這項禮物爲我帶來了極大的好運。有一天，這個要求將會救我一命。

學校裡最重要的課程，仍舊聚焦在我們偉大的領導人跟親愛的領導人的生平跟思想，這也是教得最深的科目。多數的課程都在教導我們信奉金氏家族。就讀小學的時候，「金學」只會出現在我們的活動裡面。上了中學以後，金學成了一門重要的學問。學校裡有一間爲了金日成、金正日，以及金正日的母親金正淑而蓋的「學習室」。學習室是全校最一塵不染的地方。學習室採用頂級的建材建成，建造所需的花費是跟家長強制募集而來的。學習室通常大門深鎖，以確保灰塵不會弄髒了裡面的照片。我們得要先把鞋子脫在外面，並穿上全新的白襪，才能進去。

歷史課程的教學很粗淺。過去不是恆常不變的，偶爾甚至還會被竄改。我的父母親以前在學校上課時學到，一名在十六世紀時，曾利用戰術擊退大舉入侵的日本人的海軍將領李舜臣將軍，是韓國歷史上的大英雄之一。到我上學的時候，他的英雄事蹟卻降了級。學校教我們的是，雖然李將軍盡了全力，但畢竟當時的社會仍舊落後，而且韓國歷史上沒有真正特出的人物，直到金日成的出現才改變了這一切。他是人類歷史上最偉大的軍事將領。

授課的女老師信念非常堅定。只有她可以問問題，而被點到的學生會起立，雙手貼在兩側，大聲講出答案，有如在對著一大群人發表演說。不管是哪一個科目，學校都不會要求我們有自己的觀點，也不需要跟別人討論，或去解讀任何的想法。我們的回家作業幾乎都是背課文，而這是我的強項，因此經常拿到班上的最高分。

政治宣傳滲進了所有的科目中。上地理課時，我們的教科書上有一張張被太陽曬得乾巴巴的田地的照片，泥土乾到都產生了龜裂。「這是南韓常見的農田，」老師說。「農夫根本沒有辦法種植稻米，所以人民就只能餓肚子。」數學教科書上，則偶爾會看見用情緒性的字眼編寫成的問題。「在祖國解放戰爭的一場戰役中，三名朝鮮人民軍的英勇大兵消滅了三十個美帝派來的雜種。戰爭雙方的士兵比率爲多少？」

我們所學到的關於美國人的一切全部都是負面的。在卡通裡，他們是一群露齒咆哮的豺狼。在政黨的宣傳海報中，他們瘦得跟竹竿一樣，臉上有個鷹勾鼻，頂了一頭金髮。聽說他們味道很重。他們把南韓變成了「人間煉獄」，並把南韓政府當作傀儡來操弄。有機會，老師們就會趕快提醒我們美國人有多邪惡。

「如果你在大街上遇到混帳美國佬要給你糖果，千萬別拿！」一個老師搖了搖手指警告我們。「因為如果你拿的話，他就會說北韓的孩子都是乞丐。如果他問你問題，哪怕是最微不足道的問題，都要嚴加戒備。」

同學們彼此互看，我們從來沒有親眼見過美國人。很少有西方人，更別說是美國人會來到我們的國家。但也不知道為什麼，這種看不見的威脅，反而讓老師的警告更教我們害怕。

老師還告訴我們，要小心江水對岸的共產主義盟友中國人。他們妒忌我們，而且不值得信賴。這句話對我來說很有道理，因為我在市場上看到的許多中國製品通常品質都很不可靠。惠山市內流傳的恐怖都市傳說似乎佐證了老師所說的話。其中一種說法是，中國人會用人血去把衣服染紅。這個傳說害我們晚上作惡夢。這些故事也影響了我的母親。有一次，她在自己的內衣褲的襯墊裡發現了昆蟲的卵，她就懷疑那些卵是不是中國製造商故意放進去的。

＊＊＊

一年級上學期的某一天早上，老師有事情要宣布：很快就要開始團體操的操練了。他說，團體操對我們的教育來說是必要的。團體操所需要的訓練、集體行動以及紀律，能夠讓我們成為一名優秀的共產黨黨員。為了讓我們能夠理解他的意思，他擷取了金正日所說過的一段話為例：每個孩子都知道，只要有一個人出了差錯，幾千個表演者的演出也就跟著全毀了。因此，每個孩子就會把整體的榮辱看得比自己的意願還重要。換句話來說，雖然我們年紀還小，但也該知道，團體操能夠幫忙我們抑制住個體化的思維模式。

日曆上最神聖的日子都要表演團體操。除了最寒冷的那幾個星期以外，我們整年都在練習團體操。學生們都在操場上練習，夏日的烈日特別讓人苦不堪言。最後的排演場所則是在惠山體育館。一年當中，最重要的日子是四月十五日的「金日成主席誕生日」。我負責在遊行隊伍中打鼓。接下來的節日是六月一日的兒童節，這天會有體操跟遊行隊伍，我們會拿著迎風飄揚的紅色高聳旗幟在城市中遊行。我們接下來的訓練，是爲了七月二十七日那天一年一度的「祖國解放戰爭勝利節」（也就是韓戰結束的日子）做準備。當天，我們會跟其他學校一起組成大型的合唱團。不久之後，則是要面對八月十五日的「祖國光復節」（慶祝脫離日本的統治）以及十月十日的「朝鮮勞動黨創建日」兩天的團體操表演。一整年當中，能夠用來好好上課或做自己想要做的事情的時間實在少之又少。

我並不喜歡這些大型的活動。這些活動會讓人滿心焦慮、壓力重重。但沒有人抱怨，也沒有人找藉口不參加。要去惠山體育館表演團體操時，朋友跟我被指派到紙板組。紙板組裡有好幾千個小孩，我們的任務，就是要配合音樂、舞蹈、體操，或行進隊伍的節奏，來翻動手上各種顏色的紙板，然後把正確的紙板舉高，利用這些紙板準確無誤地構築出一系列的巨型圖案。雖然我們沒有講出來，但我們都很擔心有人「出了差錯」，而毀掉了整幅圖案。我因此非常恐懼。我們不停不停地練習，要練到完美無瑕。我們每一個人都有一個裝滿了紙板的大包包，表演的時候要按照順序從裡面拿出紙板。一個站在前面的指揮會引導我們。當他舉起特定數字，我們就要找出對應的紙板。她一旦發出暗號，每一個人就會統一地舉起自己的紙板。我們所呈現出的最後一幅大型圖案是偉大的領導人，他的臉上有著閃爍的金色花環，負責花環紙板的孩子們得要移動紙板來製造出炫目的效果。我們不會有機會看到自己製造出來的視覺效果，但體育館坐滿了人的時候，我們會聽見觀眾的吼叫聲，數以萬計的人會一次又一次地喊出「長命百歲！」的賀詞——「萬歲！萬歲！萬歲！」——現場的氣氛熱血沸騰。

國一下學期要結束時，在韓戰紀念日那天舉辦的典禮深深地影響了我，讓我變得非常情緒化。那天是由學校的老師跟校長在戶外的演講拉開序幕。嘴巴對著麥克風，他們用莊嚴的字句作爲開場白：「一九五〇年六月二十五日的清晨三點，跟我們敵對的南韓趁所有人都還在睡覺的時候展開偷襲行動，殺死了許許多多無辜的老百姓……」

我們聽到坦克車駛過邊境，大舉屠殺了許多在家中的同胞時，那些畫面讓我們全部都淚如雨下。南韓人殺害我們的同胞。熊熊的復仇之火在我腦中燃燒。我想要報仇，以牙還牙。所有的孩子都有同樣的想法，事後我們聊到，如果自己看到一個南韓人，我們會怎麼對待他。

雖然數不盡的共產主義活動讓我疲憊不堪，但我還有一個私人的天地能夠遨遊：書本是我的避風港。受了母親的影響，我培養出喜歡看書的習慣。我有關於童話、神話，還有民間故事的圖畫書。其中，我很喜歡一本韓文版的《基督山恩仇記》——但因爲書籍檢查制度的關係，有些書頁被黏起來了，根本就撕不開。北韓政府允許人民接觸英雄對抗強權的故事，前提是要符合北韓革命史的世界觀，但任何不合適的情節都會加以遮擋。

上國二以後，我開始閱讀北韓的間諜驚悚小說。有幾本情節實在太引人入勝，我只好點蠟燭以後熬夜看。其中最好看的一本，講述的是一個去南韓出任務的北韓特務的故事。他住在南韓，也娶了一個南韓籍的妻子，但從來沒有跟她說過自己的眞實身分。他的直屬上司就是祕密間諜行動的負責人。隨著時間過去，兩人之間的情誼逐漸深厚。故事的高潮點在於，他發現自己的上司居然就是他的太太。寫得最好的故事都有同樣的特質：整個故事都順理成章，但卻能給予讀者出乎意料之外的爆點。

＊＊＊

剛上國二不久的某天晚上，我回到家，發現母親正在煮大餐，以紀念父親新工作上班第一天。我知道他離開空軍有好一陣子了，但我那段時間很少跟他說話，也對他跟我說的話提不起太多興致。他回到家時，我第一次看見他穿著人民服。他看起來很聰明，跟平常相當不一樣。我太習慣看見他穿那套灰藍色的軍服。他現在在軍方旗下的貿易公司裡上班。他露出大大的笑容，同時說下星期他要去中國出差。他讓我看他剛拿到的護照。我以前從來都沒有看過護照，但仍假裝自己興趣缺缺。然而，母親卻興高采烈，有一個能夠獲准出國的丈夫這件事確確實實地象徵了這家的地位，我們在北韓的地位開始往上提升了。

我到了晚餐才跟他說話，但也只說了這麼一次，而且不怎麼禮貌，我問他這份好差事到底是要做什麼。他的回答模稜兩可、不清不楚，顯然是什麼天大的祕密。我轉了轉眼睛後離開餐桌，這個動作激怒了母親。父親依然不說話。我知道自己傷害了他，但也第一次這麼恨他。又是一個不能讓我知道的祕密。我因爲自己的身世而感受到的痛苦依舊絲毫不減。我當時並沒有意識到他不跟我談自己的工作，其實是爲了要保護我。

父親開始去中國出差，有時候會待上一兩天。因此，火災發生的那晚，他跟母親能夠剛好同時在家，可說是不幸中的大幸。

約兩個月過後，由於團體操的練習讓我筋疲力盡、渾身痠痛，因此早早就上床休息。當時我已經睡著了，敏鎬睡在我的旁邊，母親的大喊叫醒了我，父親則是衝進了房間。他的背後閃爍著橘色的火光，到處都聞得到航空燃料的濃烈氣味。除了身上穿的衣服，跟父親在屋頂崩塌的幾秒前從牆上一把抓下來的肖像畫以外，屋裡的一切都燒毀了。我所有的故事書、小說，還有我鍾愛的手風琴跟吉他全部都付之一炬。

但除了那些東西以外，這場大火也燒毀了我其他的寶物。擁有那個寶物的代價非常高，就算因此被送進拘留營都不意外。回想起來，那場大火說不定其實是幸運之神對我們的眷顧。

# 「岩島」

火災發生的幾個月以前，一個好朋友在學校裡把我們這幾個平常跟她關係比較要好的人湊在一起。我習慣跟出身背景類似且較年長的女孩交朋友。這個朋友是市警局局長的女兒。她曾經聽人說，可以透過非法的管道，偷偷摸摸地從某幾個商人的手中買到南韓的流行音樂錄音帶。

很快地，我們就擁有了幾卷炙手可熱的走私錄音帶。我們是北韓最早聽到這些暢銷流行樂曲的人士之一。

我們之中的某幾個人，開始約好每週末在其中一個人的家裡祕密碰面。只要父母跟兄弟姊妹都不在，我們就會把音樂開小聲，然後隨著南韓歌手周炫美跟金賢哲的歌曲又唱又跳，不停地扭腰擺臀。我們發明出自己的舞步。事實上，我們根本就不太知道聽流行歌曲的人會怎麼跳舞。我們知道自己不應該沉浸在大敵的樂曲裡面，但並不知道自己犯下了多嚴重的罪行，直到我們聽到傳遍大街小巷的消息：有幾名惠山市當地的女性因為聽著南韓的流行歌並縱情歌舞，因此被判決要送入拘留營。這些女性當中的一名成員告發了其他人。

在這件事情發生以後，我就乖乖地待在家裡，躺在自己的床上聽這些錄音帶。

我最喜歡的一首歌，是歌手金元俊唱的〈岩島〉。歌名的岩島指的是他愛的女人，副歌是這麼唱的：

就算妳不喜歡我，我還是很愛妳，
就算我無法甦醒，我還是很愛妳……

我喜歡這種多愁善感。這首歌講的是青少年之間的愛。歌詞觸動了我的心，讓我對愛情產生了渴望。這首歌改變了我，讓我覺得自己正在長大。沒有一首北韓的歌曲能夠帶給我同樣的感覺。我們國家有自己的流行歌曲，但歌名卻是叫做〈將軍的擁抱帶來的幸福感〉或是〈年輕人，前進吧！〉，我很討厭聽到這些歌。

我訓練自己在手風琴上演奏〈岩島〉。我謹慎地小聲演奏，並緊閉門窗，但有天早上我在練習時，前門傳來一記沉重的敲門聲。

我動彈不得。

站在門口的人是我們的鄰居，他正準備去上班。他說，他有聽見我在演奏。一陣冰寒的恐懼在我的胸腔深處凝結。他會告發我嗎？還是他只是要警告我呢？但大大出乎我意料之外的，他面帶微笑，告訴我那首歌打動了他，並帶給了他元氣。然後他就騎上腳踏車走了。我沒想到他會那麼說。如今我很好奇，會不會其實他知道那是一首南韓的歌曲，於是就來找我，暗示我他知道，我們倆就像偷偷地握了手一樣。

幾個月過去了。彼時，那些非法的流行音樂錄音帶都已經隨房子付之一炬，但我早已記下那些歌曲。那些歌曲的旋律跟歌詞，特別是〈岩島〉，將會在未來的日子裡成爲我極大的心靈慰藉。

南韓的流行歌曲讓我隱約地感受到，在北韓的國界線之外，還有另外一個世界。如果我當時更敏銳的話，說不定就能看見許多跡象，暗示外面的世界正在面臨劇烈的改變——這些改變劇烈到北韓的政治體制碰到了前所未有的壓力。我沒有注意到俄國人已經讓共產主義在蘇聯瓦解了。一如金正日所說的，「不費一槍一彈」。但這件事情從各方面影響到了我們的國家，讓北韓的體制再也藏不住底下的問題。由於除了父母兩人都有在工作以外，我們還有私下做一些買賣，因此我們家飲食無虞，使我沒有注意到透過公眾配給制度所提供的基本糧食的份量變得越來越少，供給也變得很不穩定。我也沒有特別留意到，政府在一九九二年推行了一個「一日兩餐」的運動，說吃兩餐比吃三餐更健康。任何還沒有找到辦法從其他管道賺錢的人都只能仰賴國家配給的基本糧食，而這些人的日子也開始過得越來越糟。

在火災發生以後我們搬了家。新家讓我們跟外面的世界之間只剩一線之隔，另外一個世界就在我們的眼前，彷彿命運的絲線要我們把目光放遠。我們的新家面對著鴨綠江的河岸。從我家大門丟一顆石頭，石頭就能飛越水面，飛進中國。

# 「這棟房子被詛咒了」

我們搬進了家家戶戶之間由窄巷區隔的單層住宅區。新家比舊家大。房子刷了白漆、瓦片鋪成了屋頂，四周則是白色的混凝土牆。屋裡有三個跟建築物等寬的房間，因此我們得穿過廚房才能走到大廳，再穿過大廳才能走到我們一家四口睡覺的臥室。

爲了擁有這個家，母親花了很多的錢。表面上，北韓沒有私人的房產，也沒有人做房地產生意。但實際上，被分配到屋況較佳或地點較便利的房屋屋主，如果有人願意出合理的價碼，他們通常都會把自己的房屋賣掉，或跟對方換房子住。

這棟房子的地點完全吻合母親非法事業的需要。從我們家的前門出去後跨過鴨綠江就是中國，我們離中國不過區區幾公尺的距離而已，讓母親得以佔盡地利之便，安排要走私哪些貨物。爲了防範日漸猖獗的宵小，她把圍牆築高到兩公尺，還從軍方那裡買了一條訓練有素的猛犬。要進來我家，就得先穿過正面有重重深鎖的柵門。不管是要進來或出去，我們都得穿過三道門、五道鎖。我家前面沿著河岸的那條小徑有五公尺長，固定會有警衛兩人一組巡邏。鴉片舅舅跟漂亮阿姨來我家串門子並恭喜母親。他們說，這個地點眞是無懈可擊。

我們的新家讓敏鎬十足地興奮。我們在一個溫暖、微風徐徐的秋日搬進新家。當時，他看見幾個跟他同齡的男孩，有北韓人也有對岸的中國人，在江水裡面玩耍，而那幾個中國孩子的母親則在河岸洗衣服。對多數的北韓人而言，邊境是不可跨越的藩籬。我們國家不跟鄰近的國家往來。然而，這裡卻有五歲、六歲，以及七歲的北韓跟中國孩子在江中玩水，並穿梭於兩岸之間，就像魚兒跟鳥兒一樣。隔天，我母親去跟鄰居做自我介紹。他們所說的話卻讓她心頭一沉。她一臉蒼白又氣呼呼地回到家。

「這棟房子被詛咒了，」她掩面跌坐在地板上說。「我犯了一個人錯。」

一個鄰居跟她說，早前的屋主的孩子因意外而喪生。我母親原本以為自己運氣很好，才能找到這裡。但事實上，前任屋主是倉皇地出售這棟房子，免得跟這場悲劇以及厄運牽扯上。我試著要安慰她，但她只搖了搖頭，一臉疲憊。她過於迷信，根本無法理性溝通。我則是半信半疑。母親的許多想法也影響了我。我敢說，她腦裡已經在想著要再去找那個命理師，又要花一大筆錢去問她有沒有辦法破除這個詛咒。

母親很快地裝修了房子，又一次開始布置這個家。經濟比較闊綽的人都開始買從中國進來的冰箱，但母親不想引人注意。這表示她天天都要出門買菜，幾乎家裡所有的食物都是她從當地半公營的市場買來的，而不是透過公眾配給制度取得。前些日子，稽查人員在她工作的政府機關裡的上司家裡，發現了別人行賄而贈與的食物。她的上司因而被送入拘留營，使得母親行事異常謹慎。我們從不儲存大量的白米——家裡鮮少儲存超過二十或三十公斤的量。

我們的新家只買了一樣奢侈品：一台東芝的彩色電視機，藉此象徵我們的社會地位。這台電視機大舉開拓了我跟敏鎬的眼界。不是因為電視上播報的「新聞」——我們只有「朝鮮中央電視台」一個新聞頻道，這個頻道無止境地重複播放偉大的領導人或親愛的領導人參訪工廠、學校，或是農田的影片，並且當場指導大家什麼事該怎麼做，從化學肥料到女性穿的鞋子無一不管。也不是娛樂節目。這裡的娛樂節目只有北韓老電影、先鋒隊員組成的樂團演奏樂曲，或是軍隊合唱團頌揚革命或政黨。電視機的魅力，來自於我們可以接收到中國的電視頻道，並藉此看到中國的肥皂劇跟五光十色的誘人商品廣告。雖然我們聽不懂中文，但這些廣告提供了一扇窗，讓我們能看見截然不同的生活樣貌。收看國外的電視頻道嚴重犯法，而且是對國家極度不敬。母親只要逮到我們在看中國的電視節目，就會痛罵我們一頓。但我很調皮，我會用毯子把窗戶遮起來，然後趁她出門或睡覺的時候偷看。

我們現在住在一個政治上很敏感的區域。北韓政府知道住在鴨綠江旁的人民經常屈服於資本主義的毒素、交易走私的貨物、觀看有害的異國節目，甚至還逃離國家。比起其他地區，保衛部的人更嚴加監管住在這附近的家家戶戶，留心他們有沒有任何不忠的徵兆。若有哪戶人家受到質疑，當地的警察就可能會派人來監視，並天天回報消息。警察常用些伎倆要來逮這些罪犯。我們搬過來以後不久的一天早上，一個親切、友好的男人來敲了我家的門。他告訴母親，說他聽見美國佬出了一大筆錢，想買回死於韓戰時的士兵的遺骨。他說，他手上有些遺骨，是從兩江道裡的多處地方挖掘出來的。他不知道母親有沒有辦法幫他把這些東西偷偷運過國境。

母親總十分小心地處理他人所提出的請求。她知道保衛部的臥底特務是怎麼辦事的，他們總會有五花八門的提案，他們詭計多端。我們曾聽說，有一個地位很高的家庭就因此而惹上大麻煩。調查員現身在他們家的孩子就讀的幼稚園，接著語調歡樂地問說：「你最近看過最好看的電影是哪一部啊？」其中一個小孩於是興高采烈地描述了一部南韓的賣座電影，是透過非法的錄影帶看的。然而，在這種情況下，她的迷信成了她最佳的防禦利器。她不想被無法歇息的美國大兵的亡靈所纏上，因此告訴對方她愛莫能助。

我們搬進新家已經過了幾個星期了。十一月中降下第一場雪。從早到晚下不停的細雪落在我們的臉龐上，留下淡淡的刺痛感。穿著大衣坐在地板上的我們擠在一起取暖。此時，父親回來了。每次他從中國返家，都會帶些多數人拿不到的昂貴小物回來。有時候，他會帶品質很好的衛生紙或香蕉跟橘子回來，這些東西在北韓幾乎是找不到的。這次回家，他帶了很大的一包東西，害我沒辦法跟平常一樣，假裝自己興趣缺缺。我實在太想知道裡面裝了些什麼。裡面裝了給敏鎬還有我的禮物。我的禮物是一個大得出奇的洋娃娃。洋娃娃有一頭淡金色的柔滑頭髮、一對藍眼，還有一張西方人的白皙臉蛋。她身上穿著世界上最漂亮的條紋蕾絲邊洋裝。娃娃大得我幾乎抱不住。我得利用床邊的角落把她撐起來。母親說，她有聽到我在跟娃娃說個不停。敏鎬的禮物是一台掌上型遊戲機 Game Boy。他那張小小的臉蛋充滿了震驚的表情。這是一種非常新的產品。在我們認識的人當中，沒有一個人擁有類似的東西。

如今，想起那個娃娃，我的心裡就覺得非常難過。我的年紀其實已經有點大到不適合玩洋娃娃了，但父親卻慷慨地送給我如此漂亮的洋娃娃。現在我知道，父親覺得他失去了我，因此試圖要想辦法跟我重新建立起父女關係。他知道我們之間出了某種大問題，而他八成已經猜到了原因。我當然沒有資格收下這麼昂貴的禮物。

這是他送給我的最後一樣東西。

# 橋上的悲劇

以韓國人計算年齡的方式來算，我已經快要滿十四歲了。當時是一九九四年一月，悲劇性的一年拉開了序幕。那年將會發生很多事情，逼得我快速長大。

我現在的身高跟母親差不多。我健康又活潑，從事多種我很喜愛的運動——我的溜冰技術好到代表學校去參加錦標賽。如果天氣太冷的時候，就會在室內練跆拳道。我很會跑步，有參加過惠山市的半程馬拉松賽。

然而，我的生日卻讓那一年有了一個糟透的開始。

爲了自己的外在，我長期以來都在賭自己的運氣。就算我不穿學校的制服，老師也會裝作沒看見——他們知道學校需要有人捐現金或捐燃料油的時候，就可以仰賴我的母親。但我不再是個孩子了，而我不守規矩的行爲也變得越來越明顯。

該來的事情終究還是發生了。

幾個月前，學校來了一位新老師。她叫做姜太太，教的是物理科目。她很年輕，有一雙銳利的小眼睛跟尖銳的聲音。我生日那天，她在跟我們道早安以後，就立刻注意到了我。每個女孩子都穿著學校制服，髮長不過肩。我卻燙了一頭鬈髮，大剌剌地穿著自己的粉紅色中國大衣，以及一雙全新的時髦高筒靴。

她的眼睛緊盯著那雙靴子，我知道自己這次太過火了。

「妳為什麼穿著那東西？」她當著全班的面對我說。「還有，妳為什麼沒有跟其他人一樣穿制服？」

在還沒來得及阻止自己以前，我已經把話說出口了。「妳憑什麼發表意見？我母親都沒說話了。」

場面很緊張。

「妳居然敢頂嘴！」她尖聲說，同時大步朝我的座位走來。「妳是想要讓自己看起來跟腐爛的資本主義者一樣嗎？好！」她伸出手重重地甩了我一巴掌。

我把手摀住臉頰，感覺到一陣耳鳴。我氣到發抖，連母親都從來沒有甩過我巴掌。我衝出教室，哭著跑回家。

那天，長久以來第一次，我渴望父親能夠一如往常地給予我安全感跟撫慰，但他又離家去中國出差了。每一次回到家，他看起來就越來越疲累，悶悶不樂。母親說他晚上睡不著覺，事情不大對勁。他跟她說，他覺得有人在監視自己。

如今我才意識到，當年會有勇氣穿上那雙靴子，同時還把頭髮燙捲，其實是因為心底深處感受到的整體性幻滅所導致的症狀。我已經不再喜歡那種「集團型的生活方式」，以及北韓的國民無人能免於參加的集體性的活動。我曾經很喜愛團體操，但現在的我已經十四歲了，我不再是先鋒隊的隊員，不過必須加入社會主義青年同盟。這是另外一個重要的里程碑。我們被告知要開始思考自己的未來，以及如何報效自己的國家。我的童年結束了。

社會主義青年同盟的成員必須接受軍事訓練。我得要穿上軍服，在惠山市的打靶場荷槍實彈學習開槍。我非常不想接受訓練，而母親也很擔心我身旁都是一些拿著槍的孩子，很容易發生意外，而也的確有先例。因此，她要我用現金賄賂學校高層，藉此不用受訓。

我們的思想教育越來越深入了。身爲一名模範的共黨青年，國家現在要求我們要更加敬重、愛戴偉大的領導人，也要開始學習黨的主體思想（勉強可以解釋爲「自食其力」），鼓吹國家的孤立性並拒絕接受所有來自外部的影響。

現在，我成爲了自己就讀的國中裡，社會主義青年同盟「細胞[9]」的一分子。我很幸運地免於加入「社會秩序維護大隊」——也就是糾察員。他們會在大街上監看是否有市民的思想不夠純粹。到了一九九四年，違禁品清單上又多了好幾樣東西。如今，年輕人會嚴厲查緝任何穿著上有西洋字體的人，而這正是中國當時的流行趨勢。

到了春天，我們都得盡革命的義務，前往環繞著白頭山的神聖遺址朝聖。於一九三〇年代與一九四〇年代，金日成就是以一名游擊隊員的身分，在兩江道裡的山區對抗日本人。爲了彰顯此事的重要性，三個道內的十一個郡都重新改名，以紀念這位偉人的妻子、父親，以及叔叔。來自北韓各地的先鋒隊員及社青都來參觀這座「戶外的革命史博物館」。這裡享有崇高的地位，也有

9 此為「主體思想」（也稱「金日成主義」）的一部分。將領導人視為頭腦，黨為軀體，人民為細胞。軀體跟細胞都應該聽從頭腦的指揮。沒有頭腦，就沒有生命。

多座記載了偉大的領導人勝利的紀念碑。附近還有一個叫做「普天堡」的村落。在一九三七年時，金日成就是從這裡率領了一百五十名游擊隊員攻擊當地的日本警察局。這場戰役在北韓的歷史上很有名，被視爲北韓爭取獨立的關鍵轉捩點，也實實在在地證明了金日成是一位戰略天才，能夠在處於劣勢的情況下反敗爲勝。

嚮導帶我們去看舊警局裡的彈孔，這些彈孔的外圍都被畫了白色的圈。我們還去看了早年日本人用來刑求共產游擊分子的地下室。我對這些都沒有興趣，只想要離開這裡。我費了很大的勁，才控制住自己的臉不顯露出覺得無聊的神情。

終於，我用自己的雙眼看見了那間保存得宜、位在白頭山松樹林下方斜坡的小木屋。這裡就是祕密游擊隊的基地，也是金正日出生的地方。我一度覺得自己又回到了孩提時代。我還記得自己在畫這間木屋，畫天上的星星，畫白頭山上的彩虹。這個神奇的故事至今依然能夠打動我。

我所感受到的疏離感，意味著我跟敏鎬之間的關係沒有改善。他當時在惠山市唸小學。他曾聽過同齡的男孩說，他們的哥哥覺得我長得很可愛。他一定以爲那些男孩在說的是別人。我依然沒有用一個姊姊該有的態度去對他好。心底深處，我希望自己能有一個哥哥來保護我，而不是一個我得要經常留意的弟弟。他現在七歲了，發展出一種相當熱愛冒險的性格——我強烈懷疑他會自己偷偷跑到對岸去。他的性格也有頑強的一面。隨便找件事要他做，他都會做得很好。有一次，他就讀的學校對學生們提了一個古怪的要求：要他們每個人都要採集十公斤的莓果繳交。他是唯一達到目標的人。從這點來看，他跟我截然不同，要是我的話，就會找藉口避免體力勞動，也避免弄髒我漂亮的衣服。我們兩人共通的特性，就是惠山人特有的頑強性格，就跟我母親一樣。

參觀完白頭山幾天以後，有天下課我回到家，發現母親十分焦慮地在屋裡走來走去。

「你們的父親到現在還沒有回來。」她說，同時兩手交叉，然後又鬆開。

父親昨天就應該從中國出差回來了才對。她說，在他這次離開之前，他看起來特別焦慮。

兩天過去了，他依然還沒有回家。

到了第三天，母親就垮了。她吃不下、睡不著、歇不了，也坐不住。她多次聯繫父親工作的那間貿易公司的辦事處，但每一次都被對方推託再三，要她等候進一步的消息。

又度過了另一個淒涼、煎熬的一天。敏鎬不停問說，是不是可以找人去查查他們的父親人到底在哪裡。

終於有一個貿易公司的同事打電話來家裡。

不是好消息。

四天以前，父親在跨越友誼橋要回北韓的時候被逮捕了。

# 暗水上的陽光

當時，有一群來自平壤的男子在橋上等我的父親。他們是「軍事安全司令部」的官員。這個組織跟國家安全保衛部，也就是我們常簡稱的保衛部是分開的。軍事安全司令部是一個監控軍隊的祕密警察組織。

無消無息地又過了十天。我們只知道他被拘留，有人在調查他是不是照規矩在做生意。對外，我母親一如往常地呈現出強悍、理性的面貌。一回到家，她就會變得脆弱又愛哭。她開始做好最壞的打算。她知道很少有人能夠毫髮無傷地從拘留所裡回來，甚至有人就此人間蒸發。我從來沒有看過她這樣。

就在這種坐立難安的狀態下，她告訴了我一個我之前從來都沒有聽過的家族故事。這個故事跟我母親最年長的姊姊，也就是老阿姨的婚姻有關。在我出生以前，老阿姨曾經結過婚，而且有過三個我都不認識的孩子。她的丈夫是韓裔中國人，是在一九六〇年代晚期的時候，爲了躲避文化大革命，才逃到了北韓。他當時認爲北韓是共產主義者的烏托邦。母親說，他是一個很友善的人，個性非常坦率又誠實。外祖母因爲對方是外國人而反對這場婚姻，但老阿姨說，如果不能跟他在一起，她索性連命也不要了。因此，他們就順利結婚了。

幾年過去，他對北韓的宣傳手段覺得很反感，說他想要回中國。老阿姨拒絕離開家鄉，因此他隻身上路，然後在國境的地方被攔了下來。如果他告訴國境警察，說自己只是想回去看看中國的家人，然後會再回到北韓，那麼他也許就能夠順利地離開。但誠實的性格害了他。他告訴審訊他的人，說自己對北韓的行徑已經感到幻滅。沒有經過任何審判，他們直接就把他送進政治拘留營。接著，爲了保護整個家族，外祖母插了手，辦妥了這件事。如此一來，老阿姨就可以跟丈夫離婚，同時把三個小孩子送養。唯有這麼做，整個家族才能夠避免因爲跟「犯罪分子」扯上關係而受罪，降低自己的出身成分，還會爲世世代代的子孫帶來危害。配偶被監禁時，這是常見的處理手法。

三個孩子各別都被好家庭收養。其中一個人成爲了軍官。在他長大成人以後，老阿姨跟他見了面，告訴他這個故事。他痛哭失聲，擁抱住老阿姨，發誓他要把家庭背景拋在腦後，從此以後只把自己的生母跟手足看作親人。

那個兒子來到了拘留營，試圖要見自己的父親，但在大門的地方就被拒絕了。監禁人的集中營有兩種。其中一種是用來關被判「革命勞動教養」的囚犯。如果這些人在刑期結束之後還活著，那他們就會被釋放，回到社會，終此一生都會接受嚴密的監控。若進了另一種集中營，那就回不去了——囚犯會在裡面不停工作，至死方休。那個兒子擔心自己的父親是被關在第二種集中營裡面，而且到現在都還沒有被放出來。

聽完這個故事，讓我非常地難過。在聊到認識的人觸犯了當局的法規時，我們鮮少會加以分析或評斷，也不會去評論這樣的刑罰是否公平。我們只會描繪出最根本的事實。北韓的人就是這樣講話的。但現在，我母親卻情感豐沛地訴說集中營如何影響了我們的家族。

沒有人會公開討論集中營。我們只會透過駭人的謠言跟竊竊私語來知道跟集中營有關的事情。我們不知道這些集中營在哪裡，也不知道裡面的待遇是怎麼樣。我只知道白岩郡，那裡離惠山市不遠，是一個比較不那麼極端的受刑地。我們知道有一個家庭，這個家庭裡的父親，因爲在用一張從報紙上裁下來的方形紙片捲菸時，沒有留意到偉大的領導人的臉孔就印在紙片的另一側，因而舉家從平壤被驅趕到白岩郡去。他們全家都被送進位在山裡的 10.18 集體農場，過著挖馬鈴薯的繁重生活。

現在，我開始想像自己的父親被送進了拘留營裡。一團巨大的迷霧在我腦海中旋轉，對他的憎恨轉變成了一大堆錯綜複雜的情感。

我們還在等待消息的時候，某一天晚上，有五名身穿軍服的軍官大力地敲了我們家的門，鞋子也沒脫就闖進來，然後翻箱倒櫃地搜尋據稱被我父親藏了起來的現金跟值錢的東西。他們撬開牆壁，扯開地板，拉下天花板。在一個小時的摧毀行動之後，他們兩手空空地離去。母親跟我震驚地盯著家裡受到的損害。我們家徹徹底底地被他們給毀了。

在父親消失約兩個星期以後，有人告訴母親，說他忽然被放了出來，目前人在惠山市的醫院。見到他時，她的情緒潰堤，開始放聲大哭。他的外觀嚇壞了她。他面容憔悴，雙眼凹陷，但他仍嘗試露出微笑。他看起來老了很多。

他說，針對他的調查仍在持續進行。當局控訴他收賄跟濫用權力。比較有可能的原因，是他在政治上失了寵，或招惹到了某位高級幹部。他被審訊很多次，對方一次又一次地命令他寫下自白書。每一次，負責審訊的人都會當著他的面把自白書撕掉，然後要他重寫。

母親沒問他們還對他做了些什麼。她不希望讓他回想起那些痛苦的過程，但她看得出來他曾被痛打，而且對方也不讓他睡覺。住院期間，有好幾天的時間，他都得用被單把頭蒙住才有辦法入眠。

就跟多數的北韓男人一樣，父親把一切的情緒往肚裡呑。他們不能提到自己的感受，或提及他們正在承受的恐懼跟壓力。這就是爲什麼，我會在惠山市放國定假日的期間，看到喝醉酒的男人們打得難分難解。父親從來都不喝酒，但他把情緒都藏在心靈深處。他瘦了很多，變得非常無精打采。我們現在才知道，他其實罹患了嚴重的憂鬱症，而北韓並不承認有這種病的存在。他在惠山市的醫院住了六星期。

母親需要暫時離開敏鎬跟我，好讓她專心照顧父親，每天都會到醫院花好幾個小時探望他。她把我們送到東岸跟戲院舅舅、他的太太，還有他們的小孩，也就是我的表兄弟們待在一起。

一天下午，戲院舅舅提早回來。敏鎬與我跟舅媽還有表兄弟一起待在客廳裡。他脫下鞋，走進屋裡，小心翼翼地關上背後的門。

「敏英、敏鎬，恐怕我得要跟你們說一個壞消息。」他說。

他的表情看起來很沉重，我們知道一定是發生了很不好的事情。他說，我們的母親打了電話到他的辦公室去。她說我們住院的父親病況變得非常嚴重，已經過世了。

敏鎬傷心欲絕。他跑進臥室，把自己關在裡面。

我木然地走下海灘，凝望著東海。鮮明的陽光穿透雲層，在黝暗的海水上照出一塊塊光芒。

幾艘生鏽的貨輪行駛在遠方的海平面上。風平浪靜。

我在心底滋養的對父親的恨意形成了一堵牆，阻隔在我們之間。我爲什麼要那麼做？成長的過程中，我學習到家族跟血緣的重要性。發現自己身體裡沒有流著他的血，讓我既震驚又困惑。我把他排斥在外。一個刻意不讓我知道的祕密對我造成了傷害。

我想起多年以前，在那輛開往平壤的火車上，他是怎麼遇到了我的母親。他深愛著她，就算她已經離過婚，而且還生下別人的孩子，他依然執意要娶她。回憶點點滴滴的浮現腦海，我們曾經在鄰近安州市的田野上快樂地追逐蜻蜓，以及我們在咸興市度過的家庭生活，我們一起看母親吃冷麵時的歡樂。當他來到我的朝鮮少年團入團典禮時，我是多麼以他爲傲。只要他在身旁，我會多麼地有安全感。

我凝望著海洋，意識到自己是多麼愚蠢。

他充滿關愛地把我撫養長大，視我如己出。那些自私的情緒阻擋了我，讓我看不見自己有多愛他。

我跌坐在沙灘上，流下苦澀的淚水，用雙手去扒沙。

可能過去了好幾個小時吧，太陽西沉，我走回舅舅家。我知道自己會因爲以錯誤的方式去對待父親而懊悔終生。知道他至死都認爲我恨他，會讓我在接下來的歲月裡所感受到的喪父之痛更形加劇。

＊＊＊

對所有認識我父親的人來說，他的逝去有如一顆震撼彈。他還那麼年輕，還有好幾年才滿四十歲。過世時，他獨自一人，無人在旁。

但在我母親還沒來得及消化他的死訊帶來的衝擊時，她又接到了另一則駭人的消息。醫院的死亡診斷上明載著他是自殺，死因爲服用過量的鎮定劑丹祈屏（二氮平）。這種藥物在市面上輕易就能買得到。他一定是自己去外頭買的。

在北韓，自殺是一種禁忌的行爲。自殺不僅被視爲會對活著的親友帶來莫大的恥辱，更肯定會讓死者留下來的孩子在出身成分這個體制裡的階層被重新歸類爲「敵對」。以後不僅沒辦法唸大學，也找不到好工作。自殺在韓國的文化裡，是一種非常激進的抗議手段。北韓政府將自殺看作是一種對國家的背叛。爲了要讓這種激進的抗爭手段能夠銷聲匿跡，北韓的政府就採取了這種懲罰活著的親友的方式。

母親因爲震驚而忘卻了悲傷，她立刻爲了保護我們而行動。

她得要在短時間之內改寫醫院的文件資料，雖然這個任務棘手又艱鉅，但我們的未來都只能靠它。母親的圓滑手法跟外交手腕奏效。這件事幾乎讓她花光了這些年存下來的強勢外幣，但她辦到了。她賄賂了醫院的高層。他們同意把父親的死因改成「心臟病發作」。在大家都還來不及問任何問題之前，喪禮就草草地辦完了，敏鎬跟我都來不及從東岸趕回來，我們連跟他道別的機會都沒有。更糟的是，在喪禮上，父親的雙親嚴厲地斥責我的母親，說她給他們的家族帶來了厄運。

最後，負責這次調查行動的軍事當局寫信告知母親，說他們已經正式開除了父親。他們根本沒有資格這麼做，他們只是想要羞辱我們罷了。

父親死後，我覺得自己跟敏鎬親近多了。彷彿這是多年以來我第一次不帶任何偏見去看他。那個讓我跟父親保持距離的愚蠢謬見，也讓我沒辦法親近自己的手足。我開始看到眞正的他——他跟我一樣面臨喪父之痛，跟我一樣心碎難過。他是我的弟弟。

我對自己那在江邊的住家也改了觀。才搬到那裡不久，家裡就遭逢了悲劇。我不免開始認爲這棟房子眞的被詛咒了，而且是很可怕的詛咒。

在我們仍舊試圖去接受發生在我們身上的事情時，一件讓舉國同胞同聲哀戚的事件發生了——世界各地的媒體從來沒有見過規模這麼龐大的哭號跟情緒失控的場面（我們也是被迫的）。這個事件對北韓所帶來的深遠影響至今仍未止息。

## 「偉人的心臟已停止跳動」

在一九九四年七月八號這天，我跟往常一樣去上學。午休前不久，一個老師衝進教室，打斷了上課。他告訴我們學校今天就此停課。校方要我們回家看電視。這點很奇怪，因爲平常週末的白天不會有電視節目。

我沒回家，而是跑去一個住在學校附近一棟公寓裡的女同學的家。我們打開電視。不久以後，知名的新聞主播李春姬穿著一身黑出現在螢幕上。她的雙眼因爲流淚而泛紅。然後，她宣布了不可能發生的事情。偉大的領導人國父金日成辭世了。這則消息在收音機上發布時，講法同樣戲劇化：「偉人的心臟已停止跳動。」

朋友忽然悲慟不已。看見她哭，我也有點受影響，但受影響的是我的心情，而不是我的心。他怎麼可能會死呢？雖然如今想起來可能會覺得不可思議，但當時無論是我，或是許許多多的北韓人都一樣，我們都沒料到這個厲害到可以控制天氣的、如同神一般偉大的統治者，居然會死去。他毫無缺陷，無所不能。他是超越人類一般的存在，有一部分的我以爲他不是眞的。我們甚至以爲他不用睡覺也不用小便。但這樣的他卻死了。

我的心裡打開了一扇門。

我心想，他是一個八十二歲的老人。他又老又衰弱。他終究是個人。我坐在那裡，聽著朋友的啜泣，但我的雙眼卻乾巴巴的。父親的死，讓我陷入哀傷之中，因此擠不出眼淚來哀悼偉大的領導人。

隔天早上，全校師生集結在學校大樓的前庭，我們被嚴格地要求排成長長的行列。天空是淺藍色的，熱得讓人不舒服。校長跟老師都流下眼淚，情緒激動而哽咽地發表了談話，一旁的配樂則是管樂器演奏的哀樂。時間一小時又一小時的過去。一開始我很難過，但在大太陽底下站了三個小時以後，我變得又渴又累。

沒有人命令我們哭。沒有人暗示我們，如果沒哭，就會被人質疑不愛偉大的領導人。但我們都知道，眼淚是必要的。我身旁的人全部都在擤鼻、啜泣跟哭號。彷彿哀傷化成了人形，出現在每一個人的左右。我的生存本能發揮了功效。如果沒有哭得跟大家一樣慘，我就會惹上麻煩。因此我假意憂傷，搓了搓自己的臉，偷偷地吐了些口水在自己的指尖，然後塗在我的眼睛旁邊。我發出吸氣的聲音，希望聽起來會像是自己因爲絕望而嘆氣。

這個動作做了很長的一段時間以後，我覺得自己再也站不住了。太陽實在太毒辣，天氣很熱，因此我踉蹌了一下。老師們以爲我要昏倒了，因此就把我送進在一旁待命的救護車。我解脫了。

隔天也是類似的活動。惠山市內所有學校的師生都集合到了位於惠山公園的「普天堡戰鬥勝利紀念碑」處。這一次，有好幾千名師生同聲啜泣跟哭號。隨著時間不停流逝，眾人似乎越來越哀傷。整座城市的人彷彿都患了歇斯底里症。林場、鋼鐵廠、工廠、商店跟市集全部歇業。全體國民每天都要參加大型集會，以表達出自己悲慟萬分。每一天，都會有一個老師帶我們去山丘上摘野花，然後放到惠山公園裡的金日成銅像前。沒幾天，花朵就被採盡了，但我們得想辦法再多找一些。若只獻上一朵花，那就是在侮辱偉大的領導人。

有一次，我們在田野上找花的時候，一大群蜻蜓在我們的身旁飛舞。

「看哪，」老師讚嘆不已的說。「就連蜻蜓也爲了偉大的領導人的逝去而難過。」

她的語氣很認眞，我們不敢有任何的批評。

哀悼期過後，一如我所擔心的，那些眼淚流得不夠多的人都要遭受懲罰。恢復上課的那天，全體學生都集中到學校的前面大肆批評並辱罵一個據說假哭的女孩子。那女孩子嚇死了，這次是眞的在哭。我覺得她很可憐，但我主要是覺得放心。身爲假哭者的一員，我很高興沒有人識破我的表演。

市內到處都有成年人受到類似的指控，保衛部一連串逮捕了許多人。不久以後就開始出現告示，上面載明了執行一系列公開處刑的時間跟地點。

從唸小學開始，學生就有出席公開處刑現場的義務。通常課程會因此而取消，讓學生得以到場。工廠會派送出工人到場，以營造出大批的觀眾。我通常都會避免出席，但那年夏天除外，因爲我認識其中一個要被處決的人。惠山市裡有很多人認識他。你也許會想，如果知道認識的人要被處死，你不會想要親眼看見。但事實上，人們通常是因爲不認識該名死囚而不出席。如果他們認得這名死囚，他們就會覺得自己有義務到場，就像參加喪禮一樣。

他二十多歲，口袋裡總有花不完的錢。他很受女孩子們的歡迎，市內有不少的混混都是他的手下。他的罪行是幫助他人潛逃到中國以及販售違禁品。但他眞正犯下的罪行，其實是在金日成死亡後的哀悼期間內，仍不中斷地繼續他的不法活動。

他跟另外三個人一起，要在經常用來處決人犯的惠山機場前面遭槍決。一大群人眾目睽睽地看著那三個男人從一輛廂型車裡面被帶出來。我身旁的人很快就開始竊竊私語。那個受歡迎的人被一群警察抬起來以後拖到了杆子的旁邊，他的腳尖沿路摩擦地上的塵土，看起來只剩下半條命。

另外三個人的頭、胸、腰都被綁在杆子上，他的雙手跟雙腳都被綁在杆子的後面。一個草草組成的人民審判庭開庭，法官宣布犯罪人等面對自己的罪行都坦承不諱。他問他們有沒有遺言。他知道不會有人回答，因爲三個人的嘴裡都被塞了石頭，讓他們沒有辦法在臨死前咒罵政府。

三名穿著制服的槍手面對著他們排成一列，然後瞄準。我注意到槍手的臉頰泛紅。據說，行刑者都會在事前先喝酒。槍聲迴盪在乾燥的空氣中——開了三槍，第一個命中頭部；第二個命中胸腔；第三個命中胃部。子彈擊中受歡迎的男人的頭顱時，頭顱應聲炸開，形成一團微弱的粉紅色的霧。他的家人被迫在第一排觀看這一切。

# 混混的女友

十四歲以後，我開始上只有女孩子能夠上的特別課程——學習縫紉跟持家。我們應該要上健康教育的課才對。

我們對男性的了解出奇地少，對生育的事情也不甚了了。黨涉入了我們生活的許多層面，但一旦提到要告訴我們如何創造生命，黨卻又變得異常羞怯。不過若青少女懷孕的話，她可能會惹上大麻煩——她得趕快嫁人才能避免後續衍生的問題。在北韓，要找人幫忙墮胎很困難，而且大概也不會有人建議她這麼做。相反地，親友會強迫她把寶寶送給別人收養，或送到公立的孤兒院去。

我相信跟男人牽手或是接吻就會懷孕，我的女性朋友們也都這麼想。跟女孩子一樣，男孩子也對性一無所知。有一次，我看到一群年紀很小的青少年，在惠山車站對面的那個藥局旁邊把保險套當作氣球一樣吹得膨膨的，然後把保險套當球在大街上踢來踢去。如果有人告訴他們那東西實際的功用是什麼，他們大概會臉一紅然後趕快跑走吧。

由於完全缺乏性別意識的知識，因此我們這群含苞待放的少女都不會展露出自己漸趨成熟的身體，也不會跟同校的男孩子打情罵俏。北韓的胸罩設計得很寬鬆，讓胸部看起來會比較平坦，而非集中托高。我們班上有個女生的胸部很大，大家一點也不羨慕她，反而會嘲笑她。

關於性行爲這檔事，我最後是偶然學到的。某天下午，一個女同學邀請我去她家看非法的南韓連續劇錄影帶。然而，我們打開錄放影機時，卻發現家裡有個長輩在錄放影機裡留下了另一種類型的錄影帶。我花了一點時間才弄清楚自己在看的是什麼。螢幕上滿是交纏的四肢跟私密的部位，伴隨著規律的喘息聲跟呻吟聲。朋友開始嘲笑我那張大感驚訝的臉龐。我從來沒有在北韓的電影裡面看過有人接吻。在黨的宣傳資料中，來自異國的情色作品對人民有害，會讓人心趨於腐敗。但這個她稱爲「做愛」的影片卻是在平壤製作出來的，除了賣到其他國家以外，也會在高階的黨幹部手中流通。要不是片中的「演員」說話的口音這麼耳熟能詳，我一定不會相信這種說法。那天，我失去了自己純潔的心靈。也不再相信黨的純粹。

跟我的朋友們一樣，初經來時，我感受到一連串快速的心情變化：震驚、羞怯，跟徹頭徹尾的慌張。我得要動腦去想清楚該做些什麼。令人訝異的是，在不告訴別人，也不跟母親求助的情況下，我們多數都能自己搞定。母親是我所知道的女性當中最明理的人，但她卻沒有給我任何建議。而我很確定，同樣的情況一定也發生在母親的身上，外祖母當年一定也是什麼都沒有說。

我在初經的期間看到的某樣東西，嚇得我驚慌失措。當時，班上一個女生告訴我，說她在學校附近的公廁看到了一個東西，那東西嚇死她了。她想要帶我去看。我們兩人躡手躡腳地走進去公廁要去看那個東西。那間公廁濕答答的，燈光昏暗又有臭味。在蹲式馬桶的排水洞口旁有一個染了血的白色塑膠袋。塑膠袋裡裝了一個死嬰，死嬰有一張小小的粉藍色面孔。死嬰的母親一定是在這裡產下他以後就逃走了。臍帶跟胎盤就在死嬰的身旁。我打從心底大受衝擊，當天晚上根本就沒辦法睡。

一九九五那年，我第一次交男朋友。他大我四歲，是一個混混。他的名字叫做泰哲。他又高又瘦，穿了件在惠山市內很流行的昂貴日本休閒夾克。我覺得他要笑不笑的自大神情很迷人。在北韓，每一座城市裡都有混混，他們不是會犯罪的暴力分子，而是有領袖魅力的年輕人。他們很容易就會吸引到跟班，並且經常買賣違禁品，他們犯下的那些小罪多數不會招來懲罰，前提是他們的所作所爲不可以涉及政治層面，否則就會引起保衛部的注意。

他有錢。他同時在警校受訓，未來要當警察。只要跟他走在一起，我就會覺得很興奮，因爲我會因而吸引到別人的目光。事實上，經過幾次他在學校大門的外面等我以後，關於我們在一起的謠言就傳開了。這件事情很嚴重，因爲如果傳出一個女孩有在跟別人交往，這個女生要找其他對象就會變得很不容易。

雖然也會擔心這件事情，但是我喜歡他。有很多女孩子都喜歡他，但他卻想跟我出去，因此我覺得很驕傲。我們會去他家聽南韓的流行音樂錄音帶，也會一起彈奏吉他跟手風琴。就像北韓其他同年齡的男女朋友們一樣，我們根本就連親嘴都沒有，我們最多只敢牽手。但就連牽手都是偷偷摸摸的。我們雙方的家庭都沒有注意到我們在談戀愛，也不會覺得我去他們家的行爲不夠莊重。如果母親知道他是我男朋友的話，大概會立刻心臟病發吧。

那年，我發現自己身爲社會主義青年同盟的一員的責任比以往要來得沉重。春天，我們得幫忙種植稻米的幼苗；夏天，我們得除草跟噴灑肥料；秋天是收穫的季節，來自全國各地的學生跟工人都會幫忙採收。紅色的旗幟在田野中飛揚。這個群眾一起動手幫忙的經營模式，就是共產主義者心目中的理想樣貌的縮影。

夏天的時候，也會有人命令我們在自己學校的附近挖坑道。舉國的人民一起動員，每一個人都進入了戰備狀態。幾乎天天都聽得到刺耳的空襲警報聲。一聽見，每個人就會立刻放下手邊的事情，焦急地跑來跑去，練習遇到真正的攻擊時該怎麼辦。政府告訴我們說，美國跟南韓打算要用核彈來攻擊我們。戰爭一觸即發。核子大戰的想法嚇壞了我。母親很慌張，把很多東西都送了出去。她把我們家備用的毯子跟枕頭全部都送給了窮舅舅跟他在集體農場上的那些家人。

男孩們發狂似的用鏟子挖土，女孩們則負責把土倒去其他的地方。我一分一秒都不想做這些事情。如果戰爭爆發的時候我們人在學校，數百名學生理論上都要躲進密集的坑洞中。我很擔心我們三腳貓的土木技術會引發大災難，害我們全部的人都被活埋。我也很懷疑，如果敵對國家真的對我們使用核子攻擊的話，我們挖的這些坑洞是否夠深，是否真的有辦法保護我們。多年以後，我發現布告裡面至少有一點是真的。美國真的有考慮要空襲我們國家的核電廠。

有一天，在單調又疲累的挖土跟空襲警報演習結束以後學校放學了。我去朋友頌伊的家裡玩。她是少數會陪我一起打發時間的朋友之一，但這是我第一次去她家。通常都是她來我家。

「有東西可以吃嗎？」我說。「我餓了。」

「我不確定家裡有什麼東西可以吃。」她的語氣聽起來很含糊。

「隨便都好。」

「我們家能吃的東西不多。」

這句話惹惱了我。妳常常來我們家吃餅乾耶。「我又不是要吃什麼大餐。」我說。

頌伊猶豫了一下，她很尷尬。

「過來這裡看，」她說，然後把我帶進廚房。爐子上有四個鍋子。她打開其中一個鍋子的鍋蓋。「妳看。我總不能讓妳吃這個吧。」

鍋子裡面裝的是一種深綠色的、粗厚的東西。在我還沒來得及問那是什麼東西以前，她就把鍋蓋給蓋回去了，不過我敢說，那不是什麼正常的食物。回家的路上，我意識到那可能是玉米莖。

爲什麼她母親不煮白米，而要煮那種東西呢？

「你讀到這些文字的時候，
我們五個人已經不在這個世界上了。」

母親下了班回到家。她看起來很累，心神渙散。在父親死後，她經常失眠，眼睛下面跟嘴邊都增添了很多皺紋。我已經有好幾個月沒看過她的笑容了。但至少她還能靠做小買賣養活我們。我們有得吃，也有錢可以用。由於農產品歸市政府局處管轄，而她又在那裡上班，因此意味著她有辦法接觸到農產品，這讓她有機會跟其他官員一樣收受賄賂。在金日成死後，政府就不再支付薪水了。政府透過各個工作地點發放配給券，但這些配給券卻變得越來越沒有價值。因爲一些因素，這些配給券能換到的東西越來越少。

她帶了一封信回家，那封信是她的同事收到的。那封信的寄件人，是這位女同事住在咸鏡北道（就在我們住的兩江道的旁邊）的姊妹。我母親想要讓我們看看這封信。

「我想讓妳跟敏鎬知道一些事情，北韓的人民現在都過得很艱辛，你們常常要東要西，抱怨我們沒這個沒那個，不是每個人都有辦法過像我們這樣的日子。」

她把那封信遞給我。

親愛的姊妹：

妳讀到這些文字的時候，我們五個人已經不在這個世界上了。我們已經好幾個星期都沒有吃東西了。我們骨瘦如柴，不過最近我們的身體卻變得浮腫。我們都在等死。臨死前，我只有一個願望，我想吃些玉米蛋糕。

我的第一個反應是困惑。

爲什麼他們已經好幾個星期沒有吃東西了？北韓是世界上最富足的國家之一。每天晚上，新聞都會報導工廠跟農田收穫豐碩、吃得胖胖的人享受悠閒的時光，以及平壤的百貨公司裡擺滿了各種商品。而且爲什麼這個女人死前的願望會是吃玉米蛋糕，也就是「窮人的蛋糕」？她不是應該想要見她的姊妹最後一面嗎？

我慢慢地才意識到原因。

去朋友頌伊的家時，她沒有招待我吃任何點心，我原本只覺得她真是不友善。如今，我爲自己的想法感到羞愧。

他們家根本找不到東西可以吃。

幾天過去後，我第一次親眼看見饑荒的到來。

當時，我人在惠山市外的渭淵車站。我看到一個女人側躺在地上，手裡抱著一個寶寶。她很年輕，才二十多歲。寶寶是個男孩子，約兩歲大吧，眼睛一直盯著自己的母親。他們骨瘦如柴、膚色慘白，身上穿著破衣。那個女人的臉上沾滿結塊的髒汙，頭髮糾結成一團。她好像生病了。我很訝異人們居然從她跟寶寶身旁走過，彷彿他們並不存在。

我無法視若無睹。我在寶寶的腿上放了張一百韓元的鈔票。我心想拿給寶寶的母親也沒有意義。她的眼神迷茫又渙散，她沒有在看我，我猜想她快要死了。那些錢能讓他們買好幾天的食物。

「我今天救了一個寶寶。」回到家以後我跟母親說，心想她一定會以我爲傲，因爲我不像其他人那樣視而不見。

「妳說這話是什麼意思？」

我告訴她自己做了什麼。

她丟下手邊的事情，轉頭面向我，非常生氣。「妳的腦袋是壞掉了嗎？一個寶寶是會買什麼東西？會有小偷直接把那張鈔票從他身上拿走。妳應該要直接買食物給他們才對。」

她說得沒錯，我了解自己做錯了。

在那之後，我想了很多跟慈善有關係的事情。好的共產主義者應該要跟別人分享自己的財物，但同時這麼做似乎又是徒勞無功。人們擁有的不多，而且他們得先照顧好自己的家人。我可以把一張百元鈔票送給一對母子，但我意識到這麼做只能暫時舒緩他們的困境，讓他們過幾天日子而已。這樣的想法讓我非常難過。

惠山市蒙上了一層陰影。到處都看得到乞丐，特別是在靠近市場的地方。我以前從來沒在北韓看過這樣的景象。也看得到街童。一開始都是零星的兩個或三個，但很快就大舉出現，從惠山市區遷移到了鄉村。他們的父母都因爲饑荒而餓死，讓他們只得在沒有親屬的情況下自力更生。人們給他們起了「小燕子」這個綽號。而他們就像鳥類一樣，都是整群聚在一起。他們謀生的伎倆之一，就是一邊的人先分散小販的注意力，再由同夥搶了食物就跑。十足可憐也諷刺的是，這群孩子經常被人看見在砂土裡翻找穀粒、果皮或軟骨——就像老師跟我們提過的南韓孩子的生活一樣。在學校，那些努力要餵飽孩子的家長越來越少出現，後來就一個也不來了。我們班級的人數少了三分之一。有些老師也不來學校了，他們轉行改當攤販謀生。

匱乏的不僅只有食物，農作物需要的肥料也沒了。在鄉下，孩子們得帶一定數量的排泄物到學校，以作爲農作物的肥料。家家戶戶都得把自家的戶外廁所上鎖，免得宵小偷走了他們僅有的一些些。我們也缺乏燃料。林場跟鋼鐵廠都停擺。工廠的煙囪不再冒煙，城市裡的街道白天安安靜靜，無人走動。曾經把山麓小丘裝飾得非常美麗的杉樹跟松樹都開始消失。地表上都看不到樹。冬季來臨，滿洲地區颳來凍人的寒風，人民都在四處尋找燃料。越來越常斷電，到最後根本鮮少供電。入夜之後，爲了讓家裡明亮，母親用一瓶柴油跟一條當作燈芯的棉線做成了油燈。這種油燈會燃燒出很髒的煙霧，使得敏鎬跟我的嘴邊都出現了一圈煙垢。

冬天，江水還要好幾個星期才會結凍，在一個有陽光的寒冷早晨，我沿著江邊的小徑走，看見一塊像破布的東西在緩慢的水流中流動。接著我看見那塊破布上有張五官朝上的人臉。那人的雙眼睜得很大。我驚恐地看著它從我身旁漂過，漂往下游我家的方向去。在天還沒有亮，河岸另一邊的中國人還沒有發現以前，邊境守衛就已經從水中撈起了那具屍體，然後用稻草把它蓋上。

他們是一些想要從上游跨越鴨綠江的人，卻因爲身體太虛弱而慘遭滅頂。如果山區有下雨的話，鴨綠江的水流就有可能會流得更快。

一九九六年初，在我剛過完十六歲生日不久時，我在城市外頭的一處市集看見一大群人圍著一個中年男子。他正在用帶有中文腔的韓文發表演說。他的肚子很大，身上穿了件品質很好的有內襯的大衣。他看起來日子過得不錯。我猜他今天應該是特地從中國來這裡探望親友。

「爲什麼我們的人民要遭受這種苦難？」他說。眼淚滑下他豐潤的臉頰。「人們都在挨餓，在死去。我們的國家怎麼會發生這種事？」

他手伸到胸前的口袋，掏出一疊十元人民幣的紙鈔。群眾便忽然緊張了起來。他開始把那些紙鈔發送給在場的所有人，任何人都能領。彷彿聽到了叫人的口哨聲似的，衣著破爛的乞丐從各處出現，往前伸長了手。伸得長長的手來自四面八方，把那個男人給包圍住了。他把所有的紙鈔都送了出去。

他的問題仍停留在我的腦海。

到底發生了什麼事？沒有戰亂。事實上，雖然我們花了許多時間去挖地道跟參與防空演習，但大家都已經把那些核子戰爭的事情全都拋在腦後。饑荒就像霍亂一樣，忽然竄了出來。

北韓政府拐彎抹角地在文宣中稱這場饑荒爲「苦難的行軍」。官方的說法是，在美國人的撐腰下，聯合國對北韓實施了經濟制裁，再加上稻米歉收跟意料之外的水患，讓情況變得更爲嚴重。聽到這些話時，我相信爲了應付這個可怕的情況，金正日已經竭盡所能地爲我們做了能做的一切。要是沒有他，我們這些子民要怎麼辦呢？直到多年以後，我才知道了饑荒背後的眞相，而絕大多數的北韓人卻都不知道。發生這場饑荒的主因是蘇聯政府垮台，而新成立的俄國政府則拒絕繼續援助我們燃料跟食物。

如今，負責領導國家的人是金正日。我們聽見電視台的新聞主播用充滿感情的聲音顫抖著描述說，我們親愛的領導人因爲心疼人民受苦，因此只吃簡單的飯糰跟馬鈴薯果腹。但出現在電視螢幕上的他，看起來卻跟往昔一樣吃得白白胖胖。爲了讓民眾分心，不要去留意那看起來已經完全失能的經濟狀況，新聞報導無止境地播放他去巡視國家的防衛部隊與軍事基地的影片。人們說，只要能發動戰爭跟南韓統一，所有的問題就會迎刃而解。

從說話的口音來判斷，大多數的乞丐應該都不是惠山市本地人——他們都來自咸鏡北道跟咸鏡南道。我們聽說那些地方的災情都非常慘重。我當時並不知道實際情況有多嚴重，直到我在一九九六年的春天，去咸興市拜訪了漂亮阿姨才知道。

那是一趟穿梭過地獄風景的旅程。

春天是北韓最蕭條的季節。前一年存儲起來的糧食已消耗殆盡，而當年度的五穀又還沒熟成。褐黃色的土地光禿禿的一片。這片大地看起來就像是受了詛咒而毀滅殆盡。每一座山丘上的樹都被砍光了。在開闊的鄉間土地上，方圓幾公里之內都看得見零星的民眾，他們如活屍一般無精打采地走來走去，漫無目的地在尋找食物；或者，他們也會蹲坐在鐵軌的側邊，什麼也不做，只是發呆。

在饑荒來臨以前，如果要出門遠行，民眾的身分證明文件上都要蓋有准許旅行的戳章，車站裡的查票員都會仔細檢查。現在已經不管制了，到處都呈現失序的狀況，士兵變成了小偷，警察變成了搶匪。火車不再照時刻表開車，每一站上車的乘客都比車上的座位還要多上幾百人，而且旅行變得很嚇人。在抵達某一站的時候，因爲車廂的入口被人潮堵住了，因此有人就直接打破窗戶爬進來，而我差點就被碎玻璃擊中。車廂裡異常擁擠。失業又饑餓的民眾四處旅行，希望能賣掉些什麼好換取食物。車裡的人實在太多，密密麻麻地擠成一團。因此，當我們終於抵達咸興市時，我還得從其他人的身上爬過去，才有辦法擠到門口。

到了月台上，我回頭看見有好幾百個人坐在車頂上。那些販賣走私品的人選擇坐在車頂上，沒有任何官員會賭命上去查看這些人。

差不多同一時間，我的母親獨自一人要去元山市拜訪戲院舅舅。她看見一位警察命令一個老婦人下車，她的衣服裡塞滿了她希望能夠拿去賣掉的違禁品。警察經常虎視眈眈地注意那些他們可以在沒收以後，自己拿去賣掉的走私品。

「拜託不要搜查我，」她從火車頂上懇求他。「我就只剩下這些東西了。」

「立刻給我下來，妳這個死老太婆。」警察大吼。

婦人希望對方能扶她一把。

警察爬上去抓她。一握住他的手，她空著的另一手就往上高舉，去握住火車上面的高壓電電線。兩人都當場死亡。她一定是心想，橫豎都是死，至少要拖這個混蛋來陪葬。

一進城，我就想我一定是記錯了。還是小女孩的時候，我所居住的咸興市是一個很熱鬧的工業大城，有好多工廠的煙囪都會把廢氣排進空氣裡，使得我們有時吸了空氣還會嗆到。但如今，空氣乾淨又清新，製造汙染的大怪獸興南化肥廠不再用化學廢氣把天空染成黃色。幾乎看不到無軌電車跟汽車，人行道上也不再繁忙，只有一些人沒精打采地晃來晃去，或是因爲饑餓而產生幻覺，在那邊自言自語。

漂亮阿姨靠著從惠山市進口中國服飾到咸興市，同時也把咸興市的海產賣回惠山市來賺錢，但因爲現在運輸系統出了很嚴重的問題，因此她正在想辦法開創新事業。她認爲政府單位已經決定要一舉停止供應咸鏡北道所有地區的公眾配給物資，以藉此挽救國家的其他區域。我問她爲什麼會挑咸鏡北道。

「因爲有許多住在咸鏡北道的人出身成分都很差。」她說。

人們死在大街上，然而，饑荒與需要強迫大眾徹底地改變自己的思維模式。我親眼在咸興市裡看到了。他們拋棄掉這輩子都在奉行的意識形態，回復到人類已經採用了數千年的生存手段——交易。

黑市如雨後春筍般出現，道路兩旁、火車站內，以及閒置的工廠裡都看得見。黑市裡的食物售價很高，走的是自由市場機制。北韓出現了一種新的階級：企業家，而這些企業家多是女性或出身成分很低的人。很快地，一個人賺錢跟取得食物的能力，就變得比他的出身成分還重要得多。許多女性把她們的貨物沿著人行道擺放在草蓆上，同時注意周遭是否有小偷或小燕子出沒。不過有些市場已經發展成更具永久規模的樣貌，不但有固定的攤位，還有用聯合國世界糧食計畫署裝米用的藍色麻袋做成的遮雨棚。對一個已經深陷饑荒的死亡之爪的城市來說相當不可思議，社會因此而獲得了進步的機會，而看到機會的人就有辦法闖出一番事業。在停留的這段期間，我聽見有人說：「有人餓著肚子，有人四處乞討，也有人做起生意。」來自惠山市的我，認識許多有商業腦袋的人；但對生活在北韓第二大城咸興市的人們來說，這種想法卻很新潮。

返回惠山市的旅程就跟過來時同樣可怕。很多人都待在車盤的地方，或是緊貼在火車的外側，或是坐在高壓電電線下方的車頂上。回到惠山車站的時候，有一個男人躺在月台上，他的頭頂破了一個洞，露出了一部分的大腦。他還活著，顫抖著聲音問自己還有沒有辦法活下去，沒過多久他就死了。先前，他人一直待在車盤上。火車進站時，他就撞到了月台的邊緣處。在發生大饑荒的期間，類似的意外層出不窮。

一九九六年時，我們國家的文化有了顯著的改變。過去，去別人的家裡拜訪時，對方都會用一句話來歡迎我：「吃過飯沒有？」這是主人好客的表現，意思是：「吃飽了沒？來跟我們一起吃吧。」但有鑑於食物短缺，人們怎麼可能有辦法誠心地說出那句傳統的問候語呢？沒過多久，歡迎之詞就變成了：「你應該吃過了，對不對？」多數人因爲不好意思或是拉不下臉，因此即便他們饑腸轆轆，就算對方要給他們東西吃，這些人也不願意接受。敏鎬開始學習手風琴時，一位年輕的老師固定來家裡授課，而我母親都會問他要不要順便吃個中餐。她還負擔得起這個傳統的習俗。

「謝謝您，我已經吃飽了，」他會有禮貌地鞠躬說。「但如果能給我一碗摻了大醬[10]的水就太好了。」

10 由豆類、米類、麥類發酵製成的產品，類似日本的味噌。

母親答應了他的請求，但心裡覺得奇怪。她從來沒有聽過有人喝水還要摻這種用來幫湯調味的黃豆醬料。那個老師每次都三兩口就把那碗水喝個精光。在教了一星期的課以後，他就沒有再過來了。母親聽說他餓死了。她很訝異。爲什麼他不讓她請吃飯呢？他把尊嚴看得比自己的性命還重要。

那年夏天的一個下午，敏鎬跟我放學回到家，發現家裡有小偷。他是一個骨瘦如柴的士兵，皮膚坑坑洞洞的，年紀不超過十九歲。他想要把那台東芝的電視搬走，不過他手臂的力氣不夠大。士兵們到處打劫惠山市內的房子，而他們通常都會被移送警察處理。但我的母親只給了他一點錢，叫他去買點東西吃。

隨著饑荒的情況越來越嚴重，兩江道裡到處都出現了食人的傳聞。對此，政府發布了嚴厲的警告。我們聽說，一個年長的男人殺了一個小孩，然後把烹煮過後的肉加到了湯裡。他在一家市場裡的食堂販售這種湯，顧客們都狼吞虎嚥地點來喝。警方在發現了骨骸以後才揭發了他的犯罪行爲。以前，我認爲只有喪心病狂的人才會做出這種事，正常的人絕對不會犯下這種罪行。現在的我，話就不敢說這麼滿了。在跟那段期間內很多差點餓死的人聊過以後，我發現饑餓會把人逼瘋。饑餓會讓父母去搶奪孩子的食物，讓人去食用同類的屍體，讓最和善的鄰居成爲殺人犯。

旅行控管制度在全國各地都面臨崩盤的局面，但要進入平壤的管制依舊嚴格。那年夏天，我獲准去拜訪富舅舅跟他的太太。那是我在災情最慘重的那年第二次搭火車長途旅行。

那趟旅程讓我很緊張。事實上，我已經做好心理準備，會看到類似咸興市那邊的狀況。但大出乎我意料之外的，革命首都一切正常如昔：吃得胖胖的人要繼續去做他們的例行公事；電氣化街車行駛在寬廣的大街上；沒有看見乞丐或成群結隊的街童；發電廠冒出煙霧。住在這裡的核心階層似乎跟發生在境內的那些慘況絕緣。

萬壽台山上的金日成銅像十分巨大，讓我覺得自己好似一隻小螞蟻。在銅像的底座前獻花、鞠躬之後，舅舅跟舅媽就帶我去全國最有名的麵店玉流館用餐。餐館裡人滿爲患，大家都在排隊等著要用餐。顯然這裡沒有人在挨餓。富舅舅有權有勢。我們直接走到人群的最前面，餐館立刻有人帶我們進去，完全無須等待。

富舅舅人高馬大，個性也很豪爽，很符合家族裡第一財主的地位。他的家裡有自己專屬的三溫暖。我這輩子從來沒有看過這麼奢華的地方。我數了一下，有五台電視。有些電視機還放在箱子裡，準備用來當作賄賂他人的禮物。某天晚上在他們家的飯廳用餐時，我第一次吃西洋的餐點——是某種類似義大利麵的東西。

這種食物看起來很不眞實。

富舅舅被我臉上的表情逗笑了。「多數人一輩子都沒有機會吃到這種東西。如果妳現在不吃看看的話，說不定以後就吃不到囉。」

富舅舅的太太身上穿著時髦的衣服，讓她看起來一點都不像北韓人。她在平壤的第一百貨公司裡面當經理。第一百貨公司經常出現在電視新聞上，展示出貨架上五花八門的各種商品。但我實際去那裡找她的時候，她卻跟我說，貨架上的商品都是展示用的，是爲了要讓外國的遊客驚豔。那些東西一旦賣出，百貨公司裡也沒有庫存能夠去補貨。

我跟她說，我想要買個禮物送給母親，例如我剛剛看到放在玻璃展示櫃裡的小型化妝組就很不錯。

舅媽朝櫃姐眨了眨眼，對方就把那個化妝組拿出來給我。

返回惠山市的路上，我覺得整趟旅程有如一場奇怪的夢。咸興市的市民在人行道上等死，惠山市的市集看得到成群結隊的街童。我不敢相信平壤居然跟這兩座城市位在同一個國家裡面。然而到最後，就連平壤也無法倖免，北韓政府無法阻止饑荒進入國家的權力核心地帶。

# 長白縣的燈火

男孩大聲回答：「我想要成爲坦克駕駛員。」

老師眉開眼笑，一臉讚許。「那爲什麼你會想當坦克駕駛員呢？」

「要從那些混蛋美國佬的手中保護我們的國家。」

男孩坐了下去。我唸國三了，老師會一一問我們的志願。

一如所有服從的社青，我們會跟老師說她想聽的話。因爲從我們有記憶開始，學校就教導我們偉大的領袖父親把一生都奉獻給了人民，並且一肩扛起了從敵人手中保護我們國家的重任，所以就連一個唸幼稚園的孩子都知道，如果我舉手，然後說：「我想成爲流行歌手。」老師絕對不會有什麼好臉色。

你會期望能夠跟同學更開誠布公地聊聊我們對未來的期許，以及未來希望過什麼樣的生活，而我們的確也會聊這些，但會有一個限度。不過，到準備要畢業的時候，我們已經學到要配合自己的出身成分，來調整自己的期望。我們的選擇有限。在我們班裡，我們幾個出身成分優良的人可能會選擇去報考大學的入學考試，或者，如果是男生的話，會直接去從軍。有一些家裡的關係不錯的，就會在警察部門或是保衛部裡找到好的職缺。我們班上有超過一半以上的學生的出身成分都被歸類在「敵對階層」。他們的名字會列成一張單子，送到惠山市的政府辦公室去，再由官員們指派他們去礦坑跟農場工作。在這些人當中有一個女孩參加了大學的入學考，她考過了，但卻無法獲得入學許可。

由於出身成分優良，所以我得以爲未來打算。我的夢想很私密，很樸實。我想要成爲手風琴演奏家。北韓很流行手風琴，會演奏手風琴的女性要在北韓謀生不會有什麼問題。這會是我的正式職業，但就跟我母親一樣，我也想開創自己的走私事業，然後靠這些買賣來賺錢。我覺得這樣很刺激。我也知道，如果哪一天我有了自己的家庭，有了自己的小孩，這是能夠確保他們取得溫飽的唯一辦法。

母親百分之百地支持我選擇的手風琴志業，還從惠山市的戲院找了一個音樂家來幫我上課。她說，向來喜歡聽手風琴樂曲的父親如果知道了一定會很開心。我一聽到這句話就哭了。

我當時十七歲。幾個月之後，到了一九九八年一月，我就要十八歲了。這個想法很沉重，因爲滿十八歲以後，我們在法律上就成年了，就會正式地拿到身分證明手冊。未成年以前，我們就算惡作劇或犯點小罪，執法單位也會睜一隻眼閉一隻眼。一旦滿十八歲以後，那些行爲就會觸犯法律。而在成年以前，有一個惡作劇，是我越來越想去嘗試的。

一九九七年的冬天，一個住在我家附近的同學問我，要不要跟她一起偷偷渡河去中國，到國界另一端的長白縣去。她母親跟我母親一樣，在那邊有做貿易的聯絡人。她已經有過好幾次越界經驗，因此她知道該怎麼做。

這個點子讓我很興奮。我計畫在寒假結束以後去考兩年制的惠山經濟學院，考惠山經濟學院比考大學還困難，學校畢業以後就能進入國營的貿易公司工作。當然啦，工作內容不涉及非法的私人交易。在校成績不怎麼重要，重點是你家裡的經濟狀況跟影響力。我想要在那裡上課，然後開啓自己的進口貿易事業。既然如此，爲什麼不乾脆去長白縣瞄個一眼呢？對我來說，長白縣就象徵著事業。

在那之前，敏鎬已經多次非法跨越國界。多數的年輕男孩子都這麼做過。他想要跟對面的中國男孩一起玩。有時候，如果守衛沒在看，他就會偷偷渡過鴨綠江，去拜訪母親的貿易聯絡人安先生夫妻或張先生，他們的家都在附近而已。他都辦得到了，爲什麼我會辦不到？

從我家往江對岸看，就會看到長白縣裡的鹵素燈跟霓虹燈。我總是訝異，因爲長白縣從來沒有發生過斷電的問題。在學校，老師們經常告訴我們，中國人的日子過得比我們還差，因此很羨慕我們。對此，我一直深信不疑，縱使眼前到處都是能夠證實與實情正好相反的證據：從我們的市場裡販售的大量中國產品，到在惠山市閒逛的時髦中國商人。到頭來，是漂亮阿姨的一席話讓我靈光乍現。她告訴我，饑餓的民眾都會來惠山市，因爲位在邊境的城鎮通常會有比較多的食物。

*是來自中國的食物嗎？難道中國人擁有的食物比我們還多嗎？*

在饑荒的期間，惠山市每天到了晚上都是漆黑一片，但飄在長白縣上空的雲朵，卻被許許多多來自長白縣的燈光照得染上了一層深琥珀色的光彩。我開始注意到，除了身上穿著看起來很威武的綠色制服的對岸邊境守衛或在鴨綠江裡玩水的孩子以外，我看到的中國人都不瘦也不餓。他們的日子顯然過得比我們還好，好非常多。這個體認改變了我其中一個長久以來的核心信念——

我們的國家是世界上最好的國家。

我完全不會說中文，但我認識夠多的中國字，讓我在看電視節目的時候能看得懂一部分的字幕。我已經非法收看中國電視節目好多年了，但就算看不懂的時候，我依然深深爲之著迷。

南韓的流行歌手經常出現在中國的電視節目裡。當紅的團體例如徐太志和孩子們或紅透半邊天的男孩團體H.O.T.，都會在一群尖叫不停的年輕女性觀眾面前表演。我以前從來沒看過類似的團體，我聽得懂韓文，但卻不懂他們唱的或饒舌的歌詞到底是些什麼東西。對我來說，他們的打扮、髮型跟舞步看起來就像外星人，怪異到我沒辦法產生興趣。我比較著迷的是中國的連續劇。每一個角色看起來都像住在裝飾得很漂亮的房子，還有管家跟司機，加上廚房裡還有諸如微波爐跟洗碗機這種奢侈的家電。我母親都是在河邊幫我們洗衣服。中國人的生活眞的是這樣嗎？我變得越來越好奇。

我的朋友渴望能夠帶我一起渡河，越早越好。江水已經結冰了。自然而然地，我以爲母親會同意我這麼做。不管我要做什麼，她總是會支持我。但當我問她時，她卻變得非常嚴厲。

「我絕對不同意。」

母親澆熄了我的熱情。「又不會有人知道。」

「千萬，絕對，不要渡河到對岸去，」她說。「這可是嚴重犯法的行爲啊。」

「敏鎬也有這樣做啊。」

「他年紀還小，不會被懲罰。總之，他是一個男孩子，男孩子需要學習如何自力更生。而妳現在是一個女人了，妳下個月就要滿十八歲了。」

我心情一沉。我一定是世界上唯一一個不想要滿十八歲的青少年。

「我現在又還沒滿十八歲。」

母親告訴我是不是十八歲不重要。女人跟男人不同，女人在看待生命中的每一件事情時，都要比男人更謹慎。她很堅持，你根本說服不了她。她說，只有挨餓的父母才會同意讓女兒去中國，我沒有理由也沒有藉口去做這麼危險的事情。

「反正，有一天我一定會過去。」我這麼說，試著要讓對話告一段落。

「絕對不可以，」她幾乎是用吼的。「千萬不可以離開我們的國家。妳聽清楚了沒有？」

彷彿要跟我示好似的，一兩天以後，她回家時，帶了一雙很時髦的鞋子回來要給我。「買這雙鞋子的錢都可以拿去買七十公斤的米了。」她說。她很希望我能成爲一個高尚又懂得感激的人，但卻又忍不住寵溺我。

我明白她爲什麼會拒絕我，但我卻阻止不了自己想去的念頭。我想要看看不同的世界，而對我來說，中國就是那個「不同的世界」。最重要的，是我想要親眼去驗證自己在電視上看到的是不是眞的。

躺在草蓆上，我想起了多年以前，人在安州市的時候，我跑出門，跑進雷雨中，等待那名黑衣女士隨著雨水從天而降。我想起那天，我推開橋下的人群，看見了一個七歲的小女孩不應該看見的景象：一個被吊死的男人。我的好奇心總是大於我的恐懼——對生活在北韓的人來說，這不是好現象，因爲恐懼能讓你的五感變得敏銳，讓你得以存活下來。有一部分的我知道得清清楚楚，跨越國界去到中國非常有風險，可能會引發很嚴重的後果，而且不單只會影響到我自己，更包含我的家人。

但我才十七歲而已。而且幾個月以後，我就要開始唸大學了。在那之後，我就再也沒有機會這麼做了。

現在是最好的時間點。

# 涉冰而行

在我們家前面的鴨綠江只有十一公尺寬，江水也不深，只到一個身高中等的成年人的腰部。在人民因爲饑荒而開始逃離北韓以前，國界的控管並不嚴密。然而，在我的青少年時期邁入後期時，這裡已經變得戒備森嚴。人民玩水的景象不再，在河邊所做的任何行爲都會引發強烈的質疑，孩子們現在都到別的地方去玩了。邊境守衛開始緊盯著爬下河岸去取水或洗衣服的女性，以免她們其實是要收受違禁品或找機會渡河。當時，眞的有在從事違禁品買賣的女性都已經悄悄地跟守衛有了協定，會支付他們一定的費用。比起從前，江水變得平緩許多，彷彿它因爲自己忽然變成了監獄的圍牆而覺得鬱鬱寡歡。

我們搬到江邊不久以後，就跟在我家外頭巡邏的守衛變成了朋友。他的巡邏範圍是從我家開始往外五十公尺。他經常來我家聊天，母親會給他一些東西吃喝。他的名字叫做李昌鎬。他大我六歲，長得很高，而且超級帥，就像文宣海報上的那些士兵一樣。事實上，多數的邊境守衛長得都很好看。他們都經過軍方的精挑細選，是對岸的外國人眼中的北韓門面。他們的出身成分一定要是核心階層。這些年輕男性的待遇都很好，但他們通常離鄉背井又寂寞。

昌鎬的個性和藹可親，不適合從事軍隊職務，他不喜歡頤指氣使，偶爾會因爲做錯事而被懲罰去做雜事。不用值勤的時候，邊境守衛都得留守基地，但他會溜出來，而且常跑到我們家裡來。他很有魅力，但我有時候會發現他有點單純。有一次他告訴我，軍方曾經播放跟武器有關的紀錄片給他看，這也是屬於訓練的一部分。

「我們有超厲害的武器喔，敏英。」他的語氣很興奮，小男孩似的。「我們可以打敗南韓，也能打敗美國佬。眞希望趕快發生戰爭，戰爭一定很快就會結束了。」

我知道自己可以相信昌鎬。前一年春天，我十六歲的時候，在一個寒冷的夜晚，我在接近午夜的時候從朋友的家裡回來。女孩子不應該那麼晚還一個人待在外面。靠近我家的時候，我在路旁看見他的身影。

「你在那裡幹嘛？」我嚇了一跳。

「我一直在等。」他說。

「等什麼？」

「等妳。我很擔心。」

他就像一個我從來都沒有過的哥哥。我太天眞了，沒有認清到他對我有興趣。他從大衣裡拿出一封信，請我幫他送交給他在咸興市的母親。他知道我很快就要搭火車去那裡拜訪漂亮阿姨。

「不可以打開喔。」他竊笑說，笑容看起來有點古怪。

到咸興市以後，我找到信上的地址，然後把那封信交給他的母親。她在我面前把信拆開來看，然後古怪地對我笑了笑。

「妳知道信裡面寫了什麼嗎？」她問我。

「他說是私事。」

她似乎覺得這件事情很有趣，接著非常親切地招待我，給了我從外幣商店買來的餅乾跟果汁。她長得很漂亮，看得出昌鎬就是遺傳到了她的基因。

回到惠山市以後，昌鎬臉上掛著大大的笑容，跟我說他在信裡面寫了什麼——「母親，我想要娶這個女孩子，所以請對她好一點。」

我沒想到信裡面寫的居然會是這個。我因爲震驚而瞪著他，他的表情隨之一沉。

「我還沒到結婚的年紀。」我語氣平平的說，同時往後退了一步。

我立刻就覺得對他很不好意思。他在跟我示愛，我應該要更慎重地去處理才對。值得讚揚的是，他從容地接受了我的拒絕，這讓我更喜歡他了。我們還是朋友，他後來也仍舊會來我家。

隔年，在我計畫偷偷溜去中國的時候，他仍然在巡守邊境。彼時，我的同學已經放棄要等我說服我母親了，她早已自己渡河而去。這讓我覺得很失望，但也讓我更打定主意要去，就算沒有人陪伴也在所不惜。我越想這件事情，計畫就隨之更爲大膽。既然都過去了，幹嘛只待幾個小時呢？爲什麼不乾脆去拜訪我父親在瀋陽的親戚呢？雖然路途很遙遠，但也許安先生或張先生能夠帶我去。我在四、五天以後還是會回家。我決定要去問安先生，他比張先生友善。

我開始爲了出發做準備。我告訴敏鎬，如果有一天晚上我沒有回來的話，那我就是跨越了國境去拜訪安先生跟他的太太了。我們從家外面的河岸，就能看到他們那棟位在長白縣樹林裡的小房子。我跟他說這些的時候，敏鎬變得很安靜，看得出來他不認同這個計畫。他現在十歲了，幾乎已經大到會想要去保護我了。

選定的日子是在十二月的第二個禮拜，我決定要在吃完晚餐以後離開，我能帶的東西不多。既沒有中國的貨幣，也不可能在帶著一包換洗衣物的狀況下離家而不被母親看見。

那晚，母親準備了一頓十分豐盛的大餐。

「怎麼會煮這麼多？」我說。

她準備的食物比我們平常吃的還多。廚房裡很溫暖也很香，聞得到辣味鍋跟肉醃過後用平底鍋去煎的香味。她甚至用蒸鍋做了麵包。她背對著我在攪動平底鍋。

「我只是想要讓你們吃個豐盛的一餐。」她簡單地說。

我的心頓時停了一下。我並不認為她已經猜到了我打算要做什麼，但即便如此，這頓飯仍像在幫我餞行。那天晚上我盡可能地多吃。把餐盤都清洗好了以後，我穿上大衣，彷彿是臨時起意要出去一下。

「都這麼晚了，妳要去哪裡？」她問我。

「去朋友家一下，」我正眼也不看她地說。「幾個小時就會回來了。」

她也穿上自己的大衣，手裡拿著油燈送我到了正門的地方。

「不要在外面待太久。早點回來。」她對著我笑。

在後來的那幾年之間，我怎麼也忘不掉那一刻，以及在燈光的照射下她臉上的神情。我看見她眼中的關愛，她展露出對我完全信任的神情。

我轉身，心裡有罪惡感。

我聽見背後傳來柵門關上發出的喀啷一聲。時候到了！我的心開始狂跳。那是一個清朗的夜晚，天氣非常寒冷，我的鼻子被冷風凍得刺痛，吐息成了一團團的白霧。我拉緊圍巾，把鋪棉外套的拉鍊拉到下巴的地方。我站了一會兒沒動，豎耳傾聽。周圍一片死寂，就連一絲吹動樹枝的微風都沒有，四下空無一人。我抬頭往上看，天空的穹頂處星光閃爍。

我開始邁出步伐，我的腳步聲很大。最後，就在那裡，就在眼前約十公尺的地方，我看到昌鎬的身影。他身上穿著長大衣，背後揹著來福槍，正在河岸處巡邏。我很幸運，他獨自一人。光線足夠讓我看清四周，身旁的河變成了一條彎曲的結冰道路，既蒼白又透明，宛如吸取了星光。

我低聲叫喚昌鎬的名字。他轉身，朝我揮揮手，然後打開手電筒。

在他還沒來得及說話以前，我先說：「我要渡江去對岸拜訪親戚。」

我看見他的眉頭皺了起來。我從沒跟他提過任何跟親戚有關的事情。他想了想，然後慢慢地搖了搖頭。

「不行，」他遲疑地說。「太危險了。」他的嘴角因爲擔心而朝下。「妳可能會惹上大麻煩。妳要怎麼去妳親戚住的地方？妳又不會說中文，而且沒有人陪妳去。」

「我有認識住在前面不遠的人，他們會幫我。」我朝安先生家的方向點了點頭。他盯著我看了幾秒，彷彿他眼中看到的是另外一個人。

「好吧，」他緩慢地說。「如果妳確定沒問題的話。」他非常不情願。「最長不要超過幾個小時。」

「穿這種東西，我也很難待太久。」我指著自己的腳說。他用手電筒照亮我那雙昂貴的新鞋，新鞋在燈光中閃閃發亮。我覺得穿這雙鞋會幫助我更融入對岸的世界。

忽然間，我們聽見了對岸傳來樹枝被踩斷的聲音，我們都轉了頭。一個陰暗的人影躲在對岸，顯然是一個中國的走私商人，他正在等自己的聯絡人出現，好跟他交換貨物。

「嘿，」昌鎬叫他。那個人影看起來似乎正準備逃走，因此當他聽見昌鎬接下來說的話時，他一定嚇了一大跳：「可以先幫這位女孩渡江，然後帶她去她想要去的地方嗎？」

先是沒有聽見人說話，然後有一個微弱的聲音回答：「沒問題。」

只不過要走幾步濕滑的路罷了，不用一分鐘就會到對岸了。

我第一次覺得害怕。

如果其他的守衛看到我的話，他們一定會二話不說就把我拖回去，就算我人已經到了中國的河岸，他們也會毫不猶豫地踏上他們不該踏上的土地，只爲了來把我帶回北韓。這是我有生以來第一次做出如此罪大惡極、明顯犯罪的非法行爲。

我當下沒有罪惡感——只感覺到一股令我寒毛直豎的危險感在體內流竄。

我走到了冰上，先一腳，然後接著另一腳。穿著新鞋的雙腳搖搖晃晃、左右滑動。前方，那個不認識的中國人已經從樹影中走了出來要幫我，他伸出了手臂。

我告訴自己，母親不會有事的。今天稍晚，敏鎬就會跟她說我去了哪裡。等看到我平安回家，她就不會再生氣了。我只不過是離家幾天而已。由於我很確定很快就會再看到母親，因此我連頭都沒有回。

既然如此，爲什麼我會有種自己的人生將要面臨重大改變的感覺呢？

上 / 我在上海的室友 ©NOMAN Studio
下 / 位於邊境的長白縣內的街道 ©NOMAN Studio

# 第二部

# 進入巨龍的心臟地帶

2007攝於上海 ©NOMAN Studio

# 拜訪安先生

門打開，一道楔形的黃色光線照射在結凍的地面上。

「安先生，晚上好。」我鞠躬說。

安先生高大的身影擋住了整個門口。他皺了眉頭，花了一點時間才認出我來。

「喔，嗨。」他非常驚訝。「妳叫敏英，對不對？」

我的牙齒在打顫，我很後悔穿了這雙漂亮的新鞋來。我的腳趾腫脹又發麻。他請我進門。他很高大，光禿的頭頂上留了一個條碼頭，他還有雙凸出的大眼睛。敏鎬開玩笑說，他的臉就像是條大胖魚。我母親是透過父親熟識的邊境守衛那邊才認識了安先生。他們說，在中國商人裡面，他是人最好，也最值得信賴的。一個叫做張先生的人就住在隔壁。我媽偶爾會跟張先生做生意，但他很愛抱怨東抱怨西。相較之下，我更喜歡安先生。

安先生家裡的擺飾溫暖又宜人。他跟他太太，還有跟我同齡的女兒，以及跟敏鎬同齡的兒子，一家四口住在這裡。他們是韓裔中國人，他們說話的口音比我的更有抑揚頓挫。看著他們一家圍坐在地板上的矮桌旁，我知道這是一個關係緊密、相親相愛的家庭。跟她的丈夫相比，安太太瘦弱又嬌小，動作緊張又快速，像隻鳥似的。她倒給我一杯熱茶，問起他們夫妻倆都非常喜歡的敏鎬，然後就用詢問的眼睛看著我，問我爲什麼會跑到這裡來？

我解釋說，我想要花幾天的時間去瀋陽拜訪親戚。

「不知道我可不可以在這邊叨擾過夜……還有，明天不知道能不能麻煩你們帶我過去？我身上沒有帶錢，但我的親戚會把該付的費用付給你。」我垂下雙眼。我沒有把事情先想清楚，我已經有好幾年沒有見過瀋陽的親戚了。我感覺到自己臉紅了。「或者，如果他們不願意付的話，我母親會付。等回去以後，我會請她再給你。」

安先生再次皺起眉頭，然後抓了抓後頸。當時，他一定已經清楚我根本就不知道自己在幹嘛。一段時間以後，他說：「妳知道瀋陽有多遠嗎？」

我對這座城市非常沒有概念。我以爲瀋陽就在旁邊，也許搭公車只需要一小時。

「得花上八小時，」他說，同時看著我的腦袋吸收了他所說的話。「而且搭巴士很危險，因爲妳沒有中國的身分證，而且妳不會說中文。路上會經過一個警方的檢查哨。」

這是另一個我沒有想清楚的嚴重問題——被抓到的可能性，任何被發現非法入境中國的北韓人都會被送交給保衛部。

「不過沒關係，」他覺得我受挫的表情很有趣。「如果妳眞的想去的話，我可以帶妳去。但我們得搭計程車過去。」

此刻，我明白自己多麼地強人所難，而他又是多麼地和善。我跟他道謝，但他舉起了手掌。他說，他已經跟我母親交易很多年了。他感謝她的惠顧，也相信她。

早上，在我們吃完早餐以後，安太太開始烹調一大鍋鍋巴。這是一種用鍋底略焦的米飯做成的小吃，外皮很脆。

「我是為了那些北韓的訪客製作的，」她說。「他們總在晚上出現。其中有些人我們認識，其他人我們則都不認識，他們經常都會過來。如果我做鍋巴的話，只要簡單加點水再加熱就可以馬上吃了。」

她告訴我，一年以前，有兩個陌生人來敲了他們家的門。他們瘦骨嶙峋，非常虛弱。他們吃掉了一整鍋，那些份量足以餵飽二十個人。「看到他們這樣，實在很不忍心。他們就跟野獸一樣，很擔心食物會被拿走。我就知道他們吃得太快了。他們只能衝到外面，然後把肚子裡的東西全部都吐光光。」

看得出來安家並不富有。他們的住家跟我在中國連續劇裡看到的那些住家不同——他們沒有僕人，沒有微波爐，也沒有一間裝了金色水龍頭的浴室。他們家沒有我們家舒適，但他們有很多的食物。

白天的時候，安先生帶我參觀長白縣。這輩子，我都從江水的對岸看著這些建築物。因此，實際走在這些建築物之間的感覺非常奇怪，彷彿我穿越了一面鏡子。這裡是一個小鎮，鎮裡有幾間藥局，商店的展示櫥窗裡擺滿了多種款式的女鞋；還有化妝品店，而且到處都看得到食物——裝在超市的廉價罐頭裡；裝在小攤販裡的五彩繽紛的包裝袋內；那些走在大街上，頭髮刺刺的學生手裡也拿著食物，邊走邊吃。

安先生給了我一些錢，讓我去買幾雙冬季的短筒靴跟一件亮綠色的中式冬季鋪棉大衣，這些衣服會讓我看起來更像中國人。我已經把自己的頭髮剪成當時中國女孩流行的樣式——跟男性的很像，前面長後面短。

隔天早上，我們出發的時候，天空正在打雷。安先生陪我坐在一輛嶄新的計程車的後座。光是這件事情就讓我很興奮。我以前很少有機會搭乘民用汽車，這一台有可以聽收音機的播音系統。這條路先沿著中國跟北韓的邊境鴨綠江開了一會兒。我忍不住凝望著惠山市的景色。大雪下了一整晚，讓家家戶戶的屋頂都拱了起來，看起來就像一朵朵的白蘑菇。我看見公園裡的普天堡戰鬥勝利紀念碑，碑上的塑像個個都戴上了冰塊做成的假髮。我也看得見自己就讀的小學。惠山市宛如迷失在時光裡。每棟建築物都褪了色，灰濛濛的，只有遠方白雪覆蓋的群山看起來歷久彌新——映襯在黎明時分那明亮的藍天中眞是好看極了。

有兩名穿著長大衣的北韓守衛正在遠方岸邊的小路上巡邏，眼睛正看著江邊的婦女。這些穿著禦寒用鋪棉大衣，把自己包得緊緊的婦女們往下爬到江邊，敲出了洞，好用桶子裝水。

兔毛是要捐給保護我們的士兵，廢鐵會做成他們的槍，銅器會做成他們的子彈。

在婦女的背後，數以百計的矮房，從連接火爐的煙囪裡，排放出燒煉炭產生的煙氣，這些飄在低空的煙氣凝聚成了一團薄霧。有那麼一秒的時間，我從樹木之間瞥見了我家那棟有著白色高牆的房子，正面的柵門緊閉。此情此景讓我依依不捨。

我很快就會回來了。

與此同時，一股興高采烈的心情也越來越強烈，就像泡沫一樣湧上我的胸膛。我覺得無拘無束，充滿期待——我現在可以做任何想做的事情了。暗夜中，我在冰層的邊緣賭命，但看看我現在人在哪裡。我辦到了。我覺得自己很勇敢也很自豪。

有好幾分鐘的時間，到處都看得見的白雪彷彿遮蓋住了我腦中的疑慮，也使它噤聲。但很快地，我體內就召開了自我批評大會。我發現敏英同志很開心。我想要提醒她，她對接下來會發生什麼事情根本沒有任何頭緒。

接著，我看見了母親的臉龐，看見她眼中的關愛跟信任，同時她說：「不要在外面待到太晚。」然後想像她因爲敏鎬沒有早點跟她說我要去哪裡而斥責他。我變得沒那麼興高采烈了——我感覺到一股由罪惡感、自私跟愚蠢所引發的痛楚。

我很快就會回來了。

路往右轉，樹木變多了，惠山市從我的眼前消失。

# 關於家鄉的事實

道路彎彎曲曲、左彎右拐地穿越長白山。路途上，我們經過了一個由稀疏的瓦頂矮房構成的村落。這些房子看起來跟北韓的房子相去不遠。但往前又開了幾小時的路以後，就出現了更大更繁榮的村落。這些村落慢慢地融合成了城鎮，城鎮又融合成了市郊。單線道變成了三線道，路上的交通很快就匯聚成了一股緩慢前進的、車尾燈閃閃發亮的巨大鋼鐵車流。我從來沒有看過這樣的景象。我們被好幾千輛的車團團圍住，前進的速度跟螞蟻沒兩樣。我一點也不無聊，眼睛四處看，把一切盡收眼底。每一輛看起來都很新。惠山市裡最常出現的重型綠色軍事卡車，這裡連一輛都看不到。

我們在高速公路旁的服務區停車吃中餐。服務區裡有教人口水直流的美食照片，這些照片都展示在發亮的招牌裡面。在北韓，多數的餐館都是國有的，因此他們沒有理由也不需要去吸引顧客或費心推廣產品；而那些半合法的私人餐館則都在市場內或住家裡偷偷地經營。但這裡的餐館都設置了明亮的廣告，引得我駐足觀看。我點了蛋炒飯，女服務生送來了一大盤。中國人好會吃喔。我抬頭看安先生。我的表情逗得他發自內心地哈哈大笑。他很喜歡看我對一切事物的反應。

沿著七線高速公路繼續開，我們在傍晚時分抵達瀋陽。我在沒有任何預期的狀況下第一眼看到了這座城市。兩邊都是由鋼鐵跟玻璃蓋成的高樓大廈，夕陽最後的光芒照得這些大廈的頂樓宛如火一般的豔紅。十字路口亮起了紅燈，計程車停了下來，好幾百個人在過馬路。每一個人身上都穿著不同的服裝，沒有人穿制服。我往上看，看見高聳的廣告招牌裡有一名穿著內衣的模特兒。

我並不知道遼寧省的省會瀋陽是中國最大的城市之一，有超過八百萬的人住在這裡。相較之下，平壤成了窮鄉僻壤。

我們到了親戚住的地區，並在停車問了幾次路以後，找到了正確的住址。那個住址位在一座奢華的大型住宅社區裡面。每一棟大樓都有二十層樓高。安先生以及司機陪我一起搭電梯到十一層樓。我按了電鈴，心裡有些不安。我不知道對方會有什麼反應。

正吉伯父打開了門。他看了看我，看了看安先生，又看了看計程車司機。

「伯父，是我，敏英。」

他花了一秒鐘才吸收進這個訊息，接著他就顯露出了猶如卡通人物般的興奮神情。尚熙伯母也來到門口，她跟他一樣訝異。

我的「伯父」其實是我父親的表哥。他們家在韓戰期間逃離了惠山市，他是在瀋陽長大的。他來惠山市拜訪過我們兩次，但也已經好幾年沒有過來了。對我們來說，他看起來很富有，有點發福，非常友好，而且總是會給我們帶來很多禮物。他現在快要五十歲了。

我介紹了安先生，並解釋自己現在放假，想要在上大學以前先來中國看看。伯父支付了那筆龐大的計程車車資，司機於是離開了。聊了一會兒後，安先生說他要去買點東西，然後就要回長白縣。我們互道珍重。

伯父跟伯母立刻讓我有種受到歡迎的感覺。我是他們的親人——雖然已經好久不見，但這點並沒有改變。他們住的公寓很現代化，空間很大，天花板裡還設置了優雅的小型聚光燈，就跟我在連續劇裡看到的住家一樣。落地窗讓我得以綜觀十多棟跟這棟一模一樣的高樓。天空變成了深橘色。陽光照射在其他高樓上，讓這些大樓看起來就像是珠寶盒。再往外看，整個地平線上還有好幾百棟正在蓋或剛蓋好的高樓，這些高樓都在黃昏的光線中閃閃發亮。

伯父要伯母出門去買點冰淇淋。回到家的時候，她帶回了所有她能找到的口味。

「都嚐看看，」她說。「有些是新口味。」

我們把冰淇淋都打開，我每一種都吃了一湯匙。我從來也沒有吃過這麼美味的冰淇淋：茉莉、綠茶、芒果、黑芝麻；還有一種美味多汁的紫色冰淇淋，口味叫做芋頭；以及一種日本冰淇淋，口味叫做紅豆。紅豆這種口味眞是超乎我的想像。喔，一想到中國有這麼可口的冰淇淋，害我都不想回家了。

伯父很高，比我記憶中要來得瘦。還是女孩的時候，我會覺得他胖，是因爲我在一個沒有胖子的國家長大，但跟到處都看得到的中國大胖子相比，我卻注意到他的臉上有著吃過好幾十年苦的人才會有的瘦削感。對他這輩子來說，財富來得太遲了。

我忙著形容自己這趟旅行裡的見聞以及享受冰淇淋，因此還沒聊到我們家的事情。伯父問起我的父親現在過得怎麼樣。

送往嘴邊的湯匙懸在半空中。他還不知道他的表弟，也就是我的父親，已經過世了。

我解釋了事情發生的經過以後，伯父的心情變得很沉重。「他們居然敢這樣對他？」他喃喃地說。他要我講更多的細節。他想要知道關於父親被逮捕、起訴、刑求的所有一切。我並不想要講這些事。我說完以後，他沉默了好幾分鐘，接著，大出乎我意料之外的，他站了起來，開始了一連串針對祖國的強烈譴責，多年來的憤恨忽然間一股腦地從他的嘴裡流瀉出來。

「妳知道學校教你們的歷史都是假的嗎？」這是他開的第一槍。

他開始細數那些學校教過我們的謬論。他說，在二次世界大戰結束的時候，日本人其實不是被金日成的軍事天才所擊敗。趕走日本人的是蘇聯的紅軍，是他們安排讓金日成去執政的。根本就沒有所謂的「革命」。

我從來沒有聽過其他人批評祖國。我認爲他發瘋了。

「學校還有教妳，說韓戰的始作俑者是南韓，對吧？嘿，讓我來幫妳添點新知識吧。韓戰的起因是因爲北韓侵略南韓。還有，要不是中國介入，金日成早就被美國佬打得屁滾尿流，大輸特輸啦！」

現在，我確定他真的是發瘋了。

「他們應該有讓你們看白頭山上的小木屋的照片，然後說金正日是在那裡面出生的對吧？」他說話的語氣變得非常刻薄。「根本就是鬼扯。他壓根兒不是在韓國出生的，他的出生地是西伯利亞。而當時，他的父親是紅軍的走狗。」

從我臉上的表情來判斷，他看得出我並不相信他所說的隻字片語。他乾脆跟我說地球是平的算了。

「他根本就不是共產主義者。」伯父轉爲了暴怒。「他住在宮殿跟海邊的別墅裡，有一大票的女孩子在取悅他。他喝上好的白蘭地，吃瑞士的起司——與此同時，他的人民則在挨餓。他只相信權力。」

這些激烈的指控聽得我很不舒服。在故鄉，我們從來都不會聊到領導人的私生活，一次都沒有過，類似的言論都是「謠言」，而且會給自己引來很大的麻煩。

但伯父還有好多話要說呢，他現在在房裡踱步。「妳知道金日成是怎麼死的嗎？」他指著我說。

「心臟病發。」

「沒錯，而且是他的兒子害的。」

我看著尚熙伯母，指望她能幫我，但她的表情就跟伯父一樣嚴肅。

「金正日殺了他。在金日成生命中的最後幾年，他只不過是一個無權又無勢的『神』罷了。金正日才是實質的統治者。除了外交事務以外，他的父親絲毫沒有任何的影響力。」

我伯父相信：在金日成逝世前不久，美國前總統吉米．卡特有去拜訪他，想藉此安排讓他跟現任總統比爾．柯林頓開領袖高峰會。臨死前，金日成願意讓朝鮮半島不再使用核能，並且告訴卡特，說北韓會放棄核武的計畫。這件事情惹惱了金正日，他著手開始阻撓高峰會的安排，兩個人大吵一架，金日成因爲太生氣而心臟衰竭。

我拒絕相信這些胡說八道。但同時，有一部分的內容聽起來又像是眞的。我在學校裡聽過傳聞，漂亮的女孩子會被挑選去取悅親愛的領導人。而我自己也在電視上看到，北韓饑荒的期間，他並沒有像政黨文宣裡所說的那樣禁食或只吃簡單的飯糰果腹。事實上，我的腦子裡一片混亂。因此，我的心靈關閉了起來。身爲一個十七歲的女孩，我的回應就是好好地享受美味的冰淇淋。伯父所提到的那些關於祖國的事情讓我既沮喪又反感，我不想要知道。

正吉伯父經營一家貿易公司，他是從販售藥物到南韓起家的。但現在，他的事業已經變得更多樣化，而且生意興隆。他開一輛嶄新的奧迪。尚熙伯母是藥劑師。他們已經成年的兒子住在另外一個道。他們倆都很愛說話也很友善，也喜歡去外面吃飯、跳舞跟參加社交活動。

在瀋陽的第一天晚上，他們要帶我出門時，建議我取一個新的名字。這是爲了要保護我自己。他們幫我想出來的名字是蔡美蘭。我很喜歡。對我來說，使用化名這件事情很有趣。伯父跟伯母的朋友們來拜訪的時候，他們會介紹說我是美蘭。他們會告訴朋友，我是從延邊過來找他們的。延邊是中國的朝鮮族自治州，大部分住在那裡的人學的第一個語言都是韓文，而中文可能講得不是太好。聽完，朋友們就會說「啊」，然後接受這個說法。

瀋陽讓我學習到了很多事情。在北韓，入夜以後，街道漆黑無人。在這裡，城市在太陽下山以後就活了起來。在太原街的人行道上來來往往的，有出來買東西的人；有跟我同齡的、晚上出來逛街的人；還有在一起說笑的型男靚女。汽車跟酒吧裡傳出震耳欲聾的陣陣樂音。所有的一切看起來都帶有一種超現實的色彩，彷彿我從黑白世界跨進了彩色世界中。一切都如此魔幻——每一扇展示窗裡、每一間餐館跟飯店大廳，以及每一棵隨處可見的杉樹上頭的那些數不清的閃爍燈光，更加深了這股幻象。尚熙伯母解釋說，那些是聖誕樹，這本來是西洋的傳統，但也傳到了中國來。我們每天晚上都會上不同的館子去吃飯。「妳想吃什麼?」伯父會這麼說，同時拍著手。

「中式、韓式、日式、歐式？還是想嚐點別的？」有一間餐館裡有個水族缸，水族缸上的電燈發出藍色的光芒，魚兒則在裡面游啊游的。由我決定要吃什麼。菜單上有數不清的選擇。我每天晚上都能吃冰淇淋。

尚熙伯母教我怎麼操作公寓裡的伴唱機。一開始，我把音量調低，把門關起來，然後唱起南韓的民謠，直到她從隔壁的房間大喊：「把聲音開大一點，我喜歡聽那首歌。」在這個國度裡，音樂不再是偷偷摸摸的勾當。

在那件事之後，他們帶著我，連同一大群他們的朋友，一起去一間吵雜的卡拉ＯＫ歌廳，這對我來說又是新體驗。我不敢相信自己居然在公開的場合唱我心愛的〈岩島〉，而且現場還掌聲雷動。我從來沒有度過如此快樂的夜晚。

在四、五天過後，尚熙伯母說：「妳不能待久一點嗎？」我毫不遲疑地答應了。白天，在伯父跟伯母出門去工作的時候，我得待在家裡。但就連這樣都很棒。我可以自由自在地看任何我想看的電視節目，而且不用拉起窗簾、調低音量或擔心鄰居會告狀，太自由了！

不知不覺一個月就過去了，我在瀋陽慶祝了十八歲生日。我一定要回去了。伯父說他會載我回長白縣。在這幾個星期之間，我發現了好多新的事物，也樂在其中，因此完全沒想到滿十八歲會對我帶來什麼影響。

準備回去的前一天，廚房的電話響了。伯父接起了電話。他的表情變得很緊繃，一言不發就把電話遞給了我。

電話那頭劈劈啪啪嘶嘶嚓嚓，我聽見一個微弱的聲音。「敏英，聽我說……」

是母親。

「別回來。我們有麻煩了。」

# 追求者

我不知道她是怎麼打電話過來的，我們家裡沒有電話，她也不可能從上班的地方打，因爲保衛部會監聽。不管是從什麼地方打電話過來，她的這個舉動都很危險。母親話說得很快，她沒有生氣，沒有時間罵我，也沒有時間跟我閒話家常。

「妳離開後的隔天，他們開始爲了下一次的選舉而進行人口調查。」她說。

我發現自己在冒冷汗。

政府當局時常藉登記投票人口的名義去檢查家裡是不是少了誰，原因是什麼。我已經滿十八歲了，因而有了投票的權利。在北韓，所謂的「選舉」，到頭來所有的票還是都會回到金正日身上，因此得票率總是百分之百。

「調查員想知道妳去了哪裡。班長跟他們一起來的。我說妳去拜訪在咸興市的漂亮阿姨。班長不知道我說的是眞是假，但妳也知道小道消息是怎麼傳的。已經有謠言說，妳現在人在中國。」

是我那當邊境守衛的朋友昌鎬跟她說我去了哪裡。「她很快就會回來了。」他開心地說。他總是中看不中用。我母親差點昏了過去，接下來的幾天她又緊張又痛苦，她知道自己得做點什麼，因此在跟人口調查員說我去了咸興市的一星期以後，她去跟警方報案，說我失蹤了。

「如果妳忽然又出現的話，那些說妳其實一直以來都待在中國的謠言有可能會變得非常有說服力，就連我也沒辦法做些什麼。妳還年輕，妳還有大好的未來在前面等著妳。我不希望妳在紀錄上留下汙點，然後這輩子就跟著那個汙點一起活下去。」

這句話是什麼意思？我不能夠回去了嗎？

她的聲音很緊張，很迫切。

「這陣子我們這邊會有點危險，不要聯絡我們，鄰居在監視我們。我們會把房子賣掉，搬到別的地方去。我不知道會搬到哪裡去，但妳明白我的意思。」

我懂。母親跟敏鎬得搬到一個新的鄰里去，那個鄰里的人必須不認識我們家的人，而且要能夠接受這個家裡有一個女兒失蹤了的事。

「我得走了。」她突然說。

她喀噠一聲掛斷電話，電話那頭沒有任何聲音，這通電話只講了不到一分鐘。

一陣暈眩。我把電話交還給伯父。彷彿剛剛才賣力跑完步一樣，我的身體在冒汗。她結束電話的方式很唐突，連再見都沒有說。

在我把母親剛剛跟我說的話轉達給伯父跟伯母以後，他們面面相覷。

「那麼，既然如此，妳就應該待在中國。」伯母嚴肅地說。他們很訝異，知道我無處可去。我說，我不想成為他們的負擔，但他們要我放心。事情總會過去的。伯母別過頭，望著窗外。他們仍在消化剛剛的消息。

雖然這麼說很難為情，但我必須承認，自己一個人回到房間以後，我當下的感覺其實是放心。我很高興自己不用回去了，我認爲在瀋陽的生活就猶如一場棒極了的假期。

接下來的幾年之間，當我再也承受不住一個人的寂寞，也充分意識到我讓母親捲入一場多麼大的麻煩中時，那段覺得放心的回憶會讓我充滿罪惡感，以至於使我躺著卻睡不著。如果早知道現實將會反撲，早知道我會開始十分想念起母親、敏鎬，以及在惠山市的舅舅跟阿姨，而且是想念到身體幾乎要發疼的地步，我一定會不顧她的警告，立刻回去惠山市。

現在，既然我不知道要在中國待多久，那我就得學好中文。而我有最好的老師——需求。你可以花好幾年的時間在學校裡學習一種語言，但沒有什麼比需求更能讓你踏上學習語言的成功之路的了，而我的需求不但清楚，而且迫切。如果我不希望公寓成爲我的監獄，那麼我的中文就得講得跟同齡的中國女孩一樣流利才行。

伯父先給了我一本幼稚園的書，讓我在白天一個人的時候自己唸，等到晚上再跟他還有伯母用對話的方式練習。我很快就能夠讀兒童故事。我每天看好幾個小時的電視。由於中國有太多的少數民族，對他們來說中文是第二語言，因此多數的連續劇跟新聞都有中文字幕。不單是因爲這樣的學習方式比較有趣，也因爲我以前在學校上過課，因此認得一些基本的中文字，所以不需要把自己侷限在只看兒童節目。關於這點，我得要感謝父親。以前，我不知道學漢字的意義在哪裡，但他卻堅持要我背。因此到最後，漢字成了我成績最好的科目之一。

摒除了所有的雜務，我學基礎中文的速度很快。每次只要在字幕上認得一個剛學會的漢字，我就會有種「讚啦！」的片刻滿足感。

有整整六個月的時間，除了偶爾會偷溜出去散步一下以外，我幾乎都在學習中文，日子過得一成不變。每天早上，我變得越來越想家。有一天，我往窗外的雨水望去，看見另一棟公寓大樓的樓頂有如未完成的草圖般消失在雲朵裡。當下，我終於明白了。

*我再也沒有辦法回家了。*

接下來的幾天，這樣的體認緊緊地攫住我，讓我以爲自己快要發瘋了。這是一場大災難，而我之前卻沒有預料到。*我再也沒有辦法見到母親跟敏鎬了。*

我的腦袋無止境地反覆播送計程車沿著河岸開的那幕，以及我終於在片刻之間看到了被樹林遮住的家。*我怎麼會沒有要司機把車停下來，讓我下車呢？*我不停想起母親最後打來的那通電話。她的聲音是多麼的絕望啊，而我們連再見都來不及說。

我被困在異國，沒有任何合法的身分。伯父跟伯母都對我很好，但畢竟我們是遠親，而這樣的事實開始讓我覺得不自在。他們雖然很仁慈，但他們不會永遠都對我這麼好。遲早有一天，他們會要我離開。

*如果我現在回家呢？*

不行，我不可以這麼做。我做得太過分了。一切都太遲了。

堂哥搬走的時候，把吉他留了下來。我開始用吉他伴奏，唱出我在北韓時愛唱的歌曲。這麼做會讓我落淚。我每天都以淚洗面，由於哭的頻率實在太高，因此瞞不住伯父跟伯母。雖然也覺得我很可憐，但我可以感覺到他們也受夠了。不能怪他們。

差不多也是同時間，我開始作惡夢。我夢見母親被保衛部的人逮捕，送進了永不釋放的勞改營，然後就這麼死在裡面。敏鎬成了一個孤兒，行乞為生。我看見他——夢境栩栩如生——沿著一條布滿塵土的荒涼小徑往前走。他身上穿著破衣，雙腳赤足。他的表情變得很猙獰，他就像條惡犬，滿腦子只想著要吃東西。罪惡感讓我動彈不得。夢境換了場景。臨死前，母親寫了信給我。信件的開頭是：我親愛的女兒，對不起，我得先走了，我沒有辦法再繼續照顧敏鎬了……

我醒來，大口吸氣。在發現是夢一場以後，我開始啜泣，變得很歇斯底里。這個聲音吵醒了伯母。她跑進來，看看究竟發生了什麼事，然後在我哭泣的時候，握住我的手。夢境是如此清晰，因此我相信一定是有什麼不好的事情發生了。但我又怎麼能知道呢？隔天我幾乎不說話，覺得痛失至親。

第二天晚上，我又作了惡夢。我偷偷渡過結冰的江水，然後獨自一人走在杳無人煙的惠山市裡。時間是夜晚，看不見任何燃起的燈火，宛如一座死城。我回到家，從窗戶往裡面看，我隱約看見母親跟敏鎬抱在一起。母親在哭，敏鎬在安慰她。他們沒有錢也沒有食物。一切都怪我不好。我只能看，如果我走進大門的話，鄰居就會在看見我的同時立刻通報警方。我走到河邊要找昌鎬，我也覺得對他很過意不去。我看見他在岸邊巡邏，但卻沒有辦法靠近他，因此只好躲在遠方的樹叢裡看他。忽然間，保衛部的特務從我身旁的陰影中出現，把我團團圍住。我死命地跑過了結冰的河面，回到中國。我聽見背後傳來哨子跟警犬的聲音。接著，我就醒了過來。

這兩個夢境不停反覆放映，同樣的場景一夜又一夜重複播放，播放了好幾百次。

任何無拘無束的瀋陽生活所帶來的興奮感跟新奇感都消失了。從一九九八年的夏天開始，我進入了一座孤單又漫長的峽谷。我注定該承受這一切，這是我自找的。

如果現在有機會的話，我一定會把握，我心想，我一定會回去。

但是現在，我已經知道北韓不是世界上最偉大的國家了。我伯父跟伯母的韓裔中國朋友對北韓沒有一句好話，中國的媒體也把北韓視爲古板又丟臉的國家，瀋陽的報紙公開嘲諷金正日。

對於這一切我都不在乎。祖國是母親跟敏鎬生活的地方，我的回憶都在那裡，我曾在那裡度過快樂的日子。那些曾讓我覺得北韓很落後的象徵，如今成了我最懷念的事物。燒煉炭、使用煤油燈，就連朝鮮中央電視台播放的先鋒隊員手風琴大合奏的節目都不例外。生活很簡單。有一件事情我很確定——直到此刻，我才知道什麼是眞正的哀傷。

有天早上，在伯父跟伯母出門去工作以後，我撥了住在長白縣的安先生的電話號碼，希望他能幫我送個信息給母親。他的電話號碼不能用了，我每次打都撥不通。最後，我打電話給住在他隔壁的鄰居張先生。張先生是商人，我母親也認識他。

接到我的電話，他非常生氣。

「妳爲什麼要打給我？」

「我想要送個信息給我母親。」

「妳在說什麼鬼話？我不認識妳。」

「我們認識啊，你——」

「以後不准再打這個號碼啦！」他大吼之後就掛斷了電話。我以爲他可能喝醉了，因此隔天又試著撥了一次。這次，電話打不通了。

我唯一能夠聯繫惠山市的兩條線都斷了。

尚熙伯母盡力想把我從絕望的境地中拖出來。我開始變得很擔心她。我在現實生活裡什麼也不是，她看得出我變得很憂鬱。她的腦袋裡萌生了一個計畫，她認爲這個計畫能夠解決我的困境。

我被蒙在鼓裡，直到有天晚上門鈴響起。跟平常一樣，我在自己的臥室用吉他彈奏悲傷的歌曲。她輕輕地敲了門，告訴我有人要來找我。

我的心跳了一下。我憂鬱的心裡出現了各個荒謬的人選。我認爲對方可能來自惠山市。

我跟著她走進了客廳。

一個我不認識的年輕男子站在地毯上。他長得很高，手裡拿著一束粉紅色的杜鵑花。他大概二十五、六歲，穿著夾克，戴了領帶，看起來很緊張，不停流汗。

伯母面帶笑容。「美蘭，」她說出了我的化名。「這位是根秀。」

「很榮幸能認識妳。」他用尊敬的口吻說。他彎腰鞠躬，並將杜鵑花獻給我，但他並沒有看著我的眼睛。

# 婚姻陷阱

伯母解釋說，根秀是她在韓裔中國人社交圈裡的好朋友張太太的兒子。他高瘦如竿、手腳笨拙、毫無特色，我不確定如果眼前站著一大堆人，自己有沒有辦法認出他來。他臉色如宅男般蠟黃，膚色有著青少年的光彩。

在介紹過彼此之後，現場很尷尬，沒有人說話。我看著伯母。看到我窘迫的模樣，她說：「現在你們年輕人幹嘛不去外面一起吃個冰呢？」

伯父跟伯母住的公寓大樓旁邊有一間冰淇淋店。在冰淇淋店裡，我發現根秀比我還不自在。爲了讓他放鬆，我建議我們一起吃一杯冰淇淋，口味是我最喜歡的、有著極爲美麗的紫色的芋頭。他看起來似乎放鬆了一些。他告訴我，他二十二歲，有兩個姊姊。他畢業於瀋陽的一所大學，但似乎並不急著找工作。他家裡開了好幾間生意興隆的連鎖餐廳，家境富有。每當說起他那守寡的母親，他的語氣就會變得非常尊敬，他對母親敬重的態度超乎我對一般年輕男性的預期。這讓他感覺起來很孝順又和善，而我喜歡他這點。他承認自己喜歡在晚上的時候跟大學時代的朋友一起出去喝酒。我認爲他一定大膽又風趣。在我認識的北韓年輕人裡面沒有一個是會喝酒的。

在這次之後，我跟根秀還約了很多次的會。在接下來的幾個月當中，他會在白天的時候帶我去北陵公園散步，或去吃麵。到了晚上，他就會帶我去韓式的卡拉OK店。他很無害，但我很快就開始發現他油嘴滑舌、平淡無味，我對他沒有任何的感情。

聊到有趣的事情時，不管我怎麼刺激他，甚至已經到了要激怒他的地步，他似乎仍舊沒有辦法針對任何事情發表強而有力的看法。我們在約會的時候經常無話可說。我有種感覺，他不在我身旁的時候，一定成天都在打電動。他似乎非常景仰自己的母親，景仰到我很擔心自己有一天要跟她碰面。他似乎樂於讓母親幫他決定所有的事情。

根秀知道我是北韓人，但相信我的名字就叫做蔡美蘭。我想不到任何跟他提起我的眞名的理由。事實上，我很習慣別人叫我美蘭，彷彿我已經把敏英像一層老舊的皮膚一樣褪去。我繼續跟他約會，偶爾會握住根秀的手。我沒有認眞在跟他交往，我這麼做，只是爲了取悅伯父跟伯母；跟他約會也能讓我轉移注意力，不去在意新年又過了，接著是我十九歲的生日，然後是農曆過年。這也同時避免讓我想到一件悲慘的事情：我已經有一年沒有看見母親跟敏鎬了。

在根秀開始敦促我增進自己的中文並糾正我的一些禮節時，我應該就要開始警覺了才對。

去見他母親的時候，我就被迫感受到了那個場合的重要性。他們家的公寓比伯父跟伯母家的公寓大非常多，也更豪華。張太太人站在玄關歡迎我。我從來沒有看過這麼有錢的女士。她非常苗條，風姿綽約。她將頭髮往後梳，然後用貝母髮夾固定住；她在脖子上圍了一條愛馬仕圍巾，身上還戴了美麗的日本珍珠首飾。

「美蘭，歡迎妳過來。」她說。她的笑容不熱情也不冷漠。

我可以猜得到她在想些什麼：一個北韓來的女孩子配不上她的兒子。不過我也從根秀那邊得知，她不准他去跟中國女孩約會，許多朝鮮族人都有同樣的文化偏見。

張太太是個精於算計的實用主義者：她願意將自己的疑慮放在一邊，是因爲她認爲北韓的女孩子會是乖巧又順從的好太太。畢竟我是非法移民，沒什麼立場去抱怨。她也知道我是在一個敬老尊賢的文化中長大的，我會很服從自己的婆婆。雖然她所說的話有禮到教人難以忍受，但我看見她上下打量著我，彷彿在檢查一頭牲口。

在接下來的幾個月裡，每次只要被帶去根秀家，張太太就會開始說起我跟她兒子之間的未來。她說，他們家族的人會爲了我跟他開一間新餐廳，讓我們共同經營管理。這件事之後不久，在沒有人詢問我的意見的狀況下，她提到了結婚這件事。她告訴我，她兒子還太年輕，還不適合走入婚姻，但出於對母親的一片孝心，根秀希望能盡早幫她生個孫子。

我開始覺得自己被湧上來的浪給困住了。根秀並沒有跟我求婚。事實上，我連他對我有什麼感覺都不清楚。我發現，自己很難想像世界上會有任何事情能夠引起他的注意跟熱情。也許他在出門喝酒的時候會比較有活力，但顯然他沒讓我看見那一面的他。他對母親的計畫言聽計從。

我們之間的約會開始變得很沉悶。他不停重複說我需要加強自己的中文，而且經常糾正我。會這麼做，主要是因爲他認爲，我在開口說話的時候不應該犯錯，這樣會丟他們家族的臉。我覺得自己彷彿是在沒有人問我同意與否的狀況下，去登記了一門訓練課程，訓練的最終目的，就是要融入他的家族。我的處境變得越來越棘手，因爲伯父跟伯母認爲結婚不但能解決我的問題，也能解決他們的問題。我原本預計只有五天的造訪行程，已經演變成待了將近兩年的時間。

一九九九年末的一個下午，當時的我人在根秀家。張太太回到家，把百貨公司的購物袋放下，然後相當稀鬆平常地提到，她已經把我的生辰八字給了命理師看過，對方建議我們可以在夏天的一個黃道吉日成婚。她還說已經在附近的公寓裡找到了一間適合我們的房子，很快就會開始幫我們挑家具。

那天晚上躺在自己的床上的時候，我被迫去檢視——認認眞眞地檢視——自己有沒有其他的選擇。我試著像張太太那樣去審愼地思考，暫且把我對無能的根秀的感覺放在一邊。我自問：這個婚姻對我而言是助力，還是牢籠？我知道自己想要從商，並且四處旅行，但如果我現在結婚，有了小孩，我就得把自己的事業先放在一旁。另一方面，我的處境現在很不穩固，我不能再繼續待在伯父跟伯母家了。我前途一片黯然，遑論還想從商。或者，我也可以選擇逃跑。

但如果我被抓到的話呢？

逮捕、遣送、毆打、拘留營——家族的出身成分毀於一旦，我的體內有一股恐懼在流竄。不管再怎麼去想，我都沒有其他的選擇。

因此我努力說服自己根秀還不錯啦，比他更差的男人比比皆是。如果嫁給他，我就能夠不再恐懼，而且過起舒適的生活，還能有一張中國的身分證。我花了好幾個星期的時間在想這些事情，沉默地與自己爭辯。

然而，這裡面只有一個問題，而且是個大問題——這一切都不是我自己的選擇，我只是被迫接受而已。

透過關係，根秀的親戚幫我弄到了一個新的身分。他甚至把那張身分證拿給我看，讓我拿在手上。我認得自己的臉，但認不得上面的名字。那是一個新名字，又一個不是我自己選擇的名字。我變成了韓裔中國人，名字被改成了張順香。由於我年紀還太小，沒有辦法結婚——中國合法結婚的年齡是二十歲——所以他們幫我添了一些歲數。

「結婚以後，妳就會拿到這張身分證，」根秀幸災樂禍地笑著說，同時把我手中的身分證拿走。即便他看得出我有疑慮——而且這疑慮在知道我的新名字的含意以後更加深了：「不但尊敬長輩，而且會仔細聽從老公的話，當個順從的好太太。」

千禧年過了，轉眼又是我的生日。伯父送我一只摩托羅拉手機當作生日禮物。他說，這樣的話，我就可以隨時跟根秀聊天了。婚禮也在籌劃當中。

張太太感覺到她的意願讓我備感壓力，她想要讓我安心。「在你們結婚以後，我們會好好照顧妳，」她說，同時用她那戴了戒指的瘦削手指緊握住我的手。「妳什麼事情都不用操心。」

她人眞好，對我說這些話。這讓我有了勇氣，去問我想問的問題。我不知道自己爲什麼會認爲必須尋求她的同意。

「結婚以後，我可以去拜訪家裡的人嗎？」

我心想，既然自己有了中國的身分證，就表示應該可以合法地造訪北韓。

我們圍坐在她家廚房的桌子旁，張太太跟根秀的兩個姊姊驚恐地凝望著我。

「喔，不行、不行、不行，」她說得好像我嚴重地曲解了她的意思似的。「妳絕對不可以回去。聽清楚了沒有？」她的話語中帶著一絲警戒的味道。「他們說不定會查出妳的眞實身分。這樣的話我們就都麻煩了。我們可是冒著犯法的風險幫妳拿到一張身分證。事實上，就連打個電話或寫封信給妳的家人都很危險。」

她看見我臉上震驚的神情，因此就立刻淺淺地笑了笑，宛如冰塊忽然裂出了縫。

「等到你們結婚以後，妳就會有新的家人了，妳會加入我們這個家族。」

跟根秀轉述他母親所說的話的時候，我的心情仍未平復。他知道我有多想再跟我母親還有敏鎬重逢。我心想這是他該表現的時候了——安撫他未來的太太，表示他能夠諒解，同時告訴我無論如何，他會想辦法達成我的願望，我用不著煩惱。然而，他卻語調平板地說：「我母親說得沒錯，這是爲了我們好。」眼睛都沒瞧我一下。他正在打電動。

我愣住了。針對我跟家人團圓這件事，他跟我未來的婆婆、大姑都不願再多談。如果我要聯絡他們的話，還得背著這些我最親近的人。

我看著根秀的臉。電玩遊戲的光線映照在他的臉上，使他變得蒼白。我知道自己不會嫁給這個男人。

不管接下來會發生什麼事，都只能靠自己，但我不在乎。我會找到辦法讓自己翱翔天際。我不知道應該要怎麼做，但我願意賭上一把。

伯父跟伯母幾乎每次吃飯的時候都會興奮地聊到那場婚禮。我沒辦法告訴他們我的決定，也承受不了他們失望的神情。同時，我也擔心張太太會惱羞成怒，跟有關當局通報我是偷渡客。我不能和任何人聊，我只有一件事情可以做。

逃。

當時是二〇〇〇年的夏天，距離婚禮只剩下幾星期了，我不停思考自己應該在什麼時候採取行動。是根秀打來的一通電話讓我下定了決心。他告訴我，他的母親在沒有徵詢我們意見的情況下，就安排好了蜜月的行程，我們將在靠近南海的三亞市的奢華海灘度假勝地度過我們的蜜月。就是這通電話讓我立刻決定要離開。

我把幾件衣服丟進一個袋子裡，然後等伯父、伯母都出門去工作。我搭電梯到了大廳，對管理員露出微笑。血液衝往太陽穴——我忽然想起一幕回憶：我的腳踩在鴨綠江結冰的江水上。接著我平穩地走出那棟公寓大樓，抽出手機裡的SIM卡，扔進了垃圾桶。

# 瀋陽女孩

計程車司機的眼睛看著鏡中的我，等著我開口說出目的地。我因爲非常煩惱，所以在猶豫。我沒有任何計畫。人生當中，第一次沒有人可以依靠。

瀋陽是個大都會。我哪裡都能去，但我的直覺告訴我離西塔街遠一點。那裡是瀋陽的韓國城，瀋陽市裡多數的朝鮮族人都住在那裡做生意，如果有人想要找我的話，一定會去那裡找。我要司機開往一個我不熟的地區。那個地區位在相反的方向，沒有人會去那裡找我。我得要開始說中文，在經過兩年的學習以後，我的中文說得還不錯，我覺得自己應該有辦法處理大部分的事情。

但在車子開上高速公路、經過不熟悉的街區以後，我的心裡再次充滿疑慮。

雖然有風險，但如果要找工作，或是臨時需要人幫忙，最合適的地方還是西塔街，因爲那裡韓國人最多。我跟伯母一起去過那裡幾次，也記得曾經看過一個非正式的找工作區域，有些人就在那一帶東晃西晃，等著有人雇用他們去當臨時工。而我要趕快找到工作。伯父一直都會給我一定的零用錢，但我存的錢只夠撐個幾天。我要司機掉頭，開往西塔街。

站在一群找工作的人裡面，我不知道自己的態度應該是要積極還是冷淡。才站著不過幾分鐘的時間，有一個女人就靠了過來，並對我用中文說話。

「哈囉，」她開朗地說。「妳在找工作嗎？」

她約莫中年，但妝很年輕，穿了件露肩的棉洋裝。

「我是一間美髮沙龍的經理，正在找一個新的髮型師。有興趣嗎？」她的聲音也很年輕。

「對。」

「我們會栽培妳，也提供免費住宿。」

眞不敢相信自己的運氣這麼好。

「店是在瀋陽的邊緣地帶，我們可以搭計程車過去，差不多要三十分鐘。」

她叫做馬小姐。在前往那裡的路上，她問了我很多問題。我覺得她是想要表示友善。我告訴她，自己是瀋陽人，而我的「父親」開了一家貿易公司，專門跟南韓人做生意。聽到家境這麼好的女孩子居然會想要去她的美髮沙龍裡找工作，她露出了非常訝異的表情。我試著用自己很叛逆的理由去說服她。

我注意到馬小姐的指甲搽成了仙客來紫的顏色，我認爲以她的年齡來說，這個配色太老氣。此外，她還繫了一條細細的金腳鍊。

我們抵達一處很單調的郊區，區裡有些商店跟公寓。與其說像瀋陽，其實更像長白縣。那間美髮沙龍跟我以前看過的美容院都不同。左邊擺了一排黑色的皮沙發，右側則有六張面對著大鏡子的理髮椅，其中有兩張椅子上坐著正在洗頭髮的中年男子。

*這裡是一間專門服務男士的美髮院嗎？*

另一個五十多歲的男人攤開四肢，坐在其中一張沙發上邊看報紙邊抽菸。他把菸灰彈進一個塑膠杯裡。我注意到他襯衫的領子上隱約有個東西：他的脖子上刺了一顆藍色的蛇頭。馬小姐跟他打了招呼，他看了看我，臉上沒有笑容。不需要別人跟我說，我就知道這個男人是老闆。

馬小姐帶我進入地下室，然後指著六間裝了霧面玻璃門的小型「診療」間。她告訴我，這就是我以後工作的地方。她的語氣現在比較不和善了。這裡的光線很昏黃。我聞到男人的汗臭味跟霉味。她打開其中一間診療間的門，我聽見自己倒吸了一口氣。

房間裡點了一個小小的燭台，有一個男人趴在床墊上，另一個穿著性感襯裙的年輕女人坐在他的旁邊。男人沒有穿衣服，不過腰間圍了一條毛巾。北韓是一個很拘謹的地方，我從來沒有到過任何裸身男女共處一室的地方，遑論他們還在碰觸彼此。她正在幫他的其中一隻手臂按摩。

*這裡到底是做什麼的？*

「過來，去幫他按摩另外一隻手臂吧。」那個女孩說。

馬小姐沒多說什麼，關上門以後就離開了。

我根本不知道什麼是按摩，更別說要幫人按摩了。那個男人很胖，流汗的身體泛著一層亮光，彷彿剛從三溫暖裡面出來一樣。昏黃的光線下，他看起來就像頭被海水打上了海岸的海洋哺乳動物，而且正在開始腐爛。我心不甘情不願地碰了他。我不敢看他的臉。幾秒鐘以後，他說：「這人是誰啊？技術眞差。」

「新人啦，」我的同事說。「我們還在訓練她。」

那個女孩用哀求的目光看著我，彷彿我在給她惹麻煩。她差不多跟我同樣歲數，嬌小又漂亮，但眼神看起來很滄桑。

一段時間以後，那個男人自己爬了起來，仔細地打量了我一眼，然後邀請我們兩個一起去一間開車很快就會到的卡拉ＯＫ店唱歌。

「我們應該不可以做這種事吧。」我說。

「別傻了，」我的同事笑著說。「我們當然可以啊。」

上樓以後，那個有藍蟒刺青的男人站了起來，幫我們打開玻璃門，招了輛計程車。

我什麼都還沒吃，胃部因爲緊張而在翻攪。我很擔心在卡拉ＯＫ歌廳裡的狀況會變得更過火，但那個胖男人在我二度拒絕喝酒以後，就對我沒了興趣。不知道今天晚上他原本想對我們兩個女孩子做什麼，但我的舉動似乎打消了他的興致。然而，我的同事卻陪他喝了好幾杯韓國燒酒。我唱了幾首中文歌，他也唱了幾首。我們搭計程車回去時，天色已經暗了。

同事帶我去美髮沙龍後面的一幢建築物。在爬了幾段窄梯以後，我看見一扇上了許多鎖的門。她打開門，打開燈，然後我這輩子看過最髒的房間就出現在眼前。有個什麼東西在房間的角落急匆匆地跑動，然後就消失了。狹小的空間裡擠了五張雙層床。這裡總共住十個女孩。屋裡聞起來有汗臭味跟水溝味，床鋪之間掛著一串在晾乾的內褲，衣物都散落在床上。我望進浴室，然後用手摀住我的鼻子跟嘴巴。

*我逃出來，就是爲了要過這種日子嗎？*

我現在非常累，也因爲只吃了一些卡拉ＯＫ歌廳裡的小點心果腹，因而覺得身體很虛弱。我說：「如果妳不介意的話，我會在這裡過夜，因爲時候也不早了。不過我天一亮就會離開，我不想要做這份工作。」

我永遠也忘不了那個女孩的眼神，那種眼神我在北韓見過好幾次。她很害怕。

「這不是那種妳可以說來就來，說走就走的地方。」她說。

「妳說這話是什麼意思？」

她小小聲地說：「他們不會讓妳走的。」

我躺在髒兮兮的床墊上，整晚都沒有睡。我嚇到不敢睡。房裡很潮濕，空氣又不流通。偷渡客就只能接受這樣的命運嗎？就只能住在這種鬼地方？他們怎麼有辦法強迫我住在這裡？他們又沒辦法把我綁起來？我嘗試要去理解同事眼中的恐懼，答案呼之欲出：如果我想要逃跑的話，他們就會傷害我。

我眞的是個徹頭徹尾的傻瓜。馬小姐從第一眼就猜到我是偷渡客。那個女人欺騙我，把我拐到這裡來。我得要使用同樣的伎倆逃出這裡。這次得輪到我騙她上當。

到了隔天早上，其他床位仍舊是空的。不管這些床位的主人是誰，她們一定是在別的地方過夜。同事跟我一起去美髮沙龍上班。看到那個身上有藍蟒刺青的莽漢不在現場，我放心許多。打扮得很俗豔的馬小姐坐在收銀台的後面。

我朝她走過去。我得演齣戲，而且演技要好。

「我們在卡拉ＯＫ店玩得很愉快。」我說。我用手扶住自己的頭，彷彿還在宿醉，同時裝出了一副「眞是受夠了」的表情看著她。

「很好。」她不甚友好地淺笑了一下。「這就是妳們的工作。那位先生給了妳多少小費？」

他什麼也沒給我。「我把錢放在牛仔褲裡，牛仔褲則放在宿舍那邊，」我說。「我昨晚昏了頭，所以沒有點。」

「以後不要把錢留在那裡，記得把錢直接帶來這邊。」

「好的，對不起。我什麼時候可以認識其他的女孩子？」

「她們準備好以後就會過來這邊了。」

我交叉手指，祝自己好運。「在店裡還沒開始忙碌以前，我會趕回西塔街一趟，拿我的行李。」

她的眼神變得很冷酷，昨天的友善煙消雲散。「妳還需要什麼？我可以給妳。」

「唉唷，不行啦，」我大笑。「我總不能叫妳送我吉他吧。我只是想去拿那把吉他，還有幾張私人的照片而已。那把吉他不會很佔空間。事實上，那些東西都可以塞到床鋪底下。」

我假裝自己在擔心她以為我的東西會佔很多空間。

「如果妳跑去其他地方的話，妳就會來不及回來服務妳的第一組客人。」

她在猶豫。

「我會用加班來彌補，而且我不會浪費店裡的錢搭計程車，」我說。「我會搭公車，而且自己付錢。我十點就會回來了。」

她大聲呼吸。她現在很煩惱，同時望向窗戶。我心想，她是不是在找那個有藍蟒刺青的男人。「動作快一點。我們今天的預約都滿了。」

「遵命。」我說，同時高興地朝她敬禮，彷彿在說，妳是老大，妳說了算。

我走出那扇玻璃門。

走到角落，發現她已經看不到我的時候，我沿著人行道狂奔，跑往我們昨晚唱完卡拉ＯＫ後下車的計程車招呼站。

我忽然動也不敢動。

第一輛空計程車的司機倚靠在自己的車上，在跟那個有藍蟒刺青的男人聊天，而刺青男則把報紙夾在自己的手臂底下。我轉身，朝原路退回去，心裡期望他剛剛沒有看見我。這表示我得要往回走，經過美髮沙龍正面的玻璃門。如果馬小姐看到我，就會知道我不是要往巴士站牌的方向走。我猶豫了一下，試著要走在其他路人的前面，彷彿我跟他們是一夥的。我已經走到美髮沙龍正面的中間處了。此時，我聽見裡面的她大喊：「嘿！」

我拔腿就跑——跑過一條又一條的街道，我不知道自己人在哪裡，看見亮著黃色燈光的空計程車朝我的方向開過來時，我像個瘋子一樣要它停下。

我從後座跳進去，然後把身子壓低。這次我毫不遲疑地說：「西塔街。快，快，快。」

# 罪惡感

我幾乎沒有睡，而且幾乎已經三十六小時沒有吃東西了，跑步的時候仰賴的都是腎上腺素。我身上什麼都沒有，我把包包留在宿舍了。我在計程車裡數自己皮包裡面剩下的現金。付完車資以後，我還可以在路邊攤買點炒麵來吃。在那之後，我就眞的陷入困境了。我今天就得找到工作。

回到韓國城以後，我決定試看看餐廳，去餐廳找工作感覺起來比當臨時工安全多了。在進去十幾家店找工作但都被拒絕以後，我看到自己鏡中的倒影。我兩眼無神，饑餓又絕望。然而，就在眼前約一公尺的地方，我看到一張貼在玻璃內側的告示，告示是用韓文寫的，徵求女服務生的廣告。我人在一間叫做慶會樓的餐廳前面。這間餐廳很大，裡面很忙碌，可以看到內部有約三十張圓桌跟至少十個女服務生。我看見那些女服務生都穿著傳統的韓式褲裙快步走來走去。現在是吃午餐的尖峰時刻：一盤盤熱騰騰的食物往一個方向前進，一個又一個的空盤子則往另一個方向前進。先讓自己鎮定下來以後，我就走了進去。

「我想應徵當服務生。」我對著飲料吧檯前面的女士說，因爲她看起來像是這裡的經理，她穿著正式的服裝。

「妳是想要趁休假來這裡打工的學生嗎？」

「不是，我想當正職員工。」

她拿來一張表格跟一枝筆。「叫什麼名字？」

「張順香，」我說，用的是根秀家的人幫我拿到的身分證上面的名字。「我是韓裔中國人。從延邊那裡過來的。」

寫到這裡的時候，她頓了一下，而我感覺到自己心一涼。直到現在，我才想到自己得要有身分證才能找工作。如果她的下一個問題是要看我的身分證，遊戲就到此結束了。

她似乎花了很多時間在塡那份表格。「我可以讓妳在這裡工作，我們有提供宿舍給有需要的員工住，宿舍離這邊只有兩分鐘的距離。」

我感覺全身上下都放鬆了。世界上再沒有比我剛剛才待過的宿舍更骯髒的了。

「妳什麼時候能開始上班？」

「今天。」我輕拍著櫃檯說，藉此表現出我很積極。

那個女人好奇地看了我一眼。「有什麼事情是妳想先知道的嗎？」

妳眞的不用檢查我的身分證嗎？「沒有，我覺得都很好。」

「妳不想知道自己的薪水嗎？」

因爲命懸一線，所以我連最基本的問題都忘了問。

「每個月的薪水是三百五十人民幣，」她說。約等於台幣一千三百元。

在北韓，如果我有這些錢，我可以存活六個月。對我來說，這筆薪水非常豐厚。

那位女士笑了。「而且免費供餐。」

我以服務生的身分在慶會樓韓式餐廳上班的第一天幾乎可說是以災難的方式收尾。我服務的第一桌客人是穿西裝的中國漢族商人。有一個人要結帳，同時還要口香糖。

於是我拿了口香糖給他。

「這是什麼？」他抬頭看我。

我覺得他要找我的碴，我之前就已經注意到這種現象在這裡的餐廳很常出現，有些人會覺得花錢的人是老大，所以他們愛怎麼樣就能怎麼樣。

「我沒有要這個東西。」

「對不起，先生。你剛剛不是說要口香糖嗎？」

「我是說香菸，不是口香糖。」他瞇細了眼。

他一定是說了中文的香菸，但我聽成了口香糖。女經理朝我們走過來。

「有什麼問題嗎？」

「有，」那個男人說，他當著他的同事的面用手指著我。「她是北韓人。」

我臉色蒼白。

「她是延邊那裡的人，」經理輕聲細語地說。「她剛剛只是沒聽懂你的話而已。」

「狗屁。這年頭，延邊的人若到了她這年紀啊，中文說得可好了。她根本就聽不懂我說的話。她是從北韓來的。」

「她是韓裔中國人，」經理說，臉上掛著堅定的微笑。「不過，對您的遭遇，我感到萬分的抱歉。為了表達我們的敬意，請讓我請你們每人抽一包菸吧。」

這個舉動似乎讓他冷靜了下來，因此他就不再提起我是北韓人的事情。

稍晚，經理告訴我，有些客人的態度跟豬沒兩樣，是因爲他們想要貪點小便宜。她告訴我用不著難過。

她完全沒有想到那個男人的說法其實是對的。

我開始過起規律的生活。每天早上八點半上班，先是整理桌子，添補鹽罐跟醬油瓶，然後整天等著服務客人，直到最後一組客人在晚上十點的時候離開。餐廳全年無休，服務生每個月有一天的假。工作很辛苦，但我不介意。我沒有依賴任何人，就解決了自己的問題，我感到很自豪，雖然情況離「穩定」兩字還很遙遠，但這是我這輩子第一次獨立過日子。我存了一點錢，中文進步神速。每天晚上下班回到宿舍以後我都已經累垮了，一躺下去就會立刻昏睡。我已經習慣作那些惡夢了，夜復一夜，那些惡夢依然無止境地反覆出現。

跟我一起住在宿舍的還有四個女服務生。她們人都很親切，也很愛聊天，但我對自己所說的話都很謹愼，尤其是對那兩個來自延邊的女生更是如此。稍有閃失，她們可能很輕易地就會猜到我的眞實身分。除此之外，倒是有一個女孩讓我很感興趣，而我們也成了朋友。她的名字叫做志宇。她很努力地在瀋陽的東北大學攻讀商學學位，學費就是透過當服務生賺來的。我非常佩服她的行爲。在中國，我唯一認識的另一個受過高等教育的人是根秀，但他根本就是個心不在焉的學生，所以他連要跟我形容自己在學校學了些什麼都沒有辦法。志宇聰明又風趣，而且跟我一樣追求時尚。我想要學習她正在學的「商業模式」，不過她的教科書看起來很艱澀。有好幾次，我都差點跟她說出我的祕密，但每一次我腦袋裡面都會有個聲音警告我：別講。

我已經習慣了新的名字。智惠、敏英、美蘭都過去了。我現在的名字叫順香，我宛如從這個名字中獲得新生。

當了幾個月的外場服務生以後，老闆指派我去顧收銀機。我對錢很有一套。我的月薪現在是五百人民幣（台幣一千九百元）。我的目標是存足夠的錢，好讓我能夠到長白縣去。到了那裡以後，我會試著想辦法跟我的母親還有敏鎬取得聯繫。

我很喜歡這份工作。來餐廳用餐的人都很喜歡我。我發現自己在觀察顧客，試著去猜他們的人生故事。我開始發現，世界並非像是我當時人還在北韓時所想的那樣一成不變。人們更複雜，也更多變。想要過什麼樣的生活，想要選擇怎麼樣的人生，其實大部分都有可能實現。

隨著我的生活逐漸穩定，那段逃離伯父跟伯母的回憶就開始縈繞在心頭。我逃走的時候，甚至連張字條都沒有留。他們對我很仁慈。我怎麼可以這麼沒有禮貌呢？我意識到，如果留字條的話，就必須要解釋自己的感受，而我很不習慣這麼做，很少有北韓人習慣這麼做。

約莫過了六個月以後，在二〇〇〇年十二月，我用公共電話打給他們。接電話的人是尙熙伯母。「美蘭，」她倒吸了一口氣，叫出了我的名字。就連她也忘記了我的本名。在震驚的心情逐漸過去以後，我可以聽出她的語調裡交雜了幾種衝突的情緒：放心、擔心，以及尊嚴受到了打擊。

「妳讓我們蒙羞了，」她說。「妳是我們的家人。妳逃跑的行徑讓我們丟盡了顏面。」

「我眞的很抱歉。我撐不下去了。」

她想知道我人在哪裡。我告訴她我現在在當服務生，做得還不錯。她邀我去看他們，但我感覺到自己所帶來的傷害仍未撫平，暫時還是先不要碰面比較好。

「妳不會想知道後來根秀怎麼樣了嗎？」她說。

「我不想知道。」

「妳一定要打去他們家道歉。」

這件事情我思考了兩天，但我知道自己非打這通電話不可。我數度按下那些號碼，但總在最後一刻沒了勇氣。最後，我打了那通電話。張太太接的。一開始，我說不出話來。我口乾舌燥。她正準備掛斷電話的時候，我說：「我是美蘭。」

「喔，我的天啊，」她停了很久。「妳人在哪裡？」

我可以想像她正在生氣地跟那對姊妹做手勢。是她。

我原本以爲她的語調會很生氣，但她的聲音卻平靜又自制。我最驚訝的是她居然說：「請妳回來吧，美蘭。看在我兒子的分上。他跟以前不一樣了。妳離開以後，他變得很憂鬱。」

根秀爲了我而變得憂鬱？「我可以跟他說話嗎？」

接起電話的時候他在啜泣。他聽起來喝醉了，講話不清不楚的。

「請妳回來吧，」他說。「我手上還有那些可以去度蜜月的票券。我們可以離開。」

我第一次對他有這麼強烈的情感。我很難過，覺得自己很對不起他，我在他還沒有弄清楚我對他的感覺以前就拋棄了他。但一切都太遲了，我不會回去了。我現在最想要的，就是再一次聯繫上我的家人，他跟他的母親只會成爲我做這件事情時的障礙。

我一次又一次地說自己是多麼對不起他。我不僅讓他丟了臉，更讓他們的家族因而蒙羞。

電話結束以後，我靠在公共電話旁的牆上往下滑，用雙手摀住我的臉。我爲根秀帶來了一場大災難。

我們偉大的領袖父親命令我們要尊重長者，榮耀我們的家庭。我注意到美蘭同志除了會傷害最親近的人以外一無是處，她承認自己是個壞蛋嗎？

我承認，那就是我，一個壞蛋。

我沒有可以傾訴心事的人。沒有人會來告訴我說，我是爲了追求自己的幸福才會做出那些抉擇。我會那麼做，不是因爲我是個壞人。

相反地，這些嚴厲的自我批評滲進我的體內，讓一部分的我變得冷酷。當我人在伯父的公寓裡，因爲想念母親而落淚的時候，我的心就在那裡。但現在，體內的某樣東西變硬了，眼淚停了。

再也不要喜歡自己了。

傷害了根秀，我發誓自己會贖罪。我花了好幾個星期的時間，去想自己要怎麼做這件事，到最後，我決定自己的懲罰就是永遠不結婚，不要因爲嫁給別人而再增添對他的傷害跟羞辱。

每當人們問我何時會結婚，我總習慣說同樣的一句話：「我永遠也不會結婚，婚姻對我來說一點也不重要。」

# 來自南韓的男人們

二〇〇一年一月，兩個穿著時髦的年輕男子在午餐時間走進了餐廳。他們很友善，問了我一些有關瀋陽的事情。我留意到他們的牙齒乾淨又整齊。

那天我們人手不足，所以我待外場。在將飯饌[11]擺在他們面前的時候，其中一個人低聲問我：

「妳該不會有認識北韓人吧，有嗎？」

我迴避他們的眼神。「為什麼會這麼問？」

他們把名片放在桌上，告訴我說他們是南韓一家大型電視台的影片製作人。

「我們正在製作一部紀錄片，」其中一個人說。「想要尋找一個試圖進入南韓境內的脫北者。我們會負擔仲介的費用，好讓他們能夠順利抵達那裡，其他開銷也會一併支付。」

我很訝異。北韓跟南韓是不共戴天的敵人。一九五三年韓戰結束，兩方簽的是停戰協定，而非和平條約。兩國之間仍處於戰爭狀態中。

「北韓的人怎麼可能會去南韓呢？」這是我第一次聽到這種事。

「最近很多北韓人都在這麼做。」那個男人說。

11 俗稱「伴菜」，即韓式小菜。

我告訴他們，我會幫他們問問。我走開的時候在想：

我會是你們的適合人選嗎？

那兩個男子每天都會來吃中餐。我很認眞地在考慮要告訴他們自己的祕密，但我的生存本能要我千萬小心。這說不定是陷阱。在衝動行事以前，我需要有更多的證據。我把那些南韓人跟我說的話，告訴了跟我一起住在員工宿舍的朋友志宇，口氣盡量維持稀鬆平常。她告訴我的話卻讓我大爲吃驚。她說，南韓把所有的北韓人民都視爲南韓的國民。任何順利抵達首爾的人都能夠拿到南韓的護照，以及一筆豐厚的安家費用。

這讓我開始思考。我從伯父跟伯母的口中知道，南韓並不是黨的文宣品中所描繪的「人間地獄」。伯父曾經因爲工作的需要而去了南韓，他告訴我，南韓甚至比中國都還富庶、自由。我以爲他不過是誇大其辭。事實上，我很少去想到南韓。我很認眞地在學習中文，因此我甚至就連有線頻道上播放的南韓肥皀劇都沒有在看。我也仍舊相信，發生在北韓的種種問題，都是因爲有美國佬撐腰的聯合國所實施的制裁而導致的。跑去支持美國佬的南韓，就是背叛我的祖國，不是嗎？再說，我記得偶爾會有人投奔北韓，黨內負責文宣的官員還爲此召開媒體記者會。如果我投奔南韓，會不會也要遭受同樣的待遇，要站在一大堆麥克風跟閃光燈的前面呢？這可能會害我的家人惹上大麻煩。

一個星期以後，我還在猶豫不決時，那兩個南韓人開始不再出現在餐廳了。他們一定找到了適合的人選了。

鴉片舅舅曾經告訴我，人的一輩子會有三次機會。我一直覺得，自己似乎錯過了一個大好的機會。

那天晚上，我跟同住宿舍的幾個女孩一起出去。我們先在路邊攤吃了羊肉串，然後去一家咖啡館喝珍珠奶茶。女孩子們都在聊自己的私生活、家裡的煩惱、男友的問題等。每個人都希望日子能過得更好。其中，有一個從延邊來的韓裔中國人，斜著眼睛看我，並說：「妳從來都不談自己的事情，妳該不會是孤兒吧？」

過去幾個月以來，我都很擔心其他人對我的好奇心，但在錯失了跟影片製作人接洽的大好機會後，我不想再管了。就是過度小心的個性，才會害我錯失那個良機。我不想再說謊了。

「不是，我不是孤兒，」我說。把話說出口以前，我通常習慣停頓個一秒，好讓自己評估說這話可能會帶來的後果。這次我直接脫口而出。「我是從北韓來的。」

女孩們面面相覷。我們這群人當中最聰明的志宇說，她完全不知道有這回事。忽然間，大家都對這件事非常感興趣。因此，我就把自己的故事告訴了她們。我們待到了咖啡廳要關門的時間才離開。

我第一次開始很好奇其他待在瀋陽的北韓偷渡客，不知道他們過著什麼樣的日子。有許多北韓偷渡客躲在瀋陽，因此警方每隔幾個月實施全城搜索，抓到以後，就把他們遣送回去。在其中一名女服務生的慶生會上，我聽見一個女孩子的中國話說得很不流暢，我懷疑她是北韓人。我對她自我介紹。慢慢地，我偷偷認識了幾個北韓女孩，她們都跟我一樣，在光天化日底下隱瞞身分過日子。

我在慶生會上認識的女孩子叫做秀貞。她有一張鵝蛋臉，大大的眼睛，豐滿的弓形紅唇。以北韓人的觀點來看，她可眞是個美人胚子。她也是服務生。我開始每星期都會打一到兩次電話給她。我很喜歡跟她聊天，每次都會聊很久。她跟她的南韓男友一起住在瀋陽。跟南韓男友同居耶！她跟我提到這件事情的時候，我嚇了一大跳，同時覺得很刺激。

但幾個星期過後，她忽然就不再打電話過來了。我打給她的時候，只聽見「您所撥的號碼已暫停使用」的語音訊息。因此，我感覺得到她有麻煩了。

六個月以後的某天晚上，我在韓國城的街道上疑似看到了秀貞，但我不是很確定。我叫了她的名字，一張驚駭非常的臉蛋望向我，有如一頭在翻垃圾堆的動物被人逮著了的神情。是她。她的五官變得瘦削又憔悴。我可以看見她從T恤裡露出來的肩胛骨。

看見我，她一點也不開心。她的眼睛四處張望，彷彿她覺得有人在跟蹤她。她說警察進了她的公寓，要她出示身分證。她沒有身分證。警察逮捕了她，然後在西塔派出所審理她，接著就把她遣送回了北韓。她在一座保衛部的囚禁營裡關了三個月。裡面的衛生狀況非常差，每餐都只能吃十顆玉米粒。新來的囚犯很快就開始腹瀉，再加上配給的糧食顯然就是要讓囚犯挨餓，因此許多人都撐不了幾天就死了。

要釋放她的時候，營方的人要她簽署一份文件，發誓再也不逃離北韓。她知道，如果自己再次被抓、又要受刑的話，她一定會喪命。她的腿上仍鮮明地殘留著腳踢跟毆打留下的傷痕。她說，如今待在中國對她來說太危險了，她決定要逃去南韓。

秀貞盡可能地保持低調。她深信背叛她的人是一位我們在瀋陽都認識的北韓朋友，這人叫做淳熙，她相信淳熙爲了讓自己能從中國警察的手中獲釋，而選擇出賣了別人。

秀眞緊緊握住我的手。「順香，小心點。」

我看著她離開。從此以後沒有再見過她。

我被秀眞說的話給嚇壞了，也開始害怕有人會告發我。有多少人知道我是北韓人？我一次又一次地清點。我跟哪些人說過這件事？

即便如此，我依然沒有預料到災難即將發生。

一星期以後，餐廳裡的接待員在大約早上十點的時候打電話給我。那天我休假，人待在宿舍。她語調開心地說，餐廳裡來了兩個英俊的年輕男子。「他們知道妳的名字，他們要找妳。」我的心跳在加速。第一次有知道我的名字的人要來找我，但我曾經把自己的名字給過那兩個南韓的影片製作人。

「請他們稍候一下，」我說。「我立刻就到。」

我稍微化了妝，然後趕往餐廳。

時間還早，餐廳裡客人寥寥無幾。接待員指著一張桌子。兩個我不認識的男子站了起來。

「是順香嗎？」其中一個人說。

「我是。」

他們打開夾克，亮出警徽。

「警察。跟我們走。」

# 審訊

兩名便衣警察押送我出去上了一輛沒有車牌的ＢＭＷ。我覺得迷迷濛濛，與現實脫了節，彷彿一切不過是場白日裡的惡夢。我注意到其中一個警察長得非常帥，就像電影明星。駕駛座上還坐著另外一個人。我跟另外兩個男人坐後座，我坐在他們的中間。

「我們要去哪裡？」我說。

英俊的警察說：「西塔派出所。」

汽車裡的空調很冷。我的牙齒開始打顫。我心想，完蛋了，我不可能逃得掉了。

在我們駛經熟悉的西塔街道時，我想到一旦保衛部知道我去了中國以後，家人會陷入多大的麻煩。我不擔心自己，我擔心的是母親跟敏鎬。

我活該要受罪，這是我自找的。

我在膝蓋上把手指併攏，這是我人生當中第一次祈禱。我沒有任何宗教信仰，因此祈禱的對象是祖先的靈魂。*如果這不過又是惡夢一場的話，請讓我醒來。我跟親愛的父親祈求。如果可以的話，請您幫幫我。*

車子停在派出所前面。警察站在我的兩邊，帶我走進去。裡面有個被日光燈的光線照亮的櫃檯。裡面很繁忙，穿著老百姓衣服的人跟穿著警察制服的人不停進進出出。我看到左邊有一間類似臨時牢房的地方，牢房是用長度直達天花板的鐵杆子圍出來的。裡面擠了至少有三十個人。他們要不靠在牆上，要不就坐在地上。男女都有，都沒說話，表情空洞、順從。其中有些人非常瘦，他們凝望著我，看起來很像北韓人。我並不覺得他們可憐。我沒有任何的感覺。

幾分鐘以後，我就會加入你們的行列了。

我們經過一張桌子，桌上躺了一個身上裹著毛巾的寶寶，大概一個月或兩個月大。寶寶在哭，但無人理會。

我的雙腳沒了力氣。兩個警員把我帶往樓上。

到了二樓以後，我們進去一間巨大又明亮的會議室。裡面約有二十個穿著淺藍色襯衫的警察靠在牆壁上站著。我進去的時候，他們全部都在看我。那名英俊的警察很有禮貌地讓我在一張面對著桌子的椅子上坐下，隨即他坐到了桌子的後面，坐在兩個男警的中間。這個畫面很不眞實，有如一場夢。很平靜卻又危險。

英俊的警察自我介紹他是徐警督。他負責審訊我。就在這裡審訊，我被警察包圍了。

集中精神，我告訴自己：把注意力放在最重要的人身上——桌子後面的那三個男人，忽略掉正在看著我的其他人。

問問題的人不單只有徐警督一個，另外兩個人也會輪流用中文質問我。

妳姓什麼？妳在哪裡出生？父母叫什麼名字？他們的職業是什麼？他們住在哪裡？妳的兄弟姊妹叫什麼名字？

我告訴他們，我是正吉伯父跟尙熙伯母的女兒，他們住在瀋陽，我把相關的細節也都給了他們。

「告訴我妳家裡的電話號碼。」其中一個警員說。

我腦中響起了警報聲——我不能讓他們打電話給伯父跟伯母，這太賭注了。

「我們家裡目前沒有使用電話。我父母把號碼取消了，因爲他們要在南韓待上一陣子。」

妳唸的是哪所小學？校長的名字是什麼？

以前跟根秀以及他的兩個姊姊聊天時，他們曾提到過一些在瀋陽上學的事情。我的大腦拚命地回憶、挖掘出那些相關的所有瑣碎細節。

國中呢？唸哪一所學校？

我的心臟狂跳不已，但我強迫自己要冷靜，我的身體進入某種緊急的運作模式，幾乎就有如我人不在此地似的。

他們在觀察我有沒有說謊。不要表現出來，說話要清晰，有自信。我的焦慮呈現在手指的動作上，我緊握的雙手放在膝蓋上，他們不會注意到的，我的手指都沒有動。

回到妳的父母。妳父親的生日是哪一天？母親的呢？然後，彷彿在問今天是星期幾一樣，他們隨口問說：「金日成的生日是哪一天？」

四月十五日。任何一個北韓人想都不用想都能回答這個問題。「我完全不知道耶。」我說。

問題進入下一個階段。徐警督問我打算何時結婚。我認爲這個問題裡面可能有藏陷阱。

「十年以後再說，」我說。我的笑聲聽起來很假。「我還這麼年輕。」

整個過程中，站在我背後的警察一言不發地持續觀察我。沒人走進這個房間，也沒人離開。

徐警督認真地盯著我看，同時用手指轉著筆。接著，他把一份放在桌上的瀋陽日報推過來，然後要我開始朗讀第一篇報導。那則報導的內容是關於發生在瀋大高速公路上的連環車禍。

到了這個時候，我的中文發音聽起來已經很自然了，我相當確定自己的發音聽不出北韓人的腔調。

過了一到兩分鐘以後，他說：「夠了。」

我注意到，截至目前爲止，沒有人把我所回答的任何答案輸進桌上的電腦裡面。

他們沒有十足的把握，他們認爲我有可能是中國人。

接下來的測試是寫中文。其中一名審訊員站在我的背後唸出報紙上的內容，我要把他說的話寫下來。

這個測試結束以後，其中一個人說：「妳的身分證呢？」

「放在家裡。」根秀把那張他的家人幫我弄到手的身分證拿給我看時，我已經背下了身分證字號。我把那組號碼唸給他們聽。身分證制度的作業依然仰賴紙本。如果要檢查身分證字號是否正確，他們得要打去其他派出所，然後會再收到紙本的檔案。

如果他們認爲我是北韓人的話，就會立刻著手進行確認，然後我就死定了。

然而，房間裡的氣氛緩和了，他們臉上不再表露出懷疑的神色，徐警督第一次露出笑容。

「說眞的，妳什麼時候才打算要結婚？」

我再次大笑。「就等條件最好的人出現囉。」

其中一名審訊員闔起他的筆記本。我聽見他跟其他人說：「不實檢舉。」

看來，有人檢舉我。

徐警督站起身。「妳可以走了，」說這話的時候，他把手往門的方向一揮。「抱歉佔用了妳的時間，我們得照程序走。」

在房中所有警察的注目下，我茫茫然地走往門口，猶如人在夢中，我預料自己還會聽到：「喔對了，還有一件事……」

門在我背後闔上。我衝下樓梯，穿過接待處，跑過牢房，不敢去看那些被關在裡面的人。我走進陽光，走進喧鬧的大街。距離派出所已經好幾個街區以後，我把腳步放慢，然後在人行道上駐足片刻。那是一個清爽、溫暖的早晨。西塔街上的人跟往常一樣在做他們的事。行人從我的身旁走過。我抬起頭。一架飛機飛過藍天，有如一條銀色的小鰷魚。

我全心全意地感謝您，我親愛的父親。謝謝您當年強迫我在學校學了那麼多的中文。要掌握漢字的寫法，得花上好幾年的時間。最後那場測試消除了他們心中殘存的懷疑。父親救了我一命。

現在，我知道自己在瀋陽的日子已經來到了盡頭，我不能繼續留在這裡，風險太大了。在想清楚自己要去哪裡之前，要先躲起來。我要搬出宿舍，但要去哪裡？城市裡沒有任何一個地方可以躲得了警察。

隨著腳步慢慢前進，原本安心的我情緒開始慢慢消沉，變得絕望。藏匿在這麼多謊言底下的我，早已幾乎不再認得自己。我成了一個「非人」。我剛剛所經歷的事情慘無人道。一個利用正確的程序、狡詐的問題，跟一群襯衫燙得筆挺的審訊員的警察機關，居然會認爲把來自我們國家的人，送進保衛部的刑求室，接受電纜線拷打，是正確的行爲，是合理的行徑。

我用雙手抱住自己的頭。我怎麼會這麼笨，去跟別人說我是北韓人？現在，我誰也沒辦法相信，不管待在哪裡都沒辦法放心。

一有這個念頭的同時，我就想到了一個主意。

既然要抓脫北者的這張網是由西塔派出所撒出的，那麼我就乾脆搬到派出所的隔壁好了。警察在派出所裡策劃逮捕偷渡客的計畫，而我這個偷渡客竟然就住在派出所的隔壁，沒有人能夠料到這種事。最危險的地方，就是最安全的地方。

幾天以後，我在西塔派出所隔壁的公寓租了一間雅房。事實上，從這間公寓大樓的入口到派出所只要走五步就夠了。從我房間的窗戶望出去，可以看見穿著深藍色制服的警察不停出入審訊室。由於住得實在太近，因此我想，就算他們要執行最嚴密的逮捕任務，也不會把腦筋動到我住的這一區上。

搬到這裡已經兩個星期了。一天晚上，我在餐廳忙了一整天以後回到家。我累到連爬樓梯都沒力。我把手伸進包包裡找房門的鑰匙。樓梯間沒有燈光。

忽然間，我聽見左側的黑暗中出現了急促的腳步聲，彷彿有什麼東西在朝著我跑過來。在我還沒來得及反應以前，我的後腦就被重重的敲了一下，耳鳴聲讓我頭昏腦脹。

我的眼前一片空白，我昏了過去。

# 計畫

我睜開雙眼，看見擴散的白光。我側躺在一張床上，後腦的地方感覺到陣陣的痛楚，我覺得噁心想吐。一個說話聲音很輕柔的女性要我看她。我稍稍轉動自己的眼睛，看到一個戴著綠色口罩的女士。她說，我頭部的傷口很深，要縫十針。他們已經幫我打了麻醉藥，我會昏迷大概半小時。

*我心想，如果我沒有再醒過來的話，就不會有人知道我是誰。*

一個有許多名字但卻沒有真實身分的女孩。

我的眼皮開始下垂。

過了幾天以後，我才有辦法去拼湊到底發生了什麼事。跟我住在同一棟公寓裡的鄰居聽見樓梯間傳來聲響。她發現我躺在混凝土地板上，一攤血從我的後腦勺流了出來，而且還在擴散。兇手用一瓶一公升裝的啤酒攻擊了我的頭部以後就逃走了。

有人躲在暗處等我，而且對方攻擊的力道很大，幾乎就是要置我於死地。這個人沒有拿走我的皮夾，也沒有拿走我手中的鑰匙、打劫我的公寓。

醫院的員工說我非常幸運，幸好兇手沒有先把瓶子裡的啤酒喝乾淨。如果是啤酒空瓶的話，造成的傷害會大上許多。他們要我盡快去報案。我說好，但我根本不打算報警。

以前一起住在宿舍的朋友志宇認爲，這場攻擊行動背後的主謀者一定是那個被我拋棄了的前未婚夫的家人。我在婚禮之前羞辱了根秀，敗壞了他們家族的榮耀，因此張太太說不定一直都在找機會要報仇。

這個可能性讓我非常擔心，但我越想越覺得不可能。從攻擊的手法到武器的選擇——一瓶一公升裝的啤酒耶！——他們家族的行徑不會這麼卑鄙，我相信張太太有格調多了。

從時間點來判斷，恰好是警方審訊我之後的兩星期，顯示比較有可能是跟警方密報我是北韓人，同時還提供警方我的姓名跟工作地點的那個人。這只是我個人的揣測，但那個舉報我的人說不定因爲「不實檢舉」而招惹了一些麻煩，因此才打算報仇。

病況好轉以後，我又回到餐廳去工作，但我不再像從前一樣樂在其中。規律的生活帶來的安全感全部被敲碎。我現在誰也不相信。每當有客人想要跟我聊天，我就會變得很神經質。

我比以前更想念起自己的家人，我懷念母親的慈祥。在經歷了這麼多事情以後，我想要在她的懷中大哭一場。我懷念敏鎬的陪伴。我時時刻刻都在想著他們。在警察審訊我以前，我開始在瀋陽跟別人交朋友，但我現在完全不跟別人往來。我又一次變得孤孤單單。

住進新的社區以後，我發現自己跟某些警察上同樣的洗衣店。有時候，我會看到英俊的徐警督。他不認得我。有一個韓裔的中國警察固定都會來這間洗衣店，他經常對我微笑。我試著去回想，在審訊那天，他是否也站在一旁，但我不確定也不能問。他人看起來很好。他的名字叫做申珍洙，職階是警司。他年紀比我大個幾歲，長得不算帥，但穿起制服就顯得很挺拔。有一天晚上，他在洗衣店裡問我要不要一起吃晚餐。我下意識想要微笑同時拒絕他，但在經歷了過去幾個星期內所發生的事情以後，我變得既害怕又自私。我腦子裡的聲音說：幹嘛拒絕他？有個警察當盟友挺方便的。

我們開始約會，當時是二〇〇一年的秋天，我們的約會一點也不浪漫，不是去麥當勞，就是去肯德基。有天晚上，他雖然看起來很累，但情緒卻很亢奮。「找累死了，」他說。「超餓的。」他把一個大麥克跟一些薯條塞進嘴裡，然後用手背擦掉嘴唇上的油脂。

「怎麼了？」

「從天亮就開始抓那些北韓人。」他滿嘴都是食物。「抓到太多了，害我連中餐都沒時間吃。」

他描述說，其中有些人被逼到角落的時候又哭又求的，他似乎以爲我會跟他一樣覺得這些畫面聽起來很好笑。「拜託不要遣送我回去。」他故意高八度說出這話，用的是北韓人的腔調。

我得控制住自己的臉上不要顯露出憤怒的表情。你他媽的，你正盯著看的這個女人也是北韓人啦。我知道自己對他根本沒有感情，只是把他當作防護罩而已。但這個行爲十分不智，我發現自己其實是在玩火。

我得結束跟警司申珍洙之間的這段感情。但坐在那裡，聽著他在臭屁說自己在追捕行動裡的角色有多麼重要的時候，我心上卻有一種滿足感，因爲我終於想出了自己的「北韓人作戰計畫」。

從我最後一次跟母親通電話到現在已經過了將近四年了。每到了這一天，我心裡的水龍頭就會打開，淹得我滿腔都是哀傷。但在二〇〇一年的冬天，當四週年的日子即將來臨的時候，我第一次期待這天的到來。四年省吃儉用的日子，讓我有了足夠的錢去支付仲介幫我在惠山市尋親的費用。就算沒有辦法跟他們重逢，我也滿心希望能帶個話給他們。讓他們知道我還活著，而且每天都很想念他們，問問他們是不是一切安好，告訴他們我非常非常愛他們。

我只有一個選擇，那就是去長白縣拜訪安先生的住家，並期望安家還住在那裡。他們的電話號碼已經停用好幾年了。

也因爲有這層擔心，所以我準備了B計畫。

一個富有的韓裔中國生意人幾乎每星期都會來我們餐廳裡吃晚餐，他常跟我聊天。他很慷慨，餐廳員工都很喜歡他。有一天晚上，他留意到我的情緒很低落。吃完晚餐，他正在邊抽菸邊喝威士忌放鬆。我一時衝動，告訴他我在北韓有親戚，我得想辦法跟他們聯繫上。「怎麼不早點跟我說呢？」他說。「我有認識的人可以處理這種事情，我的人脈很廣。」

他偷偷地引薦了一個中國的仲介給我。他曾有過幫助北韓人偷渡的經驗——前提是對方要付得起錢。他矮小精悍，看起來很老實。他說話很謹慎，對風險的考量很務實。但同時我心想，我不想漏看了他的其他面向。他問我的期盼是什麼。「我想跟母親還有弟弟闔家團圓。」我說。我合理地認爲，多了這個第二管道，能夠增加我成功的機率。

後來證明，B計畫是個嚴重的錯誤。

# 黑幫

打開門的人是憔悴的安太太。不過四年的時間，她卻像老了十歲。看見我的時候，她雙手摀住了嘴，然後在台階上告訴我安先生病得很重——目前臥病在床，若無人攙扶的話連站都站不起來。

他那張「大胖魚」的面孔已不復見。他的臉因痛苦而扭曲變形。他幾乎沒辦法說話。

安太太解釋說，北韓的邊境守衛在鴨綠江靠近北韓的那一面逮到了正在遞送違禁品的安先生。他們用布袋把他綑起來，帶去了警局。他們說，他們知道他有在幫忙北韓的人偷渡，然後就把他毒打了一頓。他們知道他不會跟中國的警方提起這件事，因爲他是走私犯。安太太說：「在那件事情之後，他實在不該再過去的。」但他還是去了，而且又被守衛看見，還差點二度落入他們的手中。他涉水往回逃，他們用槍瞄準了他，子彈射中了他的手臂。而除了槍傷以外，他現在還罹患了嚴重的糖尿病。

光是這件事，就已經夠教我震驚的了，但她接下來說的消息卻眞的把我嚇壞了。住在他們隔壁的張先生，就是那個接到我的電話以後很生氣的人，被中國的法院判了刑：把北韓的女性賣給中國的男人當新娘或是妓女。難怪他接到我的電話會有那種反應。當時，中國的警察正在調查他的所作所爲。他被判處十年有期徒刑，入獄後沒多久就死了，而他的太太從此就發了瘋。張先生居然是人口販子？回想起來，那夜在渡江以後，我差點就打算去敲他家的門，幸好我選擇了安先生。

安太太沒有我家人的消息。敏鎬已經好幾年沒有來找他們了。她說，渡江的買賣行爲已經銷聲匿跡了很長一陣子，自兩年前，也就是一九九九年那件事情發生至今都是如此：惠山市的政黨首長跟金正日訴苦，說惠山市已經成爲了資本主義的溫床，於是平壤就下令嚴格取締。許多商人因此都遭到了逮捕，並在惠山機場那邊的人民審判庭上遭到處決。

我忽然覺得很不舒服。我從來沒有想到過母親跟敏鎬說不定已經死了。

安太太和善如昔。她說，她會請一個走私客去找尋我的家人，如果有找到的話，會協助安排敏鎬渡江，跟我在長白縣相會。我說，我會付那個走私客一些錢。

我在一片漆黑的狀況下到了他們家，然後隔天早上也是在一片漆黑的狀況下離開。我看不見江對岸的惠山市，但我可以感受到它的存在。我聞得到惠山市的氣味，燒煉炭時冒出的煙味，以及剛砍下的新鮮木頭味。清晨的靜謐。

此刻，我能夠做的，就只有回到瀋陽，回去工作，然後耐心等待。

幾個星期過去了。在一個凍寒的星期六早晨，我人待在公寓裡時，安太太打電話來了。她說走私客已經找到了我的家人，敏鎬已經渡過江了。接下來她所說的話差點讓我尖叫出來。「他人就站在我旁邊。」

轉交話筒時，我聽見電話那頭傳來忙亂的聲音。

「喂？」對方說。

我不敢呼吸。這人是誰啊？

「奴娜，是我，」對方說。他用的字是韓文，是男孩用來稱呼姊姊時會用的字。有點不對勁。那聲音不像敏鎬。我轉過頭望向窗戶，看著窗玻璃上的倒影回想著弟弟的身影。我最後一次看到他時，他是個十歲的小男孩。現在他十四歲了。「姊姊，相信我，」對方說。「妳還記得有一次，我趁學校放假的時候偷偷溜來這裡，結果江水氾濫，害我回不去的事情嗎？」

我終於吐了口氣。是他。我開始傻乎乎地邊笑邊哭。我感覺到體內湧起一股對他的愛。

「你的聲音變好多喔。」我只說得出這些話。

「妳的也是。」

在前往火車站的路上，我把所有的存款都提領出來，然後都換成了美元。我換到了大概八百美元。其中有一部分，我會拿來付給安太太幫我找的那個走私客；剩下的錢，我會直接交由弟弟跟母親去使用。我認為如果要在北韓行賄的話，美元會比較好用。我搭火車從瀋陽到了長春，然後轉搭巴士去長白縣。這麼做花的交通費用會比較高，但速度快很多。

坐在快捷、安靜的火車上，看著群山飛逝而過，我的心裡因即將見到敏鎬而開心不已。此時，我的手機響了。

一個男人說：「我的手下找到了妳的家人。」是那個中國仲介。一聽見他的聲音，我臉上的笑容就消失了。

我幾乎都忘了B計畫。

看來，最不可思議的厄運降臨在我的頭上：兩個管道都找到我的家人了，現在我兩邊都得付錢。

「妳什麼時候會到長白縣來？」

「明天。」我撒了謊。

抵達安家的時候，有一個年輕男子坐在安先生的床旁邊。他一見到我就站了起來。

每當想起敏鎬，我就會看見那個皮膚光滑、笑容可愛的弟弟。這個年輕男子長得跟我記憶中的敏鎬一點也不像。他比較高，臉比較圓，但我從他的臉上看出了母親的臉龐。他十分好奇地盯著我看。然後他露出了我記憶中的笑容，那個笑容彷彿在說：「妳看？我再也不是個小孩了。」對他來說，我的打扮非常奇怪。我穿了一件貼身的牛仔褲，頭髮挑染成了褐色，北韓的人根本沒見過這種造型。我們在安先生的客廳裡彼此打量，有如跨過一段漫長的年歲般，慢慢地接受了彼此。

「眞的是你耶。」我說。

「是啊。」他用成熟男人的聲音說。

然後我們同時都笑了出來，往對方走近。我把他的臉拖近我的臉。我不敢相信弟弟就在我的懷抱裡。

在我還沒來得及問母親的情況之前，前門就傳來了一聲敲門聲。

安太太打開了門，外面站著四個男人。一看到他們，我就知道自己有麻煩了。

他們穿著黑色的夾克跟牛仔褲，其中一個人臉上有穿環。這些人不是本地的長白縣人，他們是黑幫分子。

「妳就是順香嗎？」其中一個人看到我站在安太太的後面，於是出聲說。他把頭髮都剃光了。「我們幫妳找到妳的家人了。」

*那個中國仲介居然雇用了這些混混？*

我走到外面跟他們面對面，同時試圖要讓自己的聲音聽起來比較不緊張。「我明天會再跟你們聯絡。」我說。

「不行，妳現在就得跟我們走，」光頭男說。「別擔心。一切都會沒事的。」

安太太的表情看起來很震驚。

我留下了自己的手機跟包包，然後跟著他們走。敏鎬也想跟來，我要他留下，我得自己搞定這個問題。

那些男人帶我走進一間沒有家具的公寓，這間公寓位在長白縣另一頭的街區裡。光頭男引導我進去一間空無一物的房間，然後關起門。他站得很近，我聞得到他嘴巴裡的氣味。他直接對著我的臉說話。

「我們找到了妳的家人。妳母親說，妳的弟弟已經離開了，要去那個姓安的老人家裡跟妳會面。對我來說，妳需要或不需要我們的幫忙，都跟我無關。我們做了自己該做的事。現在妳得付錢。」

「多少錢？」

「七萬塊人民幣。」

我的血液凝結了。這些錢約等於台幣二十九萬元，比我的總財產多上許多許多倍。

「我沒有那麼多錢。」

「妳那個有錢得要死的瀋陽朋友會付錢，」他說。「仲介說得很清楚。」他把一只手機拿給我。「打給那個有錢的企業家，叫他把這筆錢轉帳給我們。」

我的心往下沉。他們對這件事有天大的誤會。

「這件事情跟那個企業家無關，」我說。「要付錢的人是我。他只是幫我這個忙而已，我根本就跟他不熟，我不能叫他出這筆錢。」

「那妳就有麻煩了。」

「什麼麻煩？」

「我這麼說吧。妳不付錢的話，我們就會把妳送回北韓。」

# 月色的慰藉

我在中國認識了一些富有同情心的人。這些人偶爾會表現出他們的疑惑：金氏王朝已經在北韓獨裁統治了將近六十年了，爲什麼沒有人想要出來推翻他們呢？同樣讓人困惑的是，爲什麼底下的人還會繼續服從他們家的人呢？事實上，在殘酷的領導人跟受壓迫的百姓之間是沒有分界線的。金家的統治方式，是讓每一個人都成爲一套殘忍體制下的共犯。從最高層到最底層，所有的人都被捲了進去。而且還模糊了道德規範的標準，使得沒有人能維持清白之身。一個遭受恐怖統治的黨幹部，會用同樣的手法，去統治他的下屬，以此類推，一層接著一層；如果沒有通報，自己就要受罰。出於恐懼，朋友之間會互相舉報對方。一個用心撫養長大的男孩會成爲邊境守衛。他在看到一個女孩試圖逃到中國的時候，會把對方活活踢死，因爲她的出身成分已經淪落到金字塔的底部，她成爲了國家眼中沒有任何價値的敵對階層的一分子。一般人淪爲了迫害者、告發者、小偷。他們利用了最上方的人散播出來的恐懼，來爲自己掙得一些優勢，或者藉此存活下來。眼前的黑幫分子站在距離我的臉龐僅有幾公分的地方。雖然他是中國人，不是北韓人，但我在他的身上看到了最佳的範例。他有能力去救人，成爲英雄。然而，他卻利用北韓人對政府的恐懼來讓他自己從中獲益，並增加別人的不幸。他逼我站到了懸崖的邊緣。付錢，否則我就把妳推下去。

我又說了一次。「我沒有那麼多錢。如果你可以把價格調低一點，我就能想看看有沒有什麼其他的辦法。但如果你堅持要收這麼多錢，我眞的付不出來。」

我覺得自己只能聽天由命。他一定從我的眼神中看到了那股認命，因爲他留我一個人，自己跑去跟其他人商議。這間公寓的牆面只抹上一層廉價的灰泥，我幾乎可以聽見隔壁房間裡所說的每一個字。

「如果你想要從她身上撈出錢來，你就不可以碰她。」其中一個人說。

光頭男又回到了房間裡。他說，在想出解決的辦法以前，我得要一直待在這裡。他會送人去安先生那邊拿我的包包。

我希望自己臉上不動聲色的表情能夠藏起我心中的恐慌。我的電話跟我所有的現金都在那個包包裡。我不想讓他們拿走那些錢——否則我就沒有錢可以給敏鎬跟母親，也沒有錢能付給安太太幫我找的走私客了。

我問光頭是否可以借用他的電話。他要我在他面前講電話，這樣他才能聽見我說了些什麼。

我打了自己的手機的號碼，但安先生那裡沒有人去接聽。我再打了一次。又打了一次。光頭覺得沒趣，跑去跟其他人講話。

趕快啊！拜託，誰快來接啊！

後來，敏鎬跟我說，他跟安先生都有聽到電話的鈴聲，但不知道該按哪裡才能接聽。他們兩人之前都沒有看過行動電話。最後，他們總算弄懂了。敏鎬接起了電話。

我急切、小聲地告訴他，把皮夾留在包包裡面，但把裡面所有的現金都拿出來，把要付給走私客的費用拿給安太太，然後盡快渡江回到惠山市。

其中一個混混拿著我的包包回來了。敏鎬有照我說的去做。

那天稍晚，光頭男把黑幫要收的費用降到了六萬人民幣（約台幣二十五萬元）然後告訴我沒付錢的話別想離開。

用來關我的房間沒有門鎖，因此他們輪班看守在門外，其他的人則睡在一間連接了這屋裡唯一的出口的房間中。我不可能逃得掉。

那天晚上，其中一個人帶了一份羊肉串跟水餃回來給大家當晚餐。我的盤算是，如果我堅持得夠久的話，他們會持續調降費用。我只有一個辦法可以離開這裡，但我實在羞於那麼做——打給住在瀋陽的伯父跟伯母。我心想，我寧可面對在北韓的命運，也不想打給他們。在對他們做過那麼失禮的事情以後，我怎麼好意思還要他們幫我支付一大筆錢給黑幫呢？

我把時間當成籌碼。我告訴光頭，我有在跟一些人聯絡，有在嘗試跟不同的人借錢來籌措這筆費用。

到了第三天晚上，他們已經受夠了外帶的食物，因此帶我去當地的一間餐廳。我們坐進一間包廂，我坐在兩個人的中間。我不敢去想其他的顧客看到我跟這些流氓混在一起會作何感想。那些黑幫知道，像我這種偷渡客不敢做出什麼蠢事來，例如大聲叫救命一類的。如果這麼做的話，我會陷入更大的麻煩。

從他們的口音來判斷，我知道臉上有穿環的是漢人。我最害怕的人也是他，他身上充滿著暴戾之氣，我會試圖避開他的眼神。他看我的眼神，會讓我覺得自己赤裸裸的。其他兩個是韓裔中國人，外表比較正常。我猜想，他們是來自一個本部是位在延吉市的幫派，也有經手假的皮件跟安非他命。他們都很尊敬光頭男，我聽不出他的口音，也許是丹東市那邊的人吧。

稍晚，在關上我那間空蕩蕩房間的房門以後，他們打開啤酒，然後乾了一輪韓國燒酒。我不停聽到扳動打火機的聲音，因此猜想他們可能在吸毒。不管在吸的是什麼東西，他們的心情似乎沒有因爲這樣就平撫下來。他們的對話變得很激烈，像在吵架，而且很快就髒字不斷，讓我很不安。我的胃部開始有種糾結感。

接著，那個臉上有穿環的男人提醒其他人，別忘了隔壁房裡可是關了一個二十歲的女孩子啊。

現場安靜了一會兒。我聽見他說：「她又能怎麼樣？」

求求你們不要這樣。

直到此刻以前，我都處在跟西塔派出所當時同樣的奇特平靜感中，那是我的緊急運作模式，能控制住我的恐懼，彷彿我人其實並不在現場。此刻，我沒辦法這麼泰然了。我的呼吸開始變得急促。我的身體開始顫抖，而且怎麼也停不下來。如果他們現在走進房裡，我會開始大叫。

我聽見動靜，彷彿他們從地板上站起身。我窩到角落，我會懇求他們放過我。

他們又開始說話。穿環男問他們幹嘛對我這麼好，其中一個韓裔中國人說：「她有點像是我們的客戶。如果你對她動手動腳的話，我們說不定就會拿不到錢咧。」

另外一個人喃喃地表達同意。光頭依舊沒說話。他們又乾下一輪韓國燒酒，穿環男似乎放棄了，他們又開始聊天。

整個晚上我都蹲在地板上，用雙手抱住膝蓋，動也不敢動，看著月亮在窗戶外頭移動。躲在雲後的月亮輕柔而迷濛，蛾繭似的。母親跟敏鎬也看得見同樣的月亮。我告訴自己，如果躲在月光裡面，我就會很安全。

安全。我想起自己在瀋陽的警察男友：警司申珍洙。我心想，如果我老實跟他說我的身分，如果我跟他求援，他會怎麼做。想到他一臉訝異的神情，幾乎都讓我笑了出來。

天一亮，我立刻打電話給瀋陽的伯父。從他的公寓跑出來以後，這是我第一次跟他說話。我的聲音因爲恐懼跟羞恥而變得很微弱。我求他幫助我，我告訴他，我會用一輩子的時間去報答他。

他說：「我會立刻去處理。」他會把錢轉進黑幫的帳戶裡。

我想跟他道謝，但話卻卡在喉嚨裡。他有我父親的基因，也對我顯露出同樣的關愛與慷慨。

我們得等兩天，才能確定款項的確有入帳。我注意到那兩個韓裔中國人輪流在隔壁房間看守我。他們不讓穿環男做這件事，他們不相信他。爲此，我對他們心懷感激。

在被他們囚禁將近一星期以後，那些幫派分子把我帶回了長白縣，然後領出了那些錢。

看見信封裡那厚厚一疊的紅色人民幣百元鈔時，穿環男的眼睛都亮了起來。他抓住其他人的肩膀，然後把他們拉向自己。「耶，我們幹得太漂亮了。」

光頭男帶我去客運站。離開以前，他伸出手，說：「把那只他媽的手機給我。」

我把手機給了他。

他離開以後，我把手伸進冬季長大衣內襯的暗袋裡，把捲成一團藏在裡面的一點錢拿了出來，用那些錢買了一張到瀋陽的巴士票。

回程路上，我把頭靠在冰冷的玻璃窗上，看著外頭空無一人的雪白世界。六萬塊錢，我得在餐廳工作十年才賺得到這麼多；我被囚禁了一星期，還差點被強姦。發生了這麼多事，我卻只換來跟敏鎬重聚的三分鐘。

但我已經聯繫上自己的家人了，知道他們還活著，而且沒有被抓去關。他們也知道我還活著，而且似乎過得還不錯。

這些痛苦的經驗所帶給我的壓力，更別提我還因此背負了得花上幾十年的時間才有辦法清償的債務，因此一回到自己的公寓，我人就開始覺得不舒服，而且嘴巴還連帶破了一個痛死人的大洞，讓我不管是吃東西或喝水都很困難。我既焦慮又恐懼，我想要離開瀋陽，而且要快。對於該去哪裡，我心裡有了打算，但是，想到我母親會怎麼做以後，我去拜訪了一個命理師，以祈求好運。

「如果妳要搬遷的話……」那個女士說，她還故意停頓一下來製造出戲劇效果。「妳應該要往南走，到一個比較溫暖的地方。」

「例如上海嗎？」我不介意自己其實只是在提示她說出我想聽的答案。

她以帶著大智慧的語氣說出接下來的話，彷彿她根本沒聽到我剛剛說了些什麼。「最適合妳去的地方，就是上海。」

有她這句話就夠了。

我通知了房東，辭掉了餐廳的工作。我本來打算聯絡警司申珍洙，想說跟他安排一次最後的見面，親口告訴他我們之間就到此為止，但後來作罷了。他自己應該很快就會猜到了吧。

二〇〇二年的一月初，我把所有家當都打包裝進兩個很輕的包包裡，買了一張到上海的單程車票，然後搭上了高鐵。

# 全亞洲最繁忙的大城市

我跟一個熟識的韓裔中國人譽恩一起搭高鐵，因爲她也剛好要搬去上海。她也是服務生，我跟她見過一、兩次面。我注意到她會刻意迴避跟過去有關的話題，而我並不介意。關於自己的事情，我什麼也沒跟她說。她個性很好，說話直接，嗓門很大。我很欣賞她。當聊到在上海要怎麼過日子，我們立刻就有了同樣的想法：我們可以合租一間公寓。決定了這件事以後，我立刻就覺得過去幾個星期以來糾纏著我的緊張跟焦慮都開始消失了。跟譽恩一起租公寓，意味著我再也不用跟以前一樣自己一個人面對所有的問題了。我們幾乎都身無分文，但此刻，從頭開始打拚似乎變得沒有那麼可怕了。

找到工作以前，我們大概只能餐餐吃泡麵過日子。聊到這裡，我們都笑了。此時，我看見了一個穿著森林綠色制服、戴著森林綠色帽子的警察走進了長長的車廂的另一端，而車上的人都開始去拿夾克跟皮夾。

他們舉起自己的身分證。豆大的冰冷汗珠從我的眉毛處冒了出來。

我知道巴士跟火車上偶爾會有這種檢查，但直到今天爲止，我運氣一直都很好，沒有遇上。檢查完以後，警察會點一點頭。警察沿著走道往前進，離我們越來越近。

警察離我們不到十五公尺了。*要怎麼辦？*我感覺胸口像塞滿了灼燙的羊毛似的。我越來越慌張。譽恩的嘴巴在動，我覺得自己宛如在水底下聽見了她的聲音。

「順香，我剛剛是在問妳還好嗎？」

「有點暈車。」我說，同時立刻離開座位。

我鎖起廁所的門，在裡面等待。列車進入了一條長長的隧道後開始加速，我聽見了一聲急促、尖銳的聲響。幾乎在過了一小時以後，我才從廁所裡面探出頭來。我看了看左側跟右側的車廂。警察離開了。

我發現譽恩在座位上睡著了。後來，在整趟旅程中，我一直都坐得直挺，隨時警戒，我的胃部因爲緊張而糾結成一團。

列車在黎明時分抵達上海。在淡水蜜桃色的天空底下，我瞥見了五百公尺高的大廈的模糊輪廓，浦東的天際線就在我的眼前。雖然我聽見車廂裡的其他人斷斷續續地在講上海話跟其他方言，但這感覺就像是我人已經離開了中國。

許多帶著大行李袋以及背包在這裡下車的旅客就像譽恩跟我一樣。每星期都會有數以千計的年輕人，移居到這座全亞洲最繁忙的大城市展開新生活、提升自己的社會地位、賺錢、創造新的身分，或者藏身其中。在瀋陽，我有時會覺得自己像個身分特殊的祕密訪客；在這裡，我顯得微不足道。這樣的認知讓我覺得很疏離，同時卻又感覺很刺激。在這裡，也許我可以隨心所欲地成爲任何人。

在我抵達上海的這年，約有一千七百萬人住在這座大都會裡。其中，朝鮮族的人口並不多，只有約八萬人。其中約三分之一是僑居於此的南韓人，剩下的三分之二則是韓裔中國人，而這就是我僞裝的身分。

譽恩跟我直接來到一個叫做龍柏的地區，因爲那裡有一座繁榮的小韓國城。那天結束的時候，我們非常幸運地找到了一間狹窄、破舊，但是租金相對便宜，而且還不用付押金的兩房公寓。屋裡提供了一台小小的電磁爐，還有一個會漏水的水槽。窗外可以看到一處工地，整個晚上都聽得見工地裡傳來違法的鑽洞及敲打聲。

我們不介意，都覺得自己被賦予了一個新的機會。

人生裡有三次機會。這次，我把握住了一個。

我計畫先找一份餐廳的工作，然後再看看有沒有更好的機會。事情又一次立刻發生了。上海瞬息萬變。不到一天的時候，譽恩跟我就在附近的一間餐館裡一起找到了工作，我在櫃檯，她在外場。

爲了註記這個新的開始，我又換了名字。這次，我決定要叫自己蔡尹希。這是我的第五個名字。在瀋陽的時候，我告訴過太多人自己來自北韓。我得要把這一切連同舊名順香一起埋葬。

譽恩覺得不可思議。「呃？爲什麼？順香有什麼不好嗎？」

「命理師說這個名字會帶給我好運。」

我變得慣於撒謊，就連自認跟我很親近的人也照騙不誤。

白天的時候，陸家嘴的摩天大樓總因煙霧而顯得灰濛濛一片。入夜以後，這些摩天大樓都顯露出明亮晶瑩的五顏六色。每一幢大樓都有自己的個性，它們的頂端形成了一個個發光的環狀珊瑚礁，它們在底部用能夠變幻出各種可動式圖像的巨型電子廣告牆彼此爭奇鬥豔，吸引路人目光。廣告牆上，有把足球踢進球門的Nike球鞋，還有倒進一個LED泡沫閃閃發亮的杯子中的可口可樂。

抵達上海以後不久的某天晚上，我沿著淮海路狹長的精品路段逛街，經過一個又一個金光閃閃的鑽石首飾跟昂貴的西洋手錶。我發現自己不單只是在另一個國度；跟我從小長大的國家相比，這裡根本就是另外一個宇宙。這裡的人都著迷於賺錢、追星，以及名望。我原本很害怕有人會對我的過去有所好奇，但在上海，沒有人在意你來自何方，只要不是偷渡客就好。靠著房地產、股票，或零售商品，你有機會一夕致富。這座城市向有膽識、有野心、有智慧的人敞開大門。而對那些沒有資格待在這裡的人而言，上海則顯得冷淡又殘酷。

如果我要逃離服務生的生活，我就得拿到這座城裡每個偷渡客都一心想望的東西：一張合法的身分證。沒有這張至關重要的小東西，讓我沒辦法擁有更好的工作機會。缺少一張身分證，就沒有機會獲得一份薪水較高也更有意義的工作。

在接下來的幾個月裡面，我偷偷詢問韓國城裡的其他女服務生。許多偷渡客都被光輝燦爛的上海城所吸引，而她們通常都會在餐館找到第一份工作。其中一些女孩子一定有透過某種辦法拿到了身分證。有幾個人承認她們的身分證是假的，但我對這種做法持保留的態度。這麼做有很大的風險，萬一警察發現你拿的是假證件，後果可不是鬧著玩的。最安全的做法，是從某人的手上買來一張眞的身分證。爲此，我需要一個仲介。

我遇見的第一個仲介，是其中一個服務生介紹的，他開的價碼等同台幣五十六萬元，我告訴他那算了。第二個仲介甚至開出了更高的價格。這樣的情況，讓我想起了長白縣的黑幫。任何人只要知道我是偷渡客，都會想佔我的便宜——他們根本沒什麼意願要幫我，只是想從我身上盡量多揩點油罷了。

爲了避免又招惹上黑幫，需要一個更好的策略，我得編造一個故事。

溫和清爽的春季轉變成了慵懶的夏天。這是我在上海的第一年。工作了一天以後，我跟譽恩到一家冰淇淋店休息。隔壁桌有個男人想跟我們搭訕。他是一個韓裔中國人，三十多歲，在韓國城開了一間店。我發現他有點醉。不知道怎麼聊的，話題聊到了他的阿姨身上。

「她專門幫想嫁給南韓男性的女人找對象，」他說。「妳們不覺得很扯嗎？」

我下意識地嗅到了機會。「我想要去南韓唸書，」我說。譽恩轉過來盯著我看，彷彿我忽然長出了第二顆頭顱似的。「但我年紀太大了，沒辦法申請學生簽證。我得想辦法讓自己年輕個幾歲才行。」

「那就需要一張新的身分證。」他幫我下了結論。也許他本來是想要在兩個冰淇淋店認識的漂亮女孩面前耍帥，但他忽然變得很想幫上我的忙。

「我來幫妳問她，看看她那邊怎麼講……」

他抄下了我的電話號碼。

幾個星期過去了。夏天的熱氣延續到了九月，然後溫和又舒適的秋天就來臨了。彼時，我已經忘記了那個在冰淇淋店認識的男人。接著，在十一月份，也是我在這座城市的第一年的尾聲時，一個不熟的號碼打了電話給我。

我花了一點時間才搞清楚電話那頭的女人在說些什麼——是那個在冰淇淋店認識的男人的阿姨。

她要我去哈爾濱找她，她會幫我弄到一張新的身分證。

「謝謝妳。」我說。哈爾濱……在哪裡啊？

「就在距離上海兩千公里遠的東北地區深處。」我問譽恩的時候，她這麼回答我。她爲此大笑了好一下子。

我跟餐廳的經理撒謊，說我母親生病住了院，我得去探望她。我買了一張到哈爾濱的車票。這趟前往東北地區的旅行花了我將近兩天的時間。我從上海宜人的冬季出發，衣著過於單薄地抵達了下著大雪、氣溫低於零度的東北地區。我在哈爾濱只停留了兩個小時，但這樣的時間已經足夠我去拜訪一個嬌小，渾身裹著皮草，宛如森林裡的小動物的女士。在拍完一張正式的大頭照以後，我就搭了火車回去。

一個月過後，一封信件寄到了我的公寓。我打開信封，把我的身分證拿在手裡。我的新名字叫做朴順子。

順子。我嘆了口氣。我的第六個名字。

住在哈爾濱的女士告訴我，這個身分的持有人是一個罹患了精神疾病的韓裔中國女孩。她的父母想要藉由販售她的身分證，來幫她籌措醫藥費。這張身分證幾乎讓我花光了在上海的所有積蓄，但現在我是合法的中國公民了，或至少，我可以假裝自己是中國公民，而不用擔心被人發現自己的眞實來歷。

彷彿感應到了我的新身分，不出幾天的時間，上海市就幫我揭開了簾幕，讓我迎向更光明燦爛的日子。

# 事業有成的女人

在拿到身分證後約一星期，我找到了一份新的工作，薪水幾乎是我以前在當服務生時的四倍。我在一家製造光碟片跟LED燈泡的南韓科技公司擔任口譯員兼祕書。辦公室的地點位在韓國城內。我的老闆是一個南韓籍的董事，我的工作內容有一部分就是要陪他去拜訪客戶跟製造工廠。我注意到中國人很尊敬南韓人，對他們說話都很有禮貌，而我知道中國人通常都瞧不起北韓人。

所有的事情都發生得很快。一夜之間，我已經從餐廳的外場變成坐在會議室裡、口譯談判內容、學習現代化的企業如何營運以及業界的文化。我會跟來自台灣及馬來西亞的客戶及買家碰面，同時跟南韓的同事交際應酬。在當服務生的時候，認識的朋友都叫我尹希。在這份新工作裡，我用的是身分證以及相關文件上頭的姓名「順子」。我得要小心絕對不能讓這兩個世界碰撞在一起。

這家公司的產品都是在一間高科技的廠房中製造出來的。這間廠房裡的設備，就連以上海的標準來衡量都算是一流。製造過程全部都是在無塵的環境中進行。要進入廠房的時候，我們得先經過一台特殊的機器，這台機器會把衣服上的髒汙全部都吹乾淨。

這些南韓人都對我很好。我不敢想像，如果他們知道我是在仇敵的懷抱中成長，他們會有什麼反應。有時候，我會覺得這一切很不眞實。我們都是韓國人，我們使用同樣的語言、有同樣的文化，然而嚴格來說，我們卻仍處於交戰狀態中。

＊　＊　＊

我開始放鬆心情，稍微享受生活。我覺得經濟上比較寬裕了。雖然還是欠了伯父一大筆債務，不過每個月都會分期償還。我開始穿負擔得起的漂亮衣服。我留意到沿著南京路在走的職業婦女的穿著都很有品味，身上也會佩戴時尚的配件。我去上駕駛訓練課程，也拿到了駕照。譽恩開始沒有辦法負擔我們公寓的租金。她搬了出去，我開始過起一人生活。

我覺得自己更有自信了，我不再活在陰影之中。

我天空裡的烏雲就是缺乏家人陪在身旁。從我母親最後打那通電話給我至今已經過了五年，想念她所帶來的痛楚絲毫沒有減輕。在經歷了黑幫對我的折磨以後，我不敢再回去長白縣，我沒有任何計畫，極爲強烈的無可奈何之感充斥我的全身。隨著時間過去，引導我通向母親跟弟弟的那條道路變得越來越黑暗，越來越模糊。我甚至不敢確定自己有沒有辦法再找到那條路。我二十二歲了。如果留在北韓的話，現在已經從惠山經濟學院畢業了。我大概也會跟母親一樣，在惠山市政府裡找到一份工作，有一棟在河邊的房子，以及跟舅舅還有阿姨共用的貿易對象聯絡網。這樣的生活眞的有那麼差嗎？

我把那些想法都推出了腦海。

如今有了新的身分，我就能很安心地在上海兩間由北韓擁有並經營的館子裡吃飯了。其中，離我在韓國城的住家比較近的那間叫牡丹閣；另一間叫做平壤玉流館，開在市中心的建國賓館裡，這間我很常去用餐。我不知道平壤的黨部是指派哪個局處去經營這兩間餐館，不過它們能幫北韓賺進不少外匯。裡面的女服務生都經過嚴格的挑選：對黨要忠誠、出身成分要好，也要長得漂亮。由於南韓人很喜歡上這兩間館子吃飯，因此我懷疑餐館本身也能掩護保衛部的特務來跨海監督韓國人社群。

第一次踏進平壤玉流館並坐了下來以後，我覺得自己彷彿回到了故鄉。服務生說韓文有股很重的口音，跟我的口音很像。她們會把頭髮梳成北韓的傳統樣式，這種樣式自韓戰至今幾乎沒有任何改變。她們很有禮貌，但接待客戶的態度卻過於矜持。她們每個人都知道同事會監看自己。她們嚴禁跟任何客人發展出友誼關係。我猜入夜以後，她們都會被關在員工宿舍裡，不得外出去看看這座城市。

其中一個女生經常幫我服務，而且她違反了規定，跟我變得很熟。她是平壤人。有一次她說的話讓我很訝異，她說自己想要在上海隆乳。

「妳可以暫時離開餐館去隆乳嗎？」

她壓低了聲音。「我還沒問過，但我想也許可以吧。」

我很訝異。有些規矩有彈性，但我不認爲請假去隆乳會獲得上級的允許。一聽到她這麼說，我就下意識地開始注意她的五官。

「妳的眼睛有動過刀。」我驚呼。

她有雙眼皮。韓國女性很喜歡割雙眼皮，因爲這樣會讓眼睛看起來比較大。

「對啊。」

「在這裡做的嗎？」

「在平壤。」

我差點跌破自己的眼鏡。平壤的菁英階層可以動整形手術？相較於多數國民的貧困跟饑餓，這樣的行爲聽來幾乎會讓人憎惡。

從南韓來上海拜訪我們公司的客戶，經常會要求要去這些餐廳，而其中有些男人的舉動讓我很不舒服。南韓有句流傳已久的俗話是這樣說的：南男北女，意思是說最帥的男人都集中在朝鮮半島的南部，最漂亮的女人則是在北部。這裡的女服務生所擁有的美貌似乎印證了這句話，她們那高不可攀的姿態讓一些男人成了被愛情沖昏了頭的傻瓜，他們會著了魔似的一夜又一夜回到餐館去看那讓他失了魂的女孩。我曾親眼目睹有些男人會從昂貴的精品名店買來珠寶，然後裝進精美的小禮物盒裡送給心儀的女孩。而讓我非常訝異的是，這些女服務生會害羞地笑一笑，接著收下那些禮物。我猜想餐廳應該允許她們這麼做，但會在事後以國家的名義把這些禮物統統充公。這些男人不但在不知情的狀況下把珍貴的金銀珠寶奉獻給了平壤，他們其實也在危害這些女性的名聲，並將她們置於可能的險境之中。我不認爲這些男人會知道如果一個北韓女性眞的接受了他們，這件事情會對雙方帶來多大的風險。但其中一對很快就會發現後果了。

那件事發生在我待在上海第二年的時候。有天晚上，我到了平壤玉流館，卻發現餐廳沒開。隔天早上，辦公室裡謠言四起——一個女服務生跟我們公司的一個南韓客戶私奔了。這個客戶剛好是我的上司，也就是公司董事的朋友。那個男人非常不明智地把那個女人藏在他的公寓裡。北韓人跟上海警局回報人口失蹤。警方偵訊了員工，很快掌握到該名顧客的長相，然後直接去到那個男人的公寓。兩個人都被遣送回國了。男的回到南韓；女的回到北韓，迎接自己接下來的命運。至今我仍舊不知道那個被遣送的服務生是誰，但從讓人痛心的跡象來判斷，很有可能是那個跟我很友好、想去隆乳的女孩。兩個月以後，餐館重新開張，所有的員工都換成了新面孔。

在上海待到第二年以後，我偶爾會忘記自己是北韓人。我的朋友清一色都是韓裔中國人或是工作上認識的南韓人。我用同圈人的態度去跟他們交流。我的中文說得很流利，不過帶有韓裔中國人的口音。我的身分證明文件顯示我是韓裔中國人。我很喜歡自己的工作，也終於覺得自己的人生開始走上坡。這座城市裡沒有人知道我的真實身分。

就在我漫不經心地過日子的時候，一次意料之外的邂逅把我從中嚇醒。

當時我人在韓國城裡一條忙碌的街道上享受午休時光，一個男人在我背後大喊：「順香？」我呆立當場。但接下來，我卻忍不住地轉過頭，看看對方到底是誰。我立刻就認出了他，是我在瀋陽的餐館認識的那個友善的生意人，那個中國籍的仲介就是他介紹的，他大概很清楚我是北韓人。他臉上掛著微笑，在等我跟他打招呼。

「你認錯人了。」說完以後我就走了。

恐懼有如一陣夜晚的寒風打在我的身上。我把這視爲上天給我的警告，要我別得意得太早。我跟自己的過去並沒有離得這麼遠，它隨時都能趕得上我。在那之後，有好幾天的時間，我都避免在午餐時間去韓國城那一帶。

才不到幾星期，又有人認出我了，而且是在更爲正式的場合。那是一場在家裡舉辦的派對，同事帶我去的。她告訴我，那天的派對是爲了要慶祝某個來自瀋陽的帥哥的生日，不過她跟這個帥哥根本就不熟。抵達這個男人的公寓的時候，音樂震耳欲聾，眾人都在喝酒。同事引領我穿過一個擁擠的房間去見今天的主辦人。看到他時，我的臉色立刻發白。我認得他，他在瀋陽開了一間餐館。我不但跟他見過幾次面，還曾經跟他還有其他人一起在晚上的時候出去。我絞盡腦汁想了一個藉口轉身離開，但太遲了，他已經看到我了。

「順香，」他說。他驚訝得眼睛大睜。「不會吧。」看到我，他眞的很開心。「妳怎麼會在這裡？」

我的同事一臉疑惑。

「順香？誰啊，」我笑著說。「我不叫這名字，不過很高興認識你。」

他以爲我在跟他開玩笑。我花了幾分鐘的時間才說服他我不是這個叫做「順香」的人。我的同事聽了我跟他之間的全部對話。如果同事之間有人知道我不是自稱的那個人的話，就會有人提出質疑，然後就會檢查我的證件。

周圍很吵鬧。他總算抓了抓頭，然後說：「不過啊，我得跟妳說，我在瀋陽認識的一個女孩子啊，長得跟妳一模一樣。妳們一定是雙胞胎。我猜這個祕密可能只有妳母親才知道。」

我才正準備逃離這場危機，卻有另一群賓客來到現場了。

「順香！」

一個女人在房間的另一頭跟我招手，然後擠過人群來找我。

這種感覺很奇怪，在這麼公開的場合暴露自己的身分。我的心裡既開心，卻又有一股令人作嘔的糾結感。

「順香！不會吧，好久不見了耶。」她在我剛剛才對他撒了謊的男人的面前摟住了我。「我不知道妳也會來。」

她是我在瀋陽的餐飲界認識的另外一個人，我跟她見過很多次面。我絕對不可能在一個顯然認識我的人面前又重說一次剛剛的謊言。我往她的背後看去，要找我的同事。她正在跟別人聊天，而且因爲派對裡面很吵雜，所以她沒有聽見這裡的情況。但那個來自瀋陽的男人，也就是這場派對的主人，則一臉迷惑地看著我。他的眼神在說，妳爲什麼要跟我撒那種謊？

我得跟他說些什麼。

「對不起，」我低著頭說。「請你不要跟其他人提起這件事。」

我也很想跟他說爲什麼我要針對自己的名字去撒謊，但我不能講。回家以後，我恨透了自己。不管我去到哪裡，就算來到一個這麼龐大的國家也一樣，眞相永遠都會追上我的腳步。我能夠做的，就只有透過撒謊跟欺騙來搶先一步。那天晚上躺在床上時我哭了，我很久沒有哭了。我滿心只希望自己能夠有一個可以傾吐心事的北韓朋友。我可以信任她，而她也能理解我爲什麼會做出這樣的反應；她會告訴我說，這件事情不能怪我，換作是她，也會做出同樣的事情來。

彷彿應允了我的祈禱，命運眞的送來了一個朋友。

她的名字叫做玉姬，我在瀋陽的時候只跟她打過照面。她也做過服務生，她是我當時認識的一小群北韓朋友裡的其中一人。警察審訊我的時候，我其實幾乎還不算認識她。在那件事情以後，我就一直都很低調，同時避免跟任何人有來往，尤其是北韓人。

事實上，是我先在韓國城一間化妝品店的外面看見她的。她完全沒想到會遇到我。她是一個苗條、安靜的女孩子。她有一個很可愛的習慣：說話時，她常把頭歪向一邊，然後去捲自己的頭髮。一杯珍珠奶茶下肚後，她跟我坦承自己的身分證是假的。她最擔心的，是她那三腳貓中文會害她暴露自己的眞實身分。她也是爲了躲避瀋陽那裡的警政單位才逃到上海來。

玉姬將成爲我在中國期間的重要朋友。

# 與惠山市之間的聯繫

遇到玉姬不久以後，我忽然接到了敏鎬打來的電話。他在電話裡告訴我的事情，使我的人生有了轉變。

接到他的電話，我其實備感訝異，不只因爲我已經對有辦法再跟家人說到話這件事情失去了希望，而且因爲我一直都以爲自己才是那個會去主動聯繫的人。我沒有想到過其實他也可以做得到。他是從長白縣的安先生家裡打電話過來的。

在我最初的快樂消退以後，當他開始解釋自己爲什麼要打這通電話，我的情緒就開始變得低落。他說，他跟母親需要用到錢。我在長白縣給他的那些現金都已經用完了。

「用完了？」我滿心錯愕。

「對啊。妳可以再多給我們一些嗎？」

我已經給了他們五千人民幣。一個中國的農民每年可以賺兩千到三千人民幣。我原本預期那些錢夠用上好一陣子，就算他們沒有任何收入也一樣。在中國工作這幾年以後，我開始對錢有種依戀。我是靠辛苦工作跟很長的工時才賺到這些錢的；而存款則是用來延長我的安全感。北韓人不懂這種心情。他們認爲，外界的錢多到淹膝蓋。敏鎬似乎認爲我只要去一間有很多錢的店多領一些錢出來就好。我才爲了拿到自己的身分證而付出一大筆錢；我住的地方房租很貴；在黑幫事件以後，我欠了一大筆債務要還。不過跟他說這些都無濟於事。

我嘆了口氣，然後說：「我會再想想辦法。」

他說不清楚那些錢到底花到了哪裡去。我猜一定是我母親要支付一些賄款。後來，我才發現她一直都在金援那些舅舅跟阿姨。

在那段對話結束以後，幾乎就像忽然想到似的，他丟下了另一顆震撼彈。這一小句話改變了一切。

「對了，可以送我一只行動電話嗎？」

他說住在邊境地帶的人已經開始利用手機打電話到中國了，使用的是中國的線路。當然，這麼做嚴重犯法。

我花了點時間才吸收了他所說的話。

隔天，我買了一只 Nokia 手機跟 SIM 卡，並支付一千人民幣給安先生，請他幫我拿給敏鎬。

我第一次打 Nokia 手機的時候，接電話的人是敏鎬。接下來發生的事有如美夢成真，他把電話遞給了母親。

「敏英？」好久沒有人呼喚我這個名字了。「是妳嗎？」

我聽見了她的聲音，但她的聲音聽起來卻奇怪而縹緲，彷彿她在另外一個世界跟我講電話似的。

「歐媽，」我說，用的是韓文裡的「母親」。

「怎麼啦？」

「眞的是妳嗎？」

就像我那時候在電話裡聽見敏鎬的聲音一樣，疑心病掠過了我的心頭：我懷疑她不是我的母親，這說不定是陷阱。「可以跟我說妳最後一次看見我是在什麼時間點嗎？」

她笑了，笑聲溫暖而熟悉。

「一九九七年十二月十四日晚上七點，妳吃完晚餐就離家了。妳出門時穿了那雙超漂亮的鞋子。」

現在換我笑了。「妳怎麼會記得那麼清楚啊？」

「我怎麼可能忘得了我的小女孩是在什麼時候離開我的身邊的？」

她的確是我的媽媽，她記得確切的日期跟時間。我喉頭一緊，覺得自己好糟糕。

輪到她了，她也在懷疑我會不會是假冒的，我的北韓口音不見了。她問了幾個只有我才知道答案的問題。在我回答完最後一個問題以後，她試著想說些什麼，卻在說完「女兒」以後就哽住了。她說不出話來，接著我也開始哭了，熱騰騰的眼淚滾下我的雙頰，滴到了我的大腿上。相隔千里，我們握住耳邊的電話，一句話也沒說，只聆聽著壓抑情緒的沉默長達數分鐘之久。

當我回想起自己爲母親所帶來的苦痛，我知道那不是我有辦法徹底去理解的。此刻的我也許沒辦法完全理解，不過，或許在我有了自己的小孩以後，我就會開始了解她所感受到的絕望的一部分吧。

聽見母親的聲音，立刻就把我帶回了原本的眞實，彷彿我這艘漂泊的船終於有了停泊點。多年以來，我的身分總是飄忽不定。在瀋陽的時候，我有時會認爲自己是韓裔中國人；在上海的時候，我有時甚至會認爲自己是南韓人。她的聲音重新啓動了某個深藏在我體內的強烈身分認同。我所編織的謊言都從身上脫落了。境內有白頭山的兩江道裡有一座惠山市，惠山市內有一條鴨綠江，我就在鴨綠江的河畔出生、長大。這就是我，這才是我。

她說，在我消失的這幾年裡，她去找過很多命理師，「我不知道自己的女兒在哪裡，但我很想她。」她不能說出我在中國。

「她人不在我們的國土上。」每一個命理師都這麼說。

其中一個說：「她就像生長在高山上的巨石旁的一棵樹，要生存很不容易。她很堅強，也很聰明，但她很孤單。」

「她過得很好，別擔心，」另一個命理師說。「她在中國過著有如貴族的妻子般的生活。」

她說，她甚至請了一個靈媒到家裡作法，祈求我在中國能夠平安順利。母親透過這種虛無縹緲的儀式要來跟我產生聯繫，雖然半信半疑，但至少心靈有了短暫的慰藉。

「我的女兒啊……」她對我說。

我們每星期都會通電話。每次都是我母親先打給我，然後我再回撥給她。我們會講上一兩個小時。有時候，因爲我們講得實在太久了，因此我會講到睡著，她的聲音實在太教我安心了。因此而產生的電話費每個月大概是一百五十人民幣（相當於台幣七百元），但有時候也可能一通電話就講到了三百元人民幣。

我離開了太久，因此花了好幾個星期的時間才知道惠山市這段期間內發生了什麼事。

在母親通報我失蹤以後，警方起了高度的疑心。她只好賄賂他們。在那之後，一如我所擔心的，班長、鄰居，以及當地的警察，都開始嚴密地監視她跟敏鎬。她跟敏鎬搬到了惠山市內的另一個地區，在那裡沒人認得他們。工作上，她則獲得了晉升。會這麼做不是因爲肯定她，而是讓她能夠跟當局的互動更密切，好就近監視她。有一天，一個男同事悄悄地跟她說，過去三年間，上級要他每星期都要呈交一份觀察她的報告上去。他提醒她小心爲上。在那之後，她辭掉了在政府局處的工作，然後做起跟漂亮阿姨同樣的生意——利用火車把中國的商品賣到平壤跟咸興市去。

母親承認，她對黨以及國家的體制開始有了負面的看法。但她是用非常隱密的方式來說出這些話。她假定保衛部的人也許會監聽我們所有的通話。祕密警察正在想辦法要逮著這些使用行動電話的人，但他們還沒有掌握到能夠偵測電話訊號的技術。

實際上，保衛部已經來找過她了。她所形容的場面讓我非常憂心。

我母親下了班回到家，發現兩個穿著便衣的保衛部人員跟敏鎬一起在家裡等她。這次訪談的負責人開始問起跟我有關的事情。

「他非常有禮貌，」她說。「很可怕。」

他希望能看我的照片，於是她把家庭相簿拿給他看。他謹慎小心地翻閱過每一頁。「她長得非常漂亮，」他說，接著又說：「可以請妳再描述一遍她是怎麼失蹤的嗎？」

母親把她當時已經跟警方說過的那一套話又跟他說了一遍。

接著，他提出了一個非常特別的條件。他說，如果我其實是去了中國的話，只要我願意繳交五萬人民幣（超過台幣二十萬元），我就可以回到北韓過我從前的日子，而且不會面臨任何指控。

他的口氣非常和緩，但我母親不認同這個主意，因爲我如果回去的話，不就等於公開承認我去了中國嗎？聽起來比較像陷阱。她堅持原先的講法，說我是眞的失蹤了。

我母親相信，她可以讓我在不用承認任何事情的情況下回到北韓，而她非常希望我能回家。她已經跟有關單位聊過，如果我回去的話，會有什麼後果。

「他們說，因爲妳離開的時候還沒有成年，所以妳等於沒有犯下任何罪行。」

「但是官方紀錄上會顯示我失蹤了好幾年。」

「我們可以花錢去更改那些紀錄啊。聽好，妳已經到了該考慮結婚的年紀。妳得回到北韓嫁人才行。」

「回去眞的安全嗎？」

「就算不安全，我也會爲了妳把它變得很安全。」她的態度很堅決。

關於這件事情，我們聊過很多次。能夠回到惠山市跟她以及我的舅舅阿姨們團聚是我的夢想。但是，我眞的有辦法偷偷地跨越邊境回去，然後用母親建議的話術去跟有關當局回報，說我離開的時候還是個小孩，因此沒有犯下任何罪行嗎？越去想這個主意，我就越想下決定回家，並度過我該有的人生。但我腦中一直有個微弱的聲音在阻止我。一部分的我其實知道，她跟我只是在欺騙自己罷了，在離開了這麼多年以後才回去根本危險至極。

有一次，我母親打電話給我，問了一個很可怕的問題。我們通常都是在週末才講電話，但那次，她是在我白天上班的時間打電話過來。

她聽起來很興奮。「我拿到了幾公斤的冰塊耶。」

「妳說什麼？」坐在座位上的我身子往下一沉，避開同事的視線。

她想問我有沒有認識的人可以在中國賣掉這玩意兒。

冰塊，或也可以稱爲結晶甲基安非他命，在多年前就已經取代了海洛因，是北韓政府選擇用來賺外匯的物品。這是一種複合型的藥物，跟海洛因不同，不用仰賴種植作物，而且可以在國家實驗中心裡製造出高純度的製品。許多對安非他命成癮的中國人都對北韓製造的安非他命有很高的需求。就像過去的鴉片一樣，雖然一樣是違法的，但安非他命在北韓已經成爲了一種能夠替代貨幣的東西，送禮行賄兩相宜。

「媽，」我很生氣地低聲說。「妳知道那是什麼東西嗎？買賣安非他命嚴重犯法耶。」

「唉唷，買賣很多東西都犯法啊。」

在她的世界裡，法律是顛倒過來的存在。人們得要犯法才有辦法過活。爲了保護社會的安定，買賣毒品在多數國家都是嚴令禁止的重大犯罪行爲。但在北韓人的眼中卻不是如此。北韓人把買賣毒品看得跟甘冒被開單的風險違規停車一樣。如果不會被逮到，那幹嘛不賭一下？在北韓，只有某種特定的事情不能做。如果做了，你就會被施以嚴重的懲罰：人人都不得做出任何對金氏家族不忠的事。所有北韓人都清楚知道這點。對我母親來說，買賣冰塊合法與否不過是件雞毛蒜皮的小事，這不過是另一種可以用來交易的產品而已。

她說，這些冰塊是當地一個大商人帶來家裡的，因爲他知道我人在中國，因此想問問我有沒有辦法把這些冰塊賣掉。

「拿去退還給他，以後不要再碰這種東西，買賣冰塊的有不少都是壞人，而他們才沒在管妳會不會被抓到咧。」

此後她沒有再跟我提過同樣的要求。

有時，她跟敏鎬會連續兩三個禮拜沒有打電話過來。每當發生這種情況，我都會沒辦法專心做任何事。我會以爲他們是被關在保衛部的牢房裡。我會一直盯著電話，希望它能夠趕快發出鈴聲。針對他們的來電，我設定了特別的鈴聲。那是韓國的搞笑饒舌歌，歌曲的開頭是空空嗟，空空嗟。我開始連人在夢裡，或甚至醒著的時候，都會幻想自己聽到了手機的鈴聲。我會不停去檢查電話。接著，幾星期過後，電話響了，我心裡的大石才得以放下。

「斷電了，」我母親會說。「我沒辦法充手機。」

雖然這種情況經常發生，但我每一次都沒有辦法抑制住自己的恐慌跟妄想。

二〇〇四年春天，在一個週末的夜晚，我正在享受跟母親長聊的時光。我蹺起了雙腳。跟往常一樣，開著電視當作背景音，不過音量調得很低。聊天的時候，螢幕上播放的畫面讓我分了心。玉姬人也在我的公寓裡。她也留意到了。

「媽，我晚點再打給妳。」我說。

我拿起遙控器，調高音量。

螢幕上的畫面以慢動作的方式重播。一群人，有男人、女人跟小孩，他們正在拚命努力衝過一些中國的守衛，要進入一扇大門。那是南韓在北京設立的大使館的大門。不知道用什麼辦法，他們成功地轉移了守衛的注意力。現在，那些守衛往他們的方向衝過來，並且抓住他們，要阻止他們進入南韓大使館內的延伸領土。有一兩個人衝了進去，但有一名守衛抓住了一個女人的大衣，並將她拉倒在地上。他所採取的暴力手段讓我很震驚。他從腰部的地方把她抓起來，然後把她帶走。她其中一腳穿的鞋子被留在現場。

新聞主播說，他們是要尋求政治庇護的北韓人。

政治庇護？

玉姬跟我彼此凝望著對方。

# 跟泰迪熊說話

在接下來幾個月中，電視新聞播報了類似的新聞。這些北韓人尋求政治庇護的畫面不僅出現在其他國家駐北京大使館的外面，甚至連在一所日本學校的外面，都上演了同樣的戲碼。有時候，能衝進大門的北韓人連一個都沒有，他們都被警察跟便衣特務給拖走了。他們絕望地號哭的表情深深打動了我。有一個人權組織把這些拚命嘗試尋求政治庇護的畫面都拍了下來，以強調中國不人道的一面：他們拒絕把這些脫北者視爲一批尋求政治庇護的人。

我想起六年前，剛抵達伯父在瀋陽的公寓時，他那篇反北韓的長篇大論，以及他告訴我的，關於韓戰的匪夷所思的眞相，還有金正日的私生活。我一直都拒絕相信他。從那以後，我封閉起自己的心靈，不再去正視北韓體制的現實。除非會直接對我的家人帶來影響，否則我從來都不會想知道。我心想，人們會想逃離北韓，一定是因爲饑荒，或者跟我一樣，因爲不假思索的好奇心。我從來沒想過，人們會因爲政治的理由而逃離北韓。我記得那兩個我在瀋陽遇見的影片製作人，他們願意支付仲介的費用，讓一個脫北者能夠試著逃到南韓。我一直都很害怕去做這件事，因爲我以爲自己會被視爲來自北韓的異鄉客，而我得爲此召開記者會。直到此刻之前，我完全不知道試圖逃離北韓的人數量有多少（每年都會有好幾千人），也不知道他們多數都不想待在中國，而想住在南韓。

行動電話改變了我的世界，讓我跟家人再度取得聯繫。如今的網路也是，讓我得以知道這個世界對北韓的看法。我開始偷偷地在網咖裡搜尋北韓的資料。我最初搜尋的範圍很小。我所得知的第一個有趣事實是，現在已經有這麼多北韓人順利抵達了南韓，但多年以來，卻沒有一個人被要求召開記者會。

如今，我已經在上海待超過兩年了。彼時，我已經從同事的口中知道了許多關於南韓的事情。我經常收看南韓的電視連續劇。其中有一些非常令人著迷，逼得我跟玉姬會衝回我那間小小的公寓，趴在地墊上一起看。但我從來沒有想像過自己會去到南韓，直到我看見這些拚命要衝進各個大使館大門的人群，他們賭上自己的命去做這件事，那表示代價一定很值得。

越想越覺得跟南韓人一起過日子很刺激。我是韓國人，他們也是。在中國，無論我的中文講得多流利，無論我的身分證有多禁得起考驗，在心底，我永遠都覺得自己是個異鄉人。這件事情很快就變成了我跟玉姬聊天時的主要話題，這個想法也對她帶來了強而有力的影響，我們有可能一起去南韓嗎？

我知道，自己不會做出衝進大使館那麼英勇的事情。既然有了韓裔中國人的身分證，我可以輕而易舉地申請簽證，然後飛到首爾去。然而，我從網路上得知，要申請簽證沒那麼簡單。南韓政府必須相信我會再度回到中國，不會非法留在那裡，才會發給簽證。

玉姬祕密地跟其他住在上海的北韓人聯絡（她是我在上海唯一認識的北韓人）。仲介是她幫忙找的。這個男人有個很簡單的建議：我跟她得假裝自己是弄丟了護照的南韓人，我們先跟警察通報遺失，然後去到南韓駐北京的大使館補辦。仲介會備好需要的文件。他要求我們各自要付給他一萬人民幣（約等於台幣五萬元）當作費用。在龍柏一間咖啡店裡我們討論了很久，其間喝下了一杯又一杯的哈密瓜奶茶，最後玉姬跟我決定冒險一試。我們彼此擊掌。那天晚上上床的時候，我有種一切都是命運的感覺。

然而到了隔天，當我們站在銀行裡排隊，準備要提領出我們的錢以支付仲介的費用時，玉姬變得比平常還安靜，而且不停地捲她的頭髮。我跟她太熟了，我知道她在緊張。

「我不確定這麼做會不會成功，」她說。「命理師跟我說，照我的命盤看起來，我離開這個國家的時機還沒有到。」

「一定會成功的。」我說。我覺得很有自信。

「我覺得我們的成功機率只有一半，有可能會遇到另一種結果。」

她怕那個仲介要不是拿了我們的錢就消失無蹤，要不就是他提供的文件看起來實在太假，使得要使用那些文件會變得太過冒險。

我告訴她，她想太多了，我認爲我們的成功機率很高。如果一切都順利的話，我們很快就會展開新的人生。我依舊可以利用中國的線路打電話給我的家人，甚至我還能在拿到南韓的護照以後，直接去到長白縣。我很天眞地認爲，如果我們不喜歡南韓的話，我最後說不定會直接回家去。我還很年輕，母親仍在試圖說服我回北韓。

然而事實上，玉姬會這麼害怕又這麼迷信不是沒有道理的。我很快就會發現命運並不支持我們去做這件事。

我開始收拾自己在上海的生活，並將我的家當都處理掉。但最後，仍有一件事情讓我不安，而這件事情同時也帶來了強烈的罪惡感。我知道，母親一定打死都反對我去南韓。

接下來的幾天，這些想法把我的精神都送往一個向下的螺旋。是週期性的健康檢查把我推進了憂鬱的深淵中。檢查報告指出，我的血糖值超乎危險地高。在我沮喪的心靈畫面之中，我開始相信自己就快要死了。就像那次在瀋陽被人攻擊以後我在醫院裡的感覺一樣，我心想，如果現在孤單一人死在我的公寓裡，沒有人會知道我是誰。我母親會窮盡一生的時間想辦法要找我。我在銀行裡存的那一點錢將永遠也沒辦法交付到她的手中。

我不再去想南韓的事情，不再在意任何事情，躺在自己的墊席上徹夜不睡。距離我的公寓不到五公尺的地方蓋了一棟新的辦公大樓，我就看著那棟大樓裡的日光燈管的光線不停地在閃爍，開始覺得活著沒什麼意思，不想跟任何人說話，就連玉姬也不例外。

我買了一隻小泰迪熊來作伴。因爲我擔心自己會在吃飯的時候忽然昏倒，隨之死去，因此我把泰迪熊放在桌上，這樣他就可以照顧我了。一開始，我不會跟他說話。但某天晚上，我下班以後，我開始咿咿啞啞地不停跟他說話，彷彿他是個寶寶似的。爲了要驅散公寓裡的孤寂感，我設定了一個定時器，如此一來電視就能在我回到家以前的三十分鐘自己開機。我批評自己浪費電、浪費錢，但又無視於那些批評。由於深信自己即將孤單地死去，也來不及跟家人道別，因此我那一整個月陷入了徹底的崩潰狀態。

我決定把存款都砸在購買昂貴的衣服上。我心想，就這麼一次，我也要過過好日子。我不敢告訴母親我病了。這只會讓她更痛苦，卻不會讓我更好過。我計畫在嚥下最後一口氣之前，我都會持續打電話給她。我費盡心思想過要怎麼解釋即將到來的永恆沉默，然後決定告訴她我快要搬到其他國家去住了，因此以後再也沒有辦法打電話到北韓了。

在這種日子過了一個月以後，玉姬跟其他朋友變得很擔心我，他們敦促我再去抽一次血檢查。這次，檢查的結果很正常。顯然，第一次檢查時的血糖值會飆那麼高，是因爲我前一天晚上沒有睡覺所導致。我的體檢報告全部都很正常。我要面對的困擾只剩下一些價格過高的衣服而已。

自憐跟沮喪的情緒仍在我身上殘留了好幾週的時間，直到惠山市發生了一件事，才把我嚇得不再沉浸於負面情緒之中，讓我回復了心神。

# 遭刑求的敏鎬

作爲離開上海的準備的一部分，我把一些錢跟幾乎所有家當都送到長白縣的安先生家裡。在所有的東西都送達以後，我自己去了趟長白縣。這是我在黑幫事件結束以後第一次去到那裡。

我在二〇〇四年十月初的一個清朗的夜晚裡抵達長白縣，站在河邊的樹下凝望著江對面的北韓。星星底下的群山昏暗，惠山市則是一片漆黑。我覺得自己眼前的東西不像一座城市，更像一片森林。此情此景，就彷彿天空是實際存在的東西。城市則成了一片虛無，空空蕩蕩。

我的祖國安安靜靜。我爲此覺得非常哀傷。北韓看起來就跟灰燼 樣缺乏生命力。然後，在遙遠的地方，出現了一盞黃光——是一輛沿著街道移動的卡車的車頭燈。

一見面，安太太就跟我說安先生已經死了。他的槍傷一直沒好，糖尿病又很嚴重。這件事對我帶來的打擊超乎我原先的預期。她請我進去。一看見他的拐杖，我的眼淚就開始大舉奪眶而出。在我成長的過程中，他一直都在這裡，就在江的對岸。他是一個仁慈的人，我母親很信任他。他儼然成爲我在中國的生命線——唯有透過他，我才能連結到自己的家人、自己的過去，以及眞實的自己。

安太太幫我整理那些我想要送到對岸的東西。都是些日常生活用品，不過這些用品在北韓很難買得到，因此在當地要價不菲。我把熨斗、吹風機、一些首飾、維他命藥丸、香奈兒香水，以及其他雜七雜八的東西都裝進兩個藍色大布袋跟一個比較小的白色布袋裡。我把所有的現金，包含美元跟人民幣，都捲成一團，放進白色小布袋裡。我打電話給敏鎬，問他什麼時候寄送會比較合適。

「明天白天。」

「大白天的就送嗎？」

「別擔心。守衛那邊沒問題的。」

安太太雇用了兩個走私客扛那些布袋渡河。回來的時候，他們說敏鎬已經早一步在那裡等他們了。所有的過程都很順利。我鬆了一口氣，支付了他們運送的費用，然後等敏鎬打電話來。

沒有任何的電話。

隔天也沒打來。我沿著河岸走，打量著惠山市。離開了這麼多年以後，這是我第一次認眞地看望我的老家。在被黑幫囚禁起來的那一星期之間，我從來沒有機會好好地看看它。路上只看得見幾輛軍用吉普車，以及一輛牛車。還住在那裡的時候，我從來沒有看過這些東西出現在市區的街道上過。我可以看見遠方一棟建築的側牆上掛了一張金日成在微笑的肖像，那是視線裡唯一一樣有色彩的東西。所有的事物看起來都很破舊、貧困，什麼都沒有變。在中國，事物隨時都在改變，城市裡到處都看得見新蓋的建築或舊有的建築在改建，不到一年的時間，整座城市就有可能會變動到教人認不得。

我很緊張。時間一小時又一小時地過去，我越來越絕望，事情不對勁。我在長白縣裡又多留了兩天，住進了一間廉價的旅館，這是在深夜抵達的時候唯一還開門營業的地方。我擔心得睡不著覺。壁板很薄，因此我聽得見隔壁的人在說話，他們有很重的北韓腔調，不知道是保衛部的特務還是走私客，但這更加深了我心中的預感：可怕的災難正在逼近。到了第四天，敏鎬那邊依然沒有消息，我只好回到了上海。

一個星期過後，在我下了班正準備回家的時候，手機響了。是敏鎬。

「姊姊，妳寄送了什麼東西過來啊？」

沒有任何的問候，劈頭就是問題。

「一個熨斗、一台吹風機、一些維他命藥丸，還有一些其他的東西。」我說。

我把所有的東西都講過一輪，獨獨沒有提到那些錢。我問他爲什麼之前沒打電話過來。他忽略了我的問題，然後又問了一次：我在布袋裡放了些什麼？

「我剛剛已經跟你說過了。」

他掛斷電話。我完全搞不清楚他這通電話的用意。

隔天早上，我的手機又響了。說話的是一個男人。

「我是妳母親的朋友，」他說。他的聲音低沉又可靠。他沒有惠山市的腔調。「妳寄送過來的東西引發了一個小麻煩。我想要幫她處理這件事情，但我需要知道布袋裡面裝了多少錢。」

命運的轉折是很有趣的。我可能會恐懼並質疑那些最最清白以及立意良善的人，但當眞正的危險人物用他美妙的聲音在電話裡頭說話時，我居然一點也沒有懷疑對方。

「謝謝你還特地幫她。」我想都沒想就這麼說。我經常在想，母親不知道有沒有再跟其他的男人交往。她還不到五十歲，我認爲電話那頭的人可能是她的男朋友。

「妳太客氣了。好，妳寄了一台吹風機過來，對不對？」

「對。」

「還有一個熨斗？」

「對。」他把所有的東西都講了一遍。

「那錢呢？裡面有多少錢？」

「我現在已經不記得了，」我說。「我母親會知道，你最好直接問她，眞的很感謝你的幫忙。」

「舉手之勞而已。」他說，然後結束了電話。

一星期過後，敏鎬又打來了。我人在韓國城的超市裡買東西。

「幹得好，姊姊。」他說。

「你說這話什麼意思？」

「過去一星期以來，有人側錄了我們之間的所有通話。」

我在一條擺了朝鮮薊跟小白菜的走道停住腳步。

「跟妳通電話的那個人是一名高階軍隊指揮官。他是從一間會議室打電話過去給妳的。電話接到了擴音器上，好讓房裡的其他人也都聽得見。」

其他人？

他解釋說，他借了兩輛車，好在下午兩點的時候去接那些布袋。他們已經都跟邊境守衛那邊講好了。但在他把那些布袋搬上車的時候，一個更高階的軍官騎著腳踏車出現在遠方。在看見了現場發生的事情以後，他就開始大叫，守衛們都逃走了，敏鎬立刻把車開走。

那天晚上，七、八個佩槍的士兵大力敲打了家裡的門。他們展開搜索，找到了那兩個藍色的布袋，但沒有找到第三個，也就是那個白色的小布袋，因爲敏鎬把那個布袋藏在外面。他跟母親遭到了逮捕，並拘留在朝鮮人民軍的惠山軍營中。審訊過程中，敏鎬堅稱所有的東西就在那兩個藍色布袋裡。縱使那名軍官很確定他有看到三個布袋，敏鎬依然否認跟第三個布袋有關的任何事情。他們把他關在一間牢房裡。不久以後，兩名穿著軍服的審訊官就走進了牢房，開始用橡膠警棍打他的頭還踢他。但他仍舊否認一切。他知道白色布袋裡裝了多少錢——我有跟他說過。他說，他寧可死，也不會讓那些錢落入這些混蛋的手中。

喔，敏鎬。

我站著不動聽他說這些話。購物籃放在我的腳邊，一個又一個的母親帶著她的孩子們推擠過我的身邊。關在另一間牢房裡的母親聽得見我弟弟被痛打時發出的大喊跟號叫聲。她希望他會立刻認罪，但他沒有。時間一分一秒過去了。她再也承受不了了，用盡力氣拍打牢房的鐵門，同時嘴裡不住大喊，說她會告訴他們他們想要知道的事情。她立刻承認那個白色布袋的存在，然後告訴他們布袋藏在哪裡。

裡面的錢多到讓士兵們驚訝，他們聯絡了一名高階軍隊指揮官。他說，自己從來沒有看過有人能從對岸送了那麼大的一筆錢到這邊過。他認爲提供這筆錢的人一定是南韓的間諜，而我可能是南韓的情報組織，也就是安企部[12]裡的特務。他們就是在這個時候要求敏鎬打電話給我的。聽見我的聲音以後，他們交換了眼神。我說話不再具有北韓口音的事實不是好徵兆，他們因此更加懷疑我是南韓的間諜。

高階軍隊指揮官打電話過來的時候，我當然不知道到底發生了什麼事。而很碰巧的，也因爲我的回答跟自在的態度，讓他相信這不過是我個人的舉動，我只是想要送點錢跟物資給家人罷了。緊接著，那些軍官提供了一個交換條件給母親及敏鎬。他們說，正常情況下，他們兩個人應該是要送進拘留營才對。不過，如果他們同意三緘其口的話，他們就會被釋放出去。他們同意了。於是那些軍官就把吹風機跟一些維他命給了母親，就每一罐留一點給她那樣，然後就把其他的東西全部都偷走了，包含了所有的現金。那些全部都是我辛苦賺來的錢。

從玉姬跟我最後聽到那個仲介（就是那個應該要幫我們準備好相關文件，好讓我們去補辦我們那應該「不見了」的南韓護照的人）的消息已經過好幾個月了。發生了惠山市的可怕事件，再加上對方不停要求延後，使我們變得越來越緊張。接下來發生的事情讓我深信，我們的命運正在朝一個非常糟糕的方向前進。

在一通簡短、急促的電話中，母親告訴我，她跟敏鎬會立刻離開惠山市，去跟咸興市的漂亮阿姨待在一起，她將會有一段時間沒有辦法跟我聯絡。

12　全名為「國家安全企劃部」，為南韓的情報及國家安全機關。目前的正式名稱已改為「大韓民國國家情報院」，簡稱「國情院」。

在她跟敏鎬從軍方手中被釋放出來的不過幾天後，平壤就下令要執行例行的打擊貪腐及資本主義的嚴格取締動作。一個保衛部派出的特別調查小組來到了惠山市。鄰居們都知道我母親惹上了一些麻煩，他們有看過佩槍的士兵出現在她的房子裡。他們舉報了她，因此她就被要求要去一趟保衛部在惠山市的總部。到了以後，他們要她稍候，而這一等就是幾個小時。她知道有些人一旦進去那個地方以後就再也沒有出來了。她要求使用廁所，然後把門鎖上，從一扇小窗戶爬出去，跳過一堵牆，沿著街跑走。情況已經嚴重到就連我母親都沒有辦法用她一貫行賄跟說服的手法解決了。但她也知道這些平壤的查緝行動後續會怎麼發展——如果你在這些調查行動展開的時候暫時消失，讓他們找不到人，那麼你通常就能夠在一切塵埃落定以後安靜地回來，而且不會有任何懲處。她關好了門窗，然後打電話告訴我她要離開了。

又來了。厄運似乎緊咬著一切不放，於是我開始覺得害怕。對現在的我來說，用假的文件去取得南韓的護照似乎是我所想過的最爛的主意。這麼做絕對會引來災難性的下場：我跟玉姬會被遣送回北韓。玉姬也同意我的看法。我們打了電話給仲介，取消了所有的安排。

待了三個月以後，我母親才敢放心回到惠山市。保險起見，她送了一台全新的中國冰箱以及一大筆現金給調查小組的負責人，好讓她的名字能從嫌疑犯的名單裡面移除掉，然後才回到她的房子。檢舉她的鄰居們都見鬼似的盯著她看。她得要微笑地跟這些站得筆直的市民們打招呼，彷彿一切不過是場無傷大雅的誤會罷了。他們說：「大家都聽說你們被放逐到拘留營裡了。」他們原本預期有一天會看到政府的官員來查封她的房子。走進家裡並關上前門以後，她立刻就癱坐在地板上。她意識到自己很快又要搬家了，要搬到一個新的地區去。

# 愛的衝擊力

我在上海又過了一年。我找到了一份薪水很不錯的工作，在閔行區一間化妝品公司上班。我是這間公司老闆的口譯員。老闆是一個很有教養的日本人，他的中文跟韓文都說得不大好。

我搬進了龍柏區一間更好的公寓裡。我喜歡住家前面這條種植了美國梧桐的林蔭街道。附近住了很多家庭。這個社區的建築物都蓋得很高，同時還保有了一絲貧民窟的氣息，典型的上海風格。靠退休金過活的老人身上都穿著毛澤東時期留下來的鋪棉夾克，坐在台階上打麻將，絲毫沒有留意到那些滿身 Prada 行頭的女孩從他們的身邊快速地走過，準備要去上班。

除了玉姬以外，我認識的多數朋友都是僑居在上海的南韓人。我們經常一起在外面吃飯，週末時會一起出去散步。我二十五歲了，我的生活沒有什麼好抱怨的，我心底的空虛只有玉姬能懂。

二〇〇六年初的某天晚上，我的朋友們認為一起去一間位在外灘上的昂貴旅館的高空酒吧喝些高檔的飲料是件挺有趣的事情。那裡開了幾間類似的酒吧，從這些全景酒吧裡望出去，能看見黃浦江上空的浦東天際線的景色，而這些酒吧則競相提供顧客最為漂亮的景觀。在一群朋友當中，有個男人是我之前從來沒有見過的。朋友介紹我們認識。我立刻對他有一股強烈的感覺，就像觸電了一樣。他是我所見過最完美的男人。他有一頭往後梳攏的光滑黑髮，一張比例勻稱的臉蛋，一個由直挺的鼻梁跟精巧的鼻尖構成的鼻子。量身訂製的西裝跟袖釦。他說，他的名字叫做金，他是從首爾來這裡出差的。我們坐在窗邊，開始聊天。我們立刻就有種待在泡泡裡的感覺，彷彿我們是酒吧裡面唯一的人，把坐在旁邊的朋友們都拋在腦後。昏暗的燈光從粉紅色變成了金色，黃浦江上的景致開始閃爍，照亮了天空的雲朵。他似乎不想聊太多跟自己有關的事情，而且用字遣詞都很謹慎，我覺得他語帶保留的態度很迷人。一個朋友插了話，說他有當過幾次模特兒，我一點也不意外。我喜歡他的言行舉止。他並沒有試著要挑逗或打動我，但我從他的眼裡看得出他非常喜歡我。他有一股自大的氣息——由於他的社會地位跟經濟狀況，他對自己很有自信。但就連這點我都喜歡。有個讓我留在地面上的東西斷了，有種飄飄然的感覺，彷彿只經過了幾分鐘而已，有人卻說酒吧要關門了。我們在那裡待了超過四小時，我從來沒有經歷過這種時光飛逝的感覺。

隔天，他打了電話給我，問我要不要一道吃晚餐。他說，他在上海還會待一天，然後就要回首爾了。我對他的感覺，已經強烈到我知道若他離開了，我會經歷怎麼樣的痛苦，因此我拒絕了他。我很怕自己會受到傷害。

我整夜沒有睡，不停後悔自己的決定。*妳這個傻瓜，如今妳再也不會見到他了。*

到了早上，我回撥了電話給他。我問他在飛機起飛之前，有沒有時間跟我喝杯咖啡。我在龍柏區的一家咖啡廳裡看見他在等我，然後他站起來跟我打招呼。此時，我認爲他身上有一股光芒。我問他能不能延後回程班機的時間。他打了通電話，然後說他可以再多留幾天。

我再次祈禱，我似乎只有在情況危急的時候才會這麼做。我知道自己配不上這個男人。我們來自不同的世界，但請讓我跟他多約會幾天吧。

我在恍恍惚惚的狀況下度過了接下來的一星期。在此之前，我從來沒有敞開心胸去擁抱一段戀情過。我對母親及弟弟的強烈情感總是凌駕在其他感覺之上。我知道自己的體內有性的衝動，但我總是將它藏在心底的深處。事實上，我先前幾乎連跟男人親吻的經驗都沒有。

金在上海多待的那幾天會延長成一個月，那個月會再延長成兩年。很快地，他就在龍柏區裡一個距離我家走路只要幾分鐘的地方租了一間公寓。我們幾乎從相遇的那刻起就開始進入了一段認真的感情關係。

金在首爾唸完大學，他在幫自己的父母做事，負責管理一部分他們在上海投資的房地產。他開啓了一扇門，讓我得以進入一個以前只有匆匆一瞥的經驗的世界。他從來都不用擔心錢的問題。他的生活看起來輕鬆自在，他會遇到的都是些對我來說很遙遠的問題——房地產的租賃問題、房屋的入住率，以及去對房地產建築計畫的負責人講解相關事宜。他似乎沒有意識到別人對他的敬重，因爲別人對他的態度向來都是如此。他可以輕而易舉地在外灘的法國餐廳訂到位子。當他因爲工作的關係要搭飛機前往中國的其他地方時，他都會帶我一起去。我發現他也有陰暗面。他有一種魯莽的傾向，我推測可能是源於他一直以來都在滿足父母對他的期許。在人生當中，他一次也沒有自己下過決定。有一次去深圳的時候，他帶我去一間私人經營的鄉村俱樂部。這間鄉村俱樂部坐落在人造的熱帶景觀中，外面則停了高級轎車跟跑車。俱樂部裡有一間經營時間到深夜的舞廳，把胸部擠成肉彈的女人會站在桌上熱舞。我對這樣的畫面很震驚，但金似乎覺得有點無聊。一瓶招待的香檳送到了我們的眼前。我不喝酒精飲料，所以金自己把它喝光了。他偶爾才會這樣，大部分的時候，他都很敏銳、安靜，會細心地呵護我。他謹慎到了讓人覺得神祕的地步。他是那種我會想要把自己的祕密全部都告訴他的人，我越來越確定自己會嫁給他，而這意味著南韓又回到了我的人生規劃中。

我第一次告訴母親我想去南韓，她有點沒辦法接受。

「為什麼妳會想去敵國呢？」她說。「這可能會為我們帶來更大的麻煩。」

但我聽得出她語調中的無奈。她說，敏鎬跟我一樣：頑固、叛逆、倔強。就連在軍隊的牢房中被痛打也改變不了敏鎬分毫，她知道惠山人特有的頑固終究會勝出。

「我在中國漂流無根。這裡不是我的家鄉。南韓至少在朝鮮半島上。」

「但妳已經到了應該要結婚的年紀……」

一年年過去，她變得越來越擔心我沒有結婚的事情。她說，她一直都在幫我找一個合適的丈夫——一個出身成分優良、會賺錢，而且家人都很值得信賴，這樣她才得以把我們家的祕密都告訴對方。她談到自己在惠山市找到了幾個人選，而她也已經開始幫我審核這些人。一如以往，她很堅決地認為她可以賄賂官員、竄改官方文件，讓我得以在不受到任何刑罰的前提下回到北韓。我沒有勇氣告訴她，我會想要去南韓，是因為我要嫁給一個我深愛的南韓人。

認識金約莫一年以後，我辭掉了自己的工作，靠存款過了一陣子。閒暇之餘，我開始認真地去調查，自己應該要怎麼做，才有可能進入首爾。我在南韓的網站上看到了一些脫北者張貼的文章，我看到十多個人都跟我有同樣的疑問：「我已經偷渡到了中國。我該怎麼做才能進入首爾？」成功者們則提供了他們的建議。二〇〇四年時，我曾經以為，人們會想要進入南韓，不過是短期之內的情況罷了。現在已經來到了二〇〇七年，脫北者的人數卻更甚從前。

我撥打了網站上提供的首爾服務專線。一個很有同情心的女士給了我一個仲介的號碼。

對方那個男人很有耐心地跟我詳細解說三種辦法。他說，由於我已經有了中國的身分證，所以我可以拿到中國的護照。不過，礙於我還是單身，因此我會很難拿到簽證，因為我沒有辦法說服南韓當局我在造訪南韓以後還會回到中國來。所以最簡單的辦法，就是嫁給一個有南韓親屬的中國人，這樣他的家人就可以順理成章地邀請我們過去南韓探親。我立刻放棄了這個辦法。但第二種辦法卻也差不多同樣糟糕。

那就是我花錢買一張假的簽證，然後直接飛往南韓。一張假的簽證要價約台幣三十二萬元。不但價格昂貴，我覺得也太過冒險。如果對方察覺我的簽證是假的，我可能會被遣返中國，接受中國警方的調查，而他們就會發現我一切的身分都是偽造的。

第三種辦法則是旅行到第三方國家，例如蒙古、泰國、越南，或是柬埔寨，這些國家會發給所有跨越邊境的北韓人一份難民的資格，讓這些北韓人得以進入南韓。這個途徑要耗費約台幣九萬七千元。然而，因為當局會先評估我的狀況，因此我可能得等上一段非常長的時間。

通話結束以後，我感覺到了一陣沮喪。這些選項我沒有一個喜歡的，我沒有辦法前進了，但我還不會放棄。在中國住了將近十年以後，我不再接受自己這含糊不穩定的身分狀態。我想要解決這個問題，而且我想要嫁給金。

幾天後的一個晚上，金跟我還有幾個朋友一起約在外頭吃飯。我不餓也不怎麼想說話。我還在思索仲介告訴我的那些話。服務生送上了數隻巨大的蒸蟹，我們手忙腳亂地把白色的蟹肉從桃紅色的蟹殼裡挑出來。服務生把碗盤清理乾淨以後，我看見餐巾紙上有幅世界地圖，地圖的中心處正是上海，兩條身形呈波浪狀的紅色中國龍翱翔在餐巾紙的頂部跟底部。我找了一下仲介提到的其他國家：泰國、蒙古、越南跟柬埔寨。我連這些國家在哪裡都沒個底。我花了一點時間才找到這些國家，雖然這些國家全部都在亞洲，但是中國實在太大，因此這些國家都離上海有相當的距離。

金說：「還好嗎？」

我告訴他自己只是累了。我把那張餐巾紙摺疊起來，放進自己的手提包裡。

隔天早上天剛亮我就醒了。

那張地圖上有個細節縈繞在我的心上。我從包包裡取出那張地圖，然後把地圖在桌上攤平，認眞地查看仲介提過的每一個國家。

那個想法浮現的時候，我的頭皮一陣發麻。

我不需要一張假的簽證、我不需要去遙遠的國家尋求庇護、我更不需要嫁給一名中國男性……我只需要抵達在首爾的仁川國際機場就行了。

我打給玉姬。她還沒睡醒，說話迷迷糊糊。

「我想我找到辦法了。」我說。

我知道只要有中國的護照，我就可以申請到泰國的簽證。如果我可以先訂一張飛往曼谷的機票，中間透過在首爾的仁川國際機場轉機，那麼一旦只要我人到了首爾，我就可以宣稱我是北韓人，然後尋求庇護。簽證是一般旅客才需要的東西，我不是一般的旅客，我是脫北者。不過我得要訂一張回程機票，以消除在上海出境時，機場的人員可能會有的疑慮。

金跟我還有那些南韓朋友又一次一起吃飯的時候，我問其中一個人有沒有辦法這樣轉機（我沒有告訴他爲什麼要問）。他說：「妳瘋了嗎？誰會這樣轉機啊？」

他說得有道理。

我的飛行路徑將會是上海——仁川——曼谷——仁川——上海，極度不合邏輯。我要怎麼跟上海出入境管理部門的人解釋，在沒有南韓簽證的情況下，明明我的目的地就是要飛到位在西南方的曼谷，卻要繞路先飛到東北方三千公里以外的仁川轉機？

我得想出一個有說服力的故事才行。

思考這件事情的同時，我申請了中國護照。審理過程比我想像的快很多，沒多久就寄給我了。

接著，我申請了泰國的簽證。旅行社把我的護照送到北京的泰國領事館。一星期以後護照寄回來了，裡面夾著泰國的簽證。我幾乎已經準備好要冒險一試了——購買一張來回機票。

與此同時，玉姬卻沒辦法用她的假身分證申請中國護照。不可能會成功的。因此，她付錢給仲介幫她弄來一本假的南韓護照。這至少能讓她抵達南韓的出入境管理部門。她決定採取不同的路徑——從青島搭渡輪到仁川。

還剩下一件事情要做。我再也不能推拖了。我得要告訴金我的眞實身分。

# 目標：首爾

在十二月一個出太陽卻寒冷的週末，金在他的公寓裡烹調我們的午餐。我開口，說自己想要住在首爾。

「爲什麼？」他把火調大，同時抖動平底鍋，用竹鍋鏟攪拌切過的芹菜。他拉長了臉。「南韓人瞧不起韓裔中國人，」他說，鍋裡同時傳來嘶嘶聲。「妳很清楚。」

「我知道。」

雖然我希望自己不用說出口，但我想去南韓的其中一個原因，就是因爲這樣我們就可以結婚。

我看著他把魷魚、香菇丟進鍋裡，然後撒了鹽跟胡椒。

「妳在這裡的日子過得很好——眞的到了首爾，妳反而過不了這麼好的日子。妳是中國人。這裡是妳的國家。」

我被潑了冷水。

再添一些燒酒跟醬油，中餐完工。菜很好吃，但我只默默地吃著。

「妳最近就是在想這件事情啊？」說話時，他滿嘴都是熱騰騰的食物。他的理由是，由於我的韓裔中國人身分，我到了南韓會被視爲半個外國人。「我告訴妳，那裡的人不會給其他地方來的朝鮮族人好臉色看。他們把韓裔美國人視爲外國人，同時也瞧不起中國人。」

「我有自己的理由。」

「什麼理由？」

我深吸了一口氣。「我不是中國人。」

「妳說這話是什麼意思？」他拿起碗，用湯匙把更多食物舀進嘴裡。

「我不是合法的中國人。我的身分證是假的。我甚至也不是韓裔中國人。」

他把自己的碗放下來。「我不明白妳的意思。」

「我是北韓人。」

他盯著我看了很久，彷彿我剛剛講了一個很糟糕的笑話。「什麼？」

「我是從北韓來的。這就是爲什麼我想要離開。我在北韓兩江道的惠山市出生、長大。我不能回家，所以我想要去朝鮮半島的另一邊。」

他把筷子丟在桌上，身體往後跌坐在椅子上。經過了一段我以爲永遠都不會有盡頭的沉默以後，他說：「我沒想到會是這樣。我聽妳跟妳家人講電話都聽過有一百次了，他們住在瀋陽。」

「不是，他們人在惠山市，在北韓跟中國的國界處。」

他覺得很不可置信。

「妳怎麼可以把這件事隱瞞了我兩年？」他的嘴因爲覺得受傷而緊抿。「妳怎麼可以當著我的面說了這麼久的謊？」比起知道我來自敵國，他更沒有辦法接受我對他的欺騙，因此覺得非常難過。

「請你諒解我的苦衷，」我心平氣和地說。「還待在瀋陽的時候，因爲我跟別人提到了自己的身世，就因此惹上了大麻煩，差點被遣送回北韓。我會來上海，是因爲這裡沒有人認得我。在這裡，只有一個北韓朋友知道我的身世，現在你也知道了，所以有兩個人知道了。」

他又一次默不作聲良久，用一種看另外一個人的眼神看著我。冬日的太陽斜照進屋內，讓他的臉看起來有如一面精細的浮雕。我心想，我從沒看過他這麼漂亮過。創痛慢慢從他的眼神中消退，取而代之出現的則是好奇。

我告訴他自己是怎麼樣渡過了結凍的鴨綠江，以及自己在中國經歷過怎麼樣的日子。聽我說完以後，他伸出自己的手來握住了我的手。接著，出乎我意料之外的，他笑了。那是一種放鬆、溫柔、「沒想到天底下居然會有這種事」的笑聲。「如果是這樣的話，那妳一定要去南韓。我們先在這裡度過新年，然後就出發吧。」

我想，在那瞬間我對他的愛比之前跟之後都要來得深。

我訂了二〇〇八年一月的機票。

＊＊＊

母親依舊徹底反對，但在知道她怎麼也改變不了我的心意以後終於同意了。現在，金對我的生命來說太重要了，但我依然還沒有鼓足勇氣去跟母親提起他的事。她仍舊希望我有一天能回到惠山市去。

在這個時候，我把自己的資料輸入了一個叫做「尋人」的脫北者網站，想試看看能不能找到任何也是來自惠山市的人。我輸入了自己最後唸的學校跟畢業的年份，然後留下了我的電子信箱。不到一天的時間，我就收到了一則訊息。雖然唸的是不同的學校，但發訊給我的女生說自己也是惠山市人。我們利用通訊軟體談天。她提到自己人在哈爾濱，我則說自己人在上海。我不打算再透露更多細節。雖然沒有說，但我有點懷疑她根本是個男的，而且八成是保衛部派駐中國的特務。

「妳有裝網路攝影機嗎？」她說。她一定有感受到我的懷疑。「我會打開視訊通話的功能，讓妳看看我眞的是個女的，而且不是間諜。如何？」

畫面出現了。在粉灰色的昏暗畫面裡有一個差不多跟我同年紀的女人，女人臉上掛著笑。但出乎我意料之外的，是她居然裸露著上半身。金坐在我的旁邊，他把眼睛湊近電腦螢幕。

「妳全身上下都沒有穿衣服啊？」我說。

「對啊。抱歉。我正在工作。」

金跟我面面相覷。

「如果有客人打電話進來，我就得轉換過去跟對方聊天，所以我沒有時間把衣服換上。」

「呃，妳做的是什麼工作啊？」

「視訊聊天。」她嘹亮地說。

她說她叫做信淑。她曾試圖要逃去南韓，但卻在昆明被抓了，然後遣送回了北韓。昆明是一座位在西南方的城市，北韓人在前往東南亞的國家尋求政治庇護時都會經過那裡。一年過後，她再次逃離北韓，然後開始做現在這份工作賺錢要給仲介幫她安排進入南韓的相關事宜。

「這份工作是妳自己選擇的嗎？」

「不是，當然不是。」她難過地笑了笑。「多數幫助脫北者的仲介都是人口販子。他們只幫女性逃脫，不幫男性。有人付錢雇用他們把我們帶到中國來當別人的新娘或賣淫。我猜想，我現在的工作應該也算是一種賣淫，不過是一種非常新穎的方式。我寧可做這個也不想成爲眞正的妓女。」

至此，我原本的懷疑都已煙消雲散。我告訴她：「我很快就要去首爾了。如果成功的話，我也會想辦法幫忙妳到那裡。」我決定要幫助這個女孩子。

隨著班機出發的日子逐漸逼近，要去上海浦東國際機場辦理登機手續這件事就變得越來越緊張。我預訂了一個前往首爾的機位，但卻只有泰國的簽證。

金說：「如果會擔心的話，妳不妨就打去機場問問看。」

我打去出入境管理部門，對方的說法很模稜兩可。他說，我要通過不是不可能，只不過很困難。

「首先，妳先看一下地圖。任何人都很難理解妳的目的地明明就是在南方的泰國，卻還要先繞道南韓。再者，很多韓裔中國人去了首爾以後就不回來了。這對中國跟南韓來說都造成了困擾。妳得要說服我們妳爲什麼要這麼做。如果妳辦到了，我們就會幫妳在護照上蓋章，妳就可以通過了。」

我想像機場裡面會有的檢查過程的畫面，試著預期可能會遇到什麼狀況，並練習我的說詞。他們什麼都有可能會問，因此我想，除了護照以外，我應該要把所有的證件都帶著——駕照、身分證；富裕、穩定的上海生活留下的所有雜物。我準備好了。

金來機場跟我道別。我們認爲一起行動可能會引發更複雜的問題。「到了首爾以後，我會打電話給你。」我說。我沒有提到相反的情況，不想觸自己的霉頭。幾分鐘以後，我來到了出入境管理部門的櫃檯。

「妳要去泰國嗎？」那個男人噘起嘴問。

「對。」

「妳的飛行方式很奇怪。」

「怎麼了嗎？」

「爲什麼妳要在南韓轉機？妳的機票是要飛往泰國的，但卻要在仁川轉機，妳多繞了一大段路。」

「我的男友在首爾。他跟我訂了同樣的班機從仁川飛往曼谷，」我說。「我們回來的時候也會搭乘同樣的班次。」

他伸出手。「把妳的身分證讓我看一下。」

現在他起疑心了，說不定他認爲護照是僞造的。我把自己所有的證件都擺在櫃檯上，這麼做似乎有幫助。到目前爲止，我已經在那邊等了十分鐘，好讓他一一檢查所有的證件，後面的隊伍因而動彈不得。我很擔心，但卻哪裡都去不了。在等了感覺就像幾百年以後，他在我的護照上蓋了章，然後抬頭看我，再蓋了一次章。我收起自己所有的證件，往出入境大門的方向走。

還有一小時的時間才能登機。雖然上海的氣候很溫暖，但我穿了一件鋪棉的外套，以應付韓國零下的溫度。我因為恐懼而不停冒汗。我心想，櫃檯的人員隨時都有可能會意識到這是一場騙局。警察會出現，然後把我抓住、帶走。我緊張地不停左看右看。可以開始登機以後，我立刻就衝到前面。我坐上了自己的機位，然後眼睛盯著門口，提防警察忽然進門。機門總算關閉了，飛機開始滑行，準備起飛。壓力從體內流瀉而出，我就像顆洩了氣的輪胎，我的頭重重地往後枕在座椅上。

但才不到幾分鐘的時間，又開始擔心在仁川機場不知道會遇到什麼事。我沒有能夠通過機場檢查的證件，多年以來，我都是個東躲西藏的難民——我就將要在南韓自首，我感覺到一陣恐懼。

一小時過後，駕駛宣布飛機將要開始下降。幾分鐘以後，我們就飛過了首爾跟仁川。我的心臟跳得很快，我很興奮，但又非常害怕。

忽然間雲朵分開了，我從一個很傾斜的角度看見一座城市，這座城市往四面八方延伸，佔據了我所有的視界。眼前的景象有如無止境的地形結構：黃沙色的石筍一叢又一叢，小小的汽車在這些石筍之間穿梭。

南北韓的國界很狹窄，平壤到首爾之間的距離不到兩百公里。然而，兩個國家之間的距離卻又如此遙遠，宛如在不同的大陸上。我想起了母親跟敏鎬，我在新年那天有打電話給他們，敏鎬告訴了我一個讓人擔心的消息：母親住院了。她在家裡嚴重燙傷。我本來就已經感受到了罪惡感、失落感跟困惑，如今又多添了這件事。

我聽見液壓系統發出了嘎嘎聲，然後機輪開始放下，準備落地。

我還有機會再見她一面嗎？

**上**／前往永珍 ©NOMAN Studio
**下**／去澳洲見狄克 ©NOMAN Studio

第三部

# 進入黑暗地帶

攝於2014的聯合國安理會上 ©NOMAN Studio

# 「歡迎來到韓國」

我跟著一群下了飛機的旅客一起走，不知道該走到哪裡，也不知道該做些什麼。這有點像在賽跑。人們推或拉著有輪的隨身行李箱疾步向前走。有幾個人脫隊去上廁所，而我在想，他們是否跟我一樣在拖延時間，不想那麼早面對出入境櫃檯這堵屏障可能會帶來的未知命運。

長久以來，我都一直相信首爾就是我這趟個人旅程的終點。至於到了以後會發生些什麼事情，卻沒有想太多。我發現自己跟其他人一樣，用緊張的小步伐往前衝。眼前出現了一個標示，指示任何需要轉機的旅客遠離出入境櫃檯。如果我想要擺脫眼前的困境的話，我買的機票能夠帶我去曼谷。我的心裡七上八下。我吸氣，稍微放慢腳步，然後要自己去面對眼前的難關。

人群在抵達出入境櫃檯之前往兩邊散開，排成了隊伍。我加入其中一個針對外國人入境的排隊隊伍。我們穩定地往前進，約莫一分鐘左右就會前進一個人次，直到我跟出入境官員之間只剩下五個人的距離。我口乾舌燥，手心卻在出汗。我不知道自己應該跟他說些什麼。越來越焦慮的我，看著他仔細地端詳每一個人，細看他們的護照，檢查一下眼前的螢幕。四分鐘以後就輪到我了。我聽見背後傳來騷動聲。另外一架班機飛抵機場，隨之而來的旅客使得等待的隊伍變長了。我把頭轉回來的時候，隊伍又往前進了。我前面只剩下三個人了。我開始怯場，覺得很尷尬。眼前只剩兩個人了。一旦跨越黃線以後，我就無可避免的要在公眾面前上演一齣戲碼：宣布自己要來這裡尋求政治庇護。眼前只剩下一個人了。

我的勇氣耗盡了。

我離開隊伍，直接往後面走。

站在那裡的時候，我注意到右邊有一個房間。房門是敞開的。我看見有幾名穿著藍色制服的官員在用電腦辦公，他們的前面坐著三個人——兩個看起來像東南亞人的女性，以及一個看起來像中國人的男性。我猜可能是他們的證件有些問題。

比起在出入境櫃檯，還不如進去那裡實施我的計畫，這樣比較不尷尬。我走進那間辦公室，沒有人在看我。

我的心臟開始狂跳，使得我的聲音聽起來很奇怪，就像錄音機播放出來的聲音。「我是北韓人，」我說。「我想要求政治庇護。」

所有官員都抬起頭來看我。

然後他們的眼睛又轉回去看自己的螢幕，第一個抬頭看我的人給了我一個厭倦的微笑。

「歡迎來到韓國。」他說，然後拿起塑膠杯來喝了一口咖啡。

我覺得很洩氣。我一直以爲我的造訪會引發一場戲劇性的畫面。但同時，我體內有個類似本能的東西起了反應：他剛剛用了「韓國」這個字眼。

在韓文中，北韓跟南韓會用不同的字眼來稱呼自己。南韓的名字叫做「韓國」，表示自己是一個跟「漢朝」有關的國家，指涉了朝鮮族早年的歷史。在英文裡面，韓國的正式名稱則是「大韓民國」。北韓稱自己爲「朝鮮」，這個名稱源於早年統治朝鮮半島的「朝鮮王朝」。北韓的正式名稱則是「朝鮮民主主義人民共和國」。血腥的歷史跟政黨的文宣使得我們既無知又滿心憎恨，因此我們這些在北韓長大的人會把「韓國」這個詞跟「敵人」連結起來，而跟韓國有關的東西都是不好的。

「能來到這裡真是不容易，」他說。「請稍等一下。」

他帶著兩個穿著同樣的海軍制服的男人跟一個穿著黑色套裙的女人一起回來，其中一個男人拿了一個小型的掃描裝置，他們拿走了我的護照去掃描。他們搖了搖頭，然後又試了一次。情況不大對勁。

「妳真的是北韓人嗎？」那個女人問。跟她的男同事說話的時候，她並沒有使用敬語。這件事讓我認爲她的職階比較高，可能是情報人員。

「我是。」

「妳的護照跟簽證都是真的，」她說。「到這裡來的北韓人不會用真的護照。他們的護照都是假的。」

「那一本護照的確是真的，但上面的資料卻不是我的真實身分。我是從北韓來的。」

我警覺到她認爲我其實是韓裔中國人，只是假裝自己是北韓人，好拿到南韓的公民身分。

緊接著，她注意到了我手上的行李。

「那個新秀麗也是真的，」她不耐地說。「那可不是假貨。」我沒有注意到自己的行李箱是西洋品牌，因此我不懂她爲什麼要稱呼我的行李箱爲「新秀麗」。我是因爲這個行李箱看起來很堅固才買的。後來我才知道，南韓人對品牌非常敏感。只有外國人跟脫北者會用假貨。她看著我的眼睛，彷彿她逮到我在說謊。

「該說實話了，」其中一個官員說。「現在承認還來得及。」他的語調半威脅半友善。

「我說的都是真的。」

「一旦妳提出申請，國情院就會對妳展開正式的調查，屆時就沒有辦法回頭了。如果妳是中國人的話，妳會先入獄，然後遣送回中國。」他說。

國家情報院是負責處理來到南韓的北韓人的機構。我聽說，如果他們把我遣返的話，我在中國就要付一大筆罰金。而中國官方也有可能會因而發現我的眞實身分，然後把我遣送回北韓。我好不容易來到了南韓，現在南韓人居然不相信我？

我犯了一個大錯。

那個男人繼續說：「告訴我們實話——現在。妳不會惹上任何麻煩。我們會讓妳回去上海。」他話語暫歇，讓這個選項進入我的腦袋。

「我說的是實話，我的名字叫做朴敏英。我願意接受調查。」

對我來說，就連自己說出口的實話聽起來都很怪異而不牢靠。我已經有超過十年的時間沒有用那個名字了。

「好吧。」那個女人搖了搖頭。「這是妳的選擇。」

接下來的兩個小時，我都在一間沒有窗戶的小房間裡獨自接受她的審訊，然後看著她做筆記。在我以爲結束的時候，有另外兩個穿著西裝跟開領衫的男人來到了現場。他們的年紀比較大，其中一個四十多歲，另一個有著一頭鐵灰色頭髮的則五十多歲。從她跟他們打招呼的方式來看，我了解到他們是她的上司。然後她離開了。那兩個男人從頭開始再次問我問題。他們也不相信我是北韓人。那個年紀比較大的男人說話有點咄咄逼人。

到了這個時候，我已經又累又餓，開始對他們問我的問題沒了頭緒。真諷刺。在瀋陽的時候，我得說服那些懷疑我的警察我是中國人，不是北韓人。到了這裡，情況則是顛倒過來。

又過了兩個小時以後，他們告訴我，我們接下來要去首爾的國情院審理中心。他們帶我從側門出去，外面有一輛上面有司機的車在等著我們。這時候的時間已近黃昏，天色已暗。我在機場待了五個小時。載我們去國情院的是一輛閃閃發亮的民用汽車，車況聞起來很新。我跟比較年輕的那個男人坐在後座。我們駛過航站大廈，然後在一條被街燈照成深琥珀色的五線大道上繞來繞去。

「走這裡就可以去首爾。」那個比較年輕的男人說。在兩個質問我的官員裡面，他是比較客氣的那位。他那坐在前座的灰髮同事什麼也沒說。

我試著去評估自己的現況。我沒有被抓進監牢，他們沒有把我趕上飛機，這應該算是有進展。但這個想法很快就被另一個比較讓人不開心的想法給取代了。我老家的那些朋友，如果知道我現在跟哪些人待在一起的話，不知道會作何感想？對北韓人來說，安企部，也就是南韓人口中的國情院，是一個暗中策劃了所有的道路及鐵路災害、建築倒塌、故障產品、供給匱乏以及無名大火的邪惡組織。許多在北韓被處死的人，包括高階的幹部，都被黨指控曾協助安企部的行動。

「我們很忙，」那個男人說。「這是我們今天第二次去機場了。在妳那台飛機降落以前，有一百五十個北韓人抵達仁川機場，目前都在審理中。」

「你剛剛說幾個？」

「一百五十個。我們每星期都會從泰國那邊接到約七十個，從蒙古跟柬埔寨來的數量也差不多。」

他說，由於北京將要在二〇〇八年舉辦奧運會的關係，因此作爲社會淨化運動的一部分，中國開始舉行大規模的偷渡客嚴格取締行動，所以南韓就面臨了前所未見的脫北者大舉湧入的局面。

他問我，既然人都已經進來了，我對南韓的印象怎麼樣，然後就開始告訴我一些關於平均壽命、醫療照護、平均收入等的基本現況。他一次又一次說個不停，簡直跟推銷沒兩樣。他的目標是想要揭穿我們從政黨的文宣學習到的錯誤認知——南韓人很貧困，經常遭受迫害，駐紮在首爾的美國士兵以踢小孩及殘疾人士取樂。北韓的文宣誇張得不可思議，使得南韓人在無須自我吹噓的情況下，就能讓對方知道一切不過都是北韓的騙局。遠在一九七〇年代，當南韓開始晉升爲世界經濟裡的重要角色時，只要帶脫北者去參觀現代汽車的生產線，或是位於首爾的樂天百貨，就能讓他們拋掉數十年以來從政黨文宣裡面習得的南韓印象。上述的招式，甚至就連對在南韓執行祕密任務失敗而被捕的突擊隊隊員都管用。突擊隊隊員可是一群被嚴重洗腦的人呢。

現在是交通的尖峰時刻，大家的車速都很快。我們沿著靠近汝矣島的漢江河畔往前開，汝矣島是一個高樓大廈林立的商業區塊，辦公大樓如同巨大的蜂巢般燈光閃爍。我抬起頭，眼前出現了一大片鍍金玻璃，我曾在電視連續劇上看過這個地方。

「63大廈，」那個特務說。「一個地標式的建築。有六十三層樓。我們沒有把大樓蓋太高，免得成爲北韓的攻擊目標。」

好多燈光。好多財富。

這些建築物都在我成長的過程中慢慢興建起來，而我就在從這裡往北不到五百公里的地方長大。想起自己身在何處，我頗受衝擊，於是搖了搖頭。霎時間，我興奮到幾乎沒有辦法呼吸。我人在被分割的國家的另一側，在另一個平行存在的韓國，這是如此的重要又眞切：跟北韓的怠惰及灰暗相比，這裡無所不在的精力跟明亮讓我大爲驚訝。

我們抵達了龐大無比的國情院審理中心，佩槍的哨兵站在外面守衛，巨大的電動柵門無聲地開啓，我覺得自己的興奮之情隨之萎縮。如那位特務所說，很快地，針對我的「眞正調查行動」就要開始了。

## 女人們

在首爾的第一個晚上，我在一間一般拘留室與約三十名北韓女性一起度過。我一進門，大家的臉全都轉過來看我時，我就知道我有麻煩了。在場多數的女人都比我年長。她們的眼睛看到了我那套時髦的上海衣著，而我從她們的眼裡看到了憤恨。我一下了飛機就直接來到這裡。她們看起來彷彿個個都在牢裡關了好幾年，其中一個女人直接開口要我把自己的衣服都給她。

我後來得知，裡面約有二十個女人的確是剛從牢裡出來，她們經歷了一場從中國到泰國的大逃亡。她們在泰國被警方逮捕、入獄，最後釋放出來，送抵了南韓大使館。這個經歷使得她們變得很野蠻。她們立刻就逼問我要知道所有的細節。將近三百個女人被塞進一個只能關一百個人的空間內。在通常的情況下，連要找個地方坐下都有困難。新來的人得要付錢才有好位置，否則就得睡在臭味四溢的廁所旁邊。在這種條件的影響下，她們的情緒便持續處於激昂的狀況中，經常大打出手。泰國當局每星期只會釋放出寥寥幾位囚犯，所以要出來得等上個把月。由於懷孕的女孩得以先行釋放，因此有些心地比較壞的女人就會指控這些懷孕的女孩是「愛插隊的蕩婦」，是在來泰國的途中刻意讓自己受孕的。聽到這些事情讓我很震驚。我原本以為，一旦脫北者逃出中國，逃進另一個國家以後，她們就能平安順利地要求政治庇護。但在許多女人的故事中，真正的惡夢卻是從她們離開中國才開始。只有少數幾個女人例外。她們逃經蒙古，蒙古的當局待她們很好，把她們安置在舒適的設施裡面，還有自己的廚房呢。

暴力事件頻傳，逼得國情院的警衛警告這些女人：肢體暴力是一種犯罪行爲，會阻礙她們獲得南韓的公民身分。雖然如此，我們房裡每天還是免不了會有大吵大鬧的情形發生。

幾乎所有的女人都認爲我是個好欺負的騙子，經常有人抨擊我說：「妳啊，要是在泰國，早死了。」另一種常見說法則是：「妳根本就不是北韓人，對吧？看妳的長相，聽妳講話，分明就是中國人。」她們愛怎麼想隨便她們去——我沒必要跟她們多費唇舌——但她們的態度讓我覺得非常難過。她們離自由只有一步之遙，然而她們的負面能量卻如此強大，有如腐蝕物質，能溶解窗戶上的鐵杆。北韓人有批判別人的天賦，因爲我們一輩子都會被迫參加批判大會。

這些女人經常聊到女同性戀。我聽說，在潮濕擁擠的泰國女子監獄中，所有的事情都是公開的，性也不例外。

我們房裡的大姊頭是個高大、威武、頭髮理得跟個士兵一樣的人物。其他人都稱她爲惡霸。在泰國監獄裡，只要有人膽敢挑戰她的威信，她就會對這些人拳打腳踢一番，藉此建立起自己的地位。我聽說她是個女同性戀，她的女朋友被關在一間隔離房裡。跟我說這話的女人對自己的性向直言不諱，而且明白表示她對我有興趣。

這是我有生以來第一次知道韓國有同性戀的存在。我很羞於承認，我原先以爲同性戀現象只會發生在其他國家，或是出現在電視連續劇的劇情裡。房裡的一個女人跟我說，北韓會把同性戀者送進勞改營，他們只能獨自承受自己的性向，就連跟家人出櫃都不敢。我也不知道原來有這種事情。事實上，這不過是我將要學習到的、關於我的國家的許多事情中的其中一件而已。我的政治覺醒才剛要開始。

爲了不讓人來騷擾我，我裝出了一副粗率無禮的態度，話也很少。不幸的是，這招對惡霸完全沒有用。我只能去想像她在北韓時可能過著很悲慘的日子，她一定因此受到了不少折磨；即便這麼想，她仍讓我待在那間房裡的日子宛如身陷地獄。我的身高是一百五十七公分，體重只有四十五公斤。她的體型比我大非常多，一拳就可以把我打趴了。爲了我自己的安全著想，一開始，我試著去跟她交朋友。但日子一天天過去，嘲笑變成了咆哮，她也更加咄咄逼人，意圖透過性的手段來對我不利。「醒著的時候妳不用擔心，睡著以後就別怪我不客氣。」

一名警衛兩度進門要她冷靜下來。我很怕她，但我知道不能顯露出自己的恐懼。她幾乎每小時都要來找我的碴，她就是不肯善罷甘休。我意識到，雖然她比我年長，而根據韓國的文化，我應該要尊重她，但我一定得回嘴才行。她每天的嘲弄都會讓我變得情緒緊繃、神經緊張，但我故意裝出一副不在乎的表情。沒有人敢挺身對抗她，就連那些年紀比惡霸大的女人也不敢。

在我們這些女人當中，有個沉默寡言年紀小，名字叫做宣美的女孩子。我們建立起了一定的友誼。她告訴我說，她在中國被抓過三次，每次都會被遣送回北韓。回到北韓以後，保衛部的人會用腳踢她、用警棍打她，他們一次又一次地質問她有沒有在中國跟任何南韓人或基督徒碰過面。

她說：「基督徒是什麼？我說我不知道，於是他們就繼續打我。」

我注意到，就連關門或椅腳在地上摩擦的這種極細微的聲音，都會讓宣美怕得想要躲起來。

在我住進女子拘留室第七天的下午，宣美人坐在電視機前面，正在觀賞我知道她一直都很期待要看的電視節目。我則是在看書。惡霸進門，直接坐在宣美的前面，擋住了螢幕。惡霸拿起遙控器轉了台。

很有趣，壓垮駱駝的總是一根如稻草般無足輕重的小東西。

我聽見有人在大喊。是我。我用的字眼很難聽，我這輩子第一次使用到這些字眼，而且我竟然用這些難聽的字眼去罵一個長輩，這種不尊敬長者的態度也是前所未見。那個場面至今回想起來依然很不眞實：我對那個女人痛罵出一連串難聽的字眼——我腦子裡能想到的最難聽的。我發現自己的體內居然潛藏了一股這麼強大的怒氣。其他人都張大了嘴。惡霸忽然縮起了身子。我講到沒氣了才停下。現場一片沉靜，只聽得見我的喘息聲。

在場的其中一個年紀最大的女人轉過頭來面向她。「這是妳自找的。就連年輕人都瞧不起妳。妳眞是太丟臉了。」

在女子拘留室待了兩星期以後，一個守衛來叫我。輪到我要跟一個專門的審查員進行面對面審訊了。我被帶到一間沒有窗戶的小牢房，守衛留我一個人在裡面等。我不喜歡這個地方，但能夠獨處讓我放鬆了不少。小房間裡有一張木桌子、兩張椅子，跟一張用金屬床架撐著的床。床上有一條藍色的羊毛毯跟一顆白色的小枕頭。床的長度是五步，寬度是四步。一顆裸露的燈泡照射出微弱的光芒，房間的角落裝了一台小型的監視器好監看我的一舉一動。門上了鎖。門旁有一架電話，如果我想要上廁所或洗澡的話，就可以用那具電話跟一名年輕的守衛講，他就會幫我開門。

第二天早上，一個身穿西裝的中年男子走了進來。他看看我，瞄了一眼手上的檔案，然後離開了。一分鐘以後，他又回來了。

「妳今年二十八歲嗎？」

「對。」

「妳的名字叫做朴敏英嗎？」

「對。」

「而妳現在的年紀是二十八歲？」

「是的，沒錯。」

這個就是負責審訊我的人。我很好奇他爲什麼要問兩次而且還一臉困惑。這些資料一定都清清楚楚地寫在他手上拿的檔案裡面。

他要我把到目前爲止的所有遭遇都寫下來，越仔細越好。他說，有的人會交出一大疊紙，簡直就像一本傳記書似的。他會藉由這份資料來思考要問我什麼事情。他同時要我畫出一張地圖，標明我住在惠山市的哪一個地區。我花了很長的時間去做這件事情，並盡可能地寫下我還記得的細節。

在審訊的時候，他經常不說話，只專注地盯著我的眼，同時輕輕地把頭側向一邊，彷彿在尋找些什麼。這個動作會讓我覺得很緊張。我忽然有個念頭，這說不定是一種古怪的挑逗方式。在聽聞那些女人跟我說的有關泰國監獄的事情以後，再也不會有什麼事情會讓我覺得意外了。我試著保持面無表情，不想讓他有什麼誤會。

我又在單人牢房裡度過了一星期。一開始我有點害怕那個審訊我的人，但過了幾天以後，我就開始很期待會在每天早上九點的時候看見他。他是唯一會來陪我的人。有天下午，我一樣獨自一人，爲了找點事做，所以我開始練習用漢字在幾張紙頁上寫下了我的思緒跟感受。我描述了斗室內牆的陰鬱跟壓迫感，然後寫下了我的結論：一個完整的房間裡絕對不能沒有窗戶。然後我揉掉了那張紙，丟進了垃圾桶裡。隔天早上，那個年輕的警衛進了我的小房間。

「這是妳寫的嗎？」他問。他手裡拿著那張被我揉得皺巴巴的紙。

所以他們會檢查我的垃圾。

「上面寫了什麼？」

「就我的一些想法跟感受，」我說。「我可以寫這些東西嗎？」

「可以啊，」他驚訝地說。「只是我剛好有在大學裡面學中文而已，所以我試著去讀妳寫的東西。我只是很好奇妳爲什麼要寫這些東西。」

「因爲我也沒別的事情好做。」

隔天一早，他開了門，把頭探進來。

「外頭下雪了。妳會想看看嗎？」

他帶我去盥洗室，打開窗戶，然後就把我留在那裡。當時天才剛亮。地平線上有一束金光在雲朵底下閃閃發亮，雪花片片如鵝絨般在空中飛舞，我上一次看見類似的情景已經遠在我還是個小女孩的時候了。天氣非常冷。我眼前的家家戶戶都點亮了燈火，我看見城市裡到處都有發亮的紅色十字。我心想，這裡有好多的醫院喔。（後來我才知道，那些紅色的十字代表的是教堂而非醫院。我在北韓跟中國都沒有看過這種標誌。）畫面美得不可思議。我想起遙遠的過去，想起安州市，想起自己在打雷的那天等待會隨著雨水出現的黑衣女士。「如果抓住她的裙子，她就會把妳一起帶上天空。」鴉片舅舅曾經這麼說。我曾經因爲非常害怕她會把我帶到另外一個國度。從某個角度來說，她的確把我帶到了另外一個國度，而我正看著那個國度。

隔天，我第一次看到審訊員露出笑容。他說，審訊到此爲止。「我相信妳是北韓人。」

「你是怎麼會知道的？」我露出了一個大大的笑容。到如今，我覺得自己彷彿已經跟他認識了好幾個月。「那些女人都認爲我是中國人。」

他微微地用手掌做了一個手勢。「這份審查的工作，我已經做了十四年了，」他說。「過了一段時間以後，你心裡會有種感覺。如果對方在說謊，我通常都能夠知道。」

「怎麼知道的呢？」

「看他們的眼睛。」

我感覺自己臉紅了。難怪他會一直盯著我的眼睛看，他根本就不是在挑逗我。

「雖然這麼說，妳的確與眾不同，」他說。「在我十四年的職涯當中，妳是那種罕見的百分之一的類型。」

百分之一？

「首先，在我遇到的人裡面，妳是唯一一個從所在的位置搭直達班機，輕輕鬆鬆就來到南韓的人。第二，妳立刻就來到了這裡——只花了兩個小時。然後，第三，妳根本不用付錢給仲介。

這就是我的意思。妳就只是跳上一架飛機而已。這個主意是妳自己想到的嗎？」

「對。」

「如果是這樣的話，那妳眞的是個天才。」現在，他的態度有了相當大的改變，變得和善又愛聊天。「我早就知道妳會很順利，因爲妳沒有謊報自己的年齡。多數的北韓人都會這麼做。有年紀的人會宣稱自己更老，好獲得一些福利。年輕的人則會宣稱自己更年輕，這樣他們就可以符合免費上學的資格。但妳說自己快要三十歲了。一開始來審訊妳的時候，我以爲自己會看到一個三十五、六歲的人，但妳看起來才不過二十一歲。我以爲自己跑錯了房間，所以還回去再確認了一次。爲什麼一個看起來只有二十一歲的北韓人，會承認自己已經快要三十歲了呢？我心想，那是因爲她很誠實。」

我笑了，但一部分的我發現自己漏掉了一個變年輕的好機會。

隔天早上醒來時，我覺得自己煥然一新。從十一年前抵達瀋陽的伯父、伯母家至今，這是我第一次晚上睡覺的時候沒有作惡夢。

# 統一院

一大早，我就跟一大群人一起上了一輛小型巴士，準備搭兩個小時的車前往位在京畿道的安城市。早晨的空氣清爽又舒適。這是我第一次在大白天好好地看看自己以後要居住的國家。樹木都長出了嫩綠的葉子。城市內到城市外都有許多綿延至遠方的、柔和的綠色丘陵，這是我所熟悉的典型韓國風景。太陽升起，在薄霧中出現了一連串低矮丘陵的頂峰；往那些丘陵的後面望去，然後再往後看，你就會隱約看到一幢建築的身影。統一院就坐落在那些山丘之中。這是一家位於首爾南邊鄉下的機構，用來幫脫北者上一系列的「震撼課程」，好讓他們知道自己很快就要加入一個什麼樣的社會。要不是在這邊上過兩個月的課，多數北韓人絕對沒有辦法適應。就像許多人發現到的一樣，自由——眞正的自由，也就是你可以自己選擇要怎麼去看待生活，以及要怎麼去做出選擇——有時也會讓人覺得非常可怕。

我抱持著樂觀的態度，因此情緒高昂。我對自己發誓，無論如何，我都會在這個美麗的國家裡出人頭地，我會讓南韓以我爲傲，我全心全意地感謝南韓願意接納我。

乍看之下，這間機構也沒什麼特別的——大樓有教室、宿舍、診所、牙科，還有一間咖啡館。機構外面則用一圈安全護欄圍了起來——然而，世界上大概也不存在第二間類似的建築。這裡有點像是一間位於兩個世界之間、位於兩個平行的韓國社會之間的中途之家。跨越了無底深淵來到南韓的人，要開始在統一院裡調整自己的心態。只有少數人會覺得這個過程很容易。

院方會給我們零用錢，讓我們可以去買點心跟電話卡。我立刻打電話給金。自抵達南韓以後，這是我第一次可以打電話。一聽見我的聲音，他馬上高興得喊了出來。隨著時間不停過去，他變得非常擔心我的安危。

「我還以爲他們把妳遣送回中國了呢。」他說。

我們聊了很久。一聽見他那溫柔、放鬆的笑聲時，我的心都脹了起來。我等不及要見他了。

我接著打給了玉姬。她順利搭乘渡輪抵達了南韓，而且審訊的速度還比我快很多。我們興奮地聊天。她說，她已經在南韓找到一間公寓了，也準備好要去面試工作。

把電話放回去的時候，我高興到都想跳起來了。幾個星期以後，我就要邁入新生活了。

後來，在我跟母親約好的時間點，我打去了惠山市。她告訴我，說敏鎬有了一個認真交往的女友。對方的名字叫做允智。母親說她長得非常漂亮，而且家族的出身成分也很優良。她的雙親都很喜歡敏鎬。聽到這件事讓我喉頭一哽，我永遠也不會有機會親眼看見這個他深愛的女孩。

安城市的這棟大樓裡只有女性，我跟其他四個女孩共住一間房。之前有人告訴我說，那些我在國情院拘留室裡碰到的好鬥的女人，每星期都會出去看看我有沒有出現在巴士的上頭。她們深信我是中國人，因此經常下賭注，看院方會不會拆穿我的假面具。然而，我再遇見她們的時候，她們的態度都和緩了許多。我後來才知道，她們之中的有些人，因爲拋下了家人而有深深的罪惡感，或者因回想起落在保衛部手中時所受到的待遇而滿心驚懼。這些強大的黑暗存在她們的體內，掩蓋住了她們對未來的期望。雖然戒備森嚴，但有些人仍拿到了外面才有賣的酒，然後把自己喝得醉醺醺的。每當朝會時，這裡的員工都會厲聲斥責這些喝醉的人。在這個更爲放鬆的環境中，吵架事件仍舊頻傳。惡霸也來這裡了，但她總會刻意迴避我。

我不再作惡夢了。但有趣的是，就在這裡，在這個安全的避風港中，許多脫北者的不幸經歷一一浮現，然後在睡夢中折磨她們。有些人的精神崩潰了，有些人則因爲想到自己即將進入非常競爭的就業市場而恐慌不已。現場的心理醫師會去跟她們說話，醫護人員也會幫忙照料她們那些長期以來都被忽視的慢性疾病。

許多來到這裡的人，都發現自己難以擺脫過往的心態。當鄰居跟同事都會舉報自己時，「疑神疑鬼」就成了存活下去的重要工具，但這樣的心態卻會讓她們沒有辦法相信任何人。任何人在學習新的技能時，都需要他人給予建設性的批評，但她們卻很難不將這些好意當成對她們的控訴。

我上的課程包括民主政治、個人權益、南韓法律，以及大眾媒體。院方教導我們如何開立銀行帳戶，還有該怎麼搭地下鐵。院方要我們小心騙子，也會有客座的講師。其中一名講師是一個北韓的女人，她在南韓開立了一間生意很好的麵包店。她的信念對我很有啓發。還有一名牧師也來幫我們上過課，他把基督教信仰介紹給了我們（許多脫北者到了南韓以後都投入了基督教的懷抱），但他對牧師跟修女的禁慾行爲的看法，卻引起了女人們的一陣笑聲。還有一個講師朴先生是一名和善的警察，他告訴我們如果遇到緊急狀況，例如需要叫救護車，或看到犯罪情況而需要報警時，我們應該要怎麼做。

我們也上了一些非常特別的歷史課程——對許多在統一院的人來說，這是他們第一次得以在不受政黨文宣操弄的情況下去看這個世界。多數脫北者對歷史的了解，只有偉大的領導人及親愛的領導人的生平事蹟以及他們光彩燦爛的傳奇故事。他們就是在這裡學到，在一九五〇年六月二十五日會爆發韓戰，主因其實是北韓沒來由地發動攻勢，而非南韓。許多人大聲抗議，徹底否認這種說法。他們沒辦法接受我們國家的主要信念——多數北韓人都這麼相信——居然是一則刻意操弄的謊言。就連那些知道北韓的政府已經腐敗不堪的人，都非常難以接受這個跟韓戰有關的事實。因爲，這表示他們所學習到的其他一切也全部都是假的。這表示他們每年在六月二十五日流下的眼淚、服役十年[13]的過往、所有卯足了勁「快速生產」軍需物資的舉動，都失去了意義。他們成了謊言的一部分。這否定了他們的人生。

我們每天的三餐都吃得很豐盛，餐餐菜色都不同，每個人都因而變胖。員工說，想吃多少盡量吃。離開這裡以後，要吃得這麼豐盛可就沒那麼容易啦。事實上，講師們都會警告我們，整體來說，要在南韓過日子可沒那麼簡單。他們說，要找到一份工作可能沒那麼容易。我們有帳單要繳，如果沒繳的話，我們就會欠債。這讓那些欠了仲介一大堆錢的人憂愁不已，那些仲介可是天天都守在大門外面等他們出去呢。這裡的員工給了我們一種印象：通往一段成功的美好未來的路徑彎彎曲曲又崎嶇不平。我原本預期會聽見：「認眞工作，努力上進，你就會成功。」他們試圖要讓我們調整自己的期望，但這個模糊的不確定性讓我變得很緊張。很快地，我就不需要再靠自

13 北韓的男人年滿十六歲就要服十年的義務役。

己的小聰明謀生了。我將能夠自由自在地形塑我的人生。但每當我試圖去勾勒自己的未來，我看到的總非清晰的畫面，卻是一團不停旋轉的迷霧，藏在霧中的是那些還沒找到解決方法的問題：關於我母親、關於敏鎬，以及關於金。

爲了避免讓北韓人都住在同一個地方，因此南韓的政府將脫北者分散安排住在國內不同的鄉鎮跟城市中。我們沒有權利決定自己要去哪裡。百分之九十九的人還是會希望住在首爾，但因爲房屋短缺的原因，只有少數會被選上。我們每個人都會拿到一千九百萬韓元（約等於台幣六十萬元）的安家費。

我非常希望能夠住在首爾，我認爲在那裡最容易找到工作，而且金也住在那裡。待在統一院的日子裡，我每天都會想到他。上課的時候我會作白日夢，幻想跟他有關的事情。我試著去想像他在江南區的公寓、跟他的家人碰面的情景、他那些很時髦的朋友、他星期天早上會做些什麼——喝濃縮咖啡、聽爵士樂、看股市的新聞。

然而，當我知道一百個人裡面只有十個能抽中在首爾的公寓時，我的心情就隨之沉了下去。十個人。因此，爲了避免有人抗議不公，統一院會把一張上面寫了數字的透明籤放進箱子裡，被抽中的人就可以住在首爾。在一間擠滿了人的禮堂中，一名員工有如在主持遊戲節目一樣，先把箱子搖一搖，然後抽出十個號碼。他一張接著一張唸出這些號碼：一百二十六、一百九十一、七十八、二、四十五……每一個被抽中的贏家都會高舉雙手、高興落淚，然後跟朋友擁抱。

我沒有專心在聽，整個場面讓我覺得很焦慮，我試著在想自己可能會被送到南韓的哪個地區。

二百零一、一百七十六、十一……

那個男人看了看禮堂裡的人。「十一號？誰是十一號？」

西岸也不壞。

「十一號呢？快點舉手啊。」

我想起了某年夏天在靠近安州市的海灘上的景象，以及父親告訴我月亮是怎麼讓海水退潮的。

我忽然感覺到手臂猛地一陣疼痛。站在我隔壁的女人戳了我，她指著我手上的號碼。「十一號——在叫妳了。」

# 學習競賽

下巴士以後，我就遇到了朴先生，他就是那個在統一院教導我們個人安全的微笑警官。「妳剛好搬到了我家附近，」他說。「我是來幫忙的。」他四十出頭，在警察廳的治安部門裡做事。他沉著的威信有點讓我想起了父親。他帶我適應新環境，也教我怎麼填寫申請南韓身分證跟護照的文件。至今，朴先生仍是我在南韓遇到的人當中，最爲古道熱腸的其中一位。

我的新家位於首爾西南邊的衿川區，靠近禿山站。新家很小，沒有家具，是一間兩房公寓。我們這棟大樓有二十層樓，我住在十三樓。從窗戶看出去，可以看見類似的大樓跟街道。大樓的後面有一座很大的丘陵。這附近不是有錢人住的地方。

之前是麻煩紅十字會的志工帶我到公寓。跟他們道別以後，我關起鐵門，關門的喀啷聲在走廊之間迴盪，現在只剩下我一個人了。沒有在藏匿，卻是自由之身。我在窗邊站了很久，看著底下的人在過自己的日子。太陽西移，建築物的影子隨之拉長。我發現自己不知道該做些什麼。我可以出門，買一個床墊跟一台電視，就這樣看一整天的肥皂劇；我可以任由該洗的衣物跟骯髒的盤子疊得高高的；我可以站在這裡等待春天變成秋天，等待秋天再變成冬天。沒有人會來干涉我。自由不再是一個概念。我忽然之間覺得很慌張。這惶恐、不安的感覺實在太強烈，於是我打給玉姬，問我今晚能不能在她的公寓過夜。

看到我，玉姬十分欣慰。我們擁抱彼此，恭喜我們達成自己的夢想。後來，我們坐在地板上吃泡麵。她跟我分享了自己抵達南韓以後的個人經驗，我聽完以後就不再那麼慌亂了。雖然玉姬跟我一樣在上海過了很久的日子，但她卻發現這裡的生活沒那麼容易。她告訴我才剛結束不久的面試經驗。負責面試她的人說，他會再打電話通知面試的結果。等了好幾天以後，她打電話到那間公司去問，對方則回她說，他們沒有電話通知，是因爲覺得直接拒絕別人很不禮貌。

北韓人對自己的直率很自豪，這種明確的態度乃是金正日本人所鼓勵的。外國人通常都會對北韓外交使節的直率感到訝異。玉姬的經驗有如一條線索，讓我初次知道南北韓的文化已經有了相當的差異。還有更糟的呢，在經歷了六十年的分裂跟幾乎完全沒有互動的影響下，我將會發現，自己原先以爲南北韓共享的語言跟價值觀都已各自進化到了不同的方向去。我們不再是同一個民族了。

隔天，金從上海搭機回南韓，然後直接來到我的公寓。看見他時，我整個人都融化了。我們已經三個月沒有見面了。我們抱著對方、臉靠著臉、細聲地說我們有多麼想念彼此，任憑時間一分一秒流逝，我們依舊維持著同樣的姿勢。我想念他的撫觸；他好聞的氣息，他撫慰的聲音。他的頭髮變長了。雖然很不可能，但我覺得他現在又比之前更帥了。

接著，他帶我去一棟位於龍山站的大型電影院。他建議買些東西進戲院吃，問我想吃些什麼。我看著櫃檯上發亮的菜單。上面寫的是韓文，但我一個字也認不得。什麼是納丘斯、帕普空跟扣拉[14]啊？去過中國，我當然認得這些食物。但直接把英文的音用韓國字標示出來可眞是把我弄糊塗了。而且，我很快就發現，類似的事情還多的是呢。聽到有人說他們人在耶勒貝托裡，正準備離開自己的阿帕鐵，要去招一輛泰克希趕去密亭[15]，我就會覺得很困窘。我聽不懂他們到底在說些什麼。我得要去學習。事實上，我得要重新接受教育。

我在一個慈父領袖會供給我們一切的共產國家長大。全體國民最重要的特質是忠誠，不是受教程度，甚至也不是有沒有認眞工作。一個家庭的出身成分決定了一個人的社會地位。在南韓，社會地位也非常重要，但卻不是透過世襲的方式取得，而是透過教育。不過，雖然教育是南韓提升社會地位的重要方法——就算是富有家庭的小孩，也會因爲教育程度很差而四處碰壁——但卻也帶來了苦悶。根據調查，南韓的人民是已開發國家中最不快樂的，而教育帶來的壓力也是原因之一。

我所認識的每一個人，似乎都拚死想獲得良好的教育，以免沉淪到金字塔的底端。爲了要避免這樣的命運，百分之八十的學生都會努力獲得大學的文憑。就連南韓的偶像歌手跟運動員都會取得較高的學歷，免得被外人認爲是程度差的那百分之二十。爲人母者，從幼稚園開始，就會要孩子去上額外的課，讓他們更有競爭力。由於壓力實在太大，因此在學校唸書的那些日子就會變

14 即玉米片、爆米花跟可樂。

15 耶勒貝托為電梯，阿帕鐵為公寓，泰克希即計程車，密亭是開會。

得很痛苦。因為多數人的學歷都很高，如果想要求職順利的話，額外的證書是必要的——例如精通英文或諸如此類。在經歷了這麼多奮鬥以後，如果一個學生有幸進入了韓國的明星企業，例如現代汽車、三星或ＬＧ等，那麼他們就成了人生的勝利組。

來到這個已開發國家，脫北者陷入了困境，因為他們在故鄉接受的教育一文不值。如果他們年紀太大，沒辦法回學校唸書的話，他們只能選擇去做低下的工作。但就算他們很年輕，也會發現自己差人一大截，因此而缺乏自信。住在上海的時候，我就隱約有感受到這種情況；但在首爾待的頭幾個星期，我才開始感受到現實帶來的影響。我到這個時候才知道，在統一院的時候，當他們提到日子將「充滿挑戰性」是什麼意思。沒有大學文憑，我什麼也不是。

因為脫北者的薪資通常很低，而且經常做底層的工作，因此南韓人瞧不起脫北者。雖然歧視跟傲慢的態度通常不明顯，但的確能感受得到。基於這個原因，許多脫北者會試著去改變自己說話的腔調，或是在求職的時候隱瞞自己的脫北者身分。知道這件事情的時候，我覺得很挫折。我待在中國的時候，已經隱瞞了多年的身分。如今到了這裡，我又得繼續隱瞞嗎？

在金的幫助下，我比其他在統一院認識的脫北者適應得還要好。在他們之中，有的人在找服務業或藍領階級等忙個不停的工作。我不想做那些工作。我受夠當服務生了。日復一日的工作，得到的薪資卻只夠餬口，我不想要過這種日子。我花了一些時間才認清了這些問題。在幾個星期以後，我決定要去報名為期六個月的稅務會計課程。我對數字很拿手，覺得這樣能夠讓我找到好工作。我的同學全部都是女性。我很快就會從她們身上知道，南韓人要在自己的社會中獲得快樂是一件多麼困難的事。

她們之中的多數人都沒辦法在聲譽卓著的公司找到一份差事，使得她們因而變得鬱悶而聽天由命，認爲命運在阻撓自己前進。小缺點——太胖或太矮——以及不幸的戀愛經驗會被放大，視爲自己失敗的原因。雖然如此，我仍不免會去同情她們。每個國家都有自己的問題。有時候聽她們在抱怨，會覺得聽起來很像電視通俗劇裡的劇情。

跟金重逢不過幾星期，我已經開始覺得自己就像在演一齣浪漫通俗劇。金跟我一起住在上海的時候，我們對彼此的感情都很強烈，使我深信我們會踏上婚姻的路。我一直在等他求婚。但在經過了兩年又六個月以後，他還是沒有求婚。如今，我知道他的困難點在哪裡了。

金在漢江南方的江南地區長大，那裡是富庶的上流社會聚居之地。他們家在南韓蓬勃發展的年代裡賺了很多錢，因爲房地產價值的飛升而成爲百萬富翁。他的教育程度很高，他的父母也都是名校畢業生。雖然文憑在南韓至關重要，但取得文憑卻不是終點。文憑能夠讓你獲得地位，有良好的社會地位就像買了保險，讓你不用擔心有一天所有的一切可能會忽然陷入混亂的局面。從建國至今，南韓從第三世界變成了世界第十三大經濟體，饑荒跟動亂仍殘存記憶深處。就算失去了其他的一切，一個有地位的人還有家族跟人脈可以依賴。金的朋友都是來自類似的家庭背景。有些是知名的演員跟模特兒——是首爾的俊男美女圈子的一部分。大家晚上一起出去的時候，有些跟我同齡的女孩會搭乘昂貴的西洋運動跑車抵達現場。她們的父母都在韓國的大企業裡位居要職。然而我什麼都沒有——沒有家人，沒有工作，沒有學歷，沒有錢。就像南韓人說的一樣，我沒有「貝克」，也就是英文中的「背景」，意思是說，我沒有人脈，也沒有能幫助我的人。

我並不覺得自己可憐，北韓也有類似的價值體系。窮舅舅是在一個出身成分優良的家庭裡長大，但他不顧家人的建議，娶了住在集體農場的女孩，他的社會地位因此跌落谷底。金大可反抗他的雙親，帶我一起逃離，然後跟我結成連理，我們說不定還能度過快樂的一兩年日子。但浪漫愛情將消逝，讓家人失望的情緒會齧咬他的良心。跟我一起過生活，只會讓他的鬥志一天天消磨下去，然後，就像我相信窮舅舅也曾經歷過同樣的心境，他會得出一個結論：這場婚姻是個巨大的錯誤。

金比我還早意識到這一點——說不定早在我們還住在上海的時候就發現了——因此一直在試著找出解決之道。

有天晚上，在我們跟那群俊男美女道別以後，在回家的路上，他說：「我希望妳可以去上大學。如果妳能夠通過考試，成爲一名醫生或藥劑師，我父母一定會很開心。」

我看著前方，什麼也沒說。他甚至還沒把我介紹給他的父母。

雖然如此，隔天我還是查了一下。醫學院的課程很昂貴，而且只有最聰明的學生能夠通過考試。更慘的是，國情院的人曾告訴我，因爲我在國中都還沒有畢業的情況下離開了北韓，所以我得要花兩年的時間去上課，才能勉強取得申請大學的資格。爲了要取悅金的雙親，我得要耗上十年的工夫。

在二〇〇八年的夏天，我、金，還有一大群他的朋友，我們一起在江南區的一間公寓裡看電視上的北京夏季奧林匹克運動會的轉播。當南韓的運動選手獲勝，他們就會跟附近公寓裡也在收看的人一樣，個個興高采烈的歡呼。我聽見住在附近的人都發出了吼叫聲。他們反覆地說「我們的國家」以及「大韓民國」！我也很開心，但喊不出我們的國家。我想要融入他們，因此也試著去喊，但心卻變得很安靜，口中沒辦法說出那些話。

我依然心繫北韓，我很驕傲地看見自己的祖國奪下金牌，但我不能喝采，北韓是我們的敵人。

後來，我拒絕了金的晚餐邀約，回到了自己的小公寓，我在這裡依然能聽得到其他街區隱約傳來的歡呼聲跟慶祝聲，這樣的情景讓我很沮喪。那天晚上，我醒著躺在床上，看著城市的燈光映照在雲朵上。首爾的天空如同一鍋琥珀色的濃湯，遮住了星星。在惠山市，我可以從自己臥室的窗口看見銀河。

奧運在我的體內燃起了一股濃濃的身分認同危機，這股危機可能已經在我的體內積聚了好一陣子，然後隨著我對金湧起的不安全感，以及認知到自身教育的缺乏，而更形加劇。

我是北韓人嗎？我在那裡出生、長大。或者我是中國人嗎？我是在那裡邁入成年的，不是嗎？或者我是南韓人嗎？我跟那裡的人流著同樣的血，我們是同樣的種族。但爲什麼我的南韓身分證會讓我成爲一個南韓人？住在這裡的人把北韓人視爲僕人，視爲下等人。

就跟周遭的人一樣，我想要有歸屬感，但我沒有一個可以稱之爲祖國的國家。沒有人來告訴我，世界上有許多其他的人的身分也是支離破碎；沒有人來告訴我是哪裡的人並不重要，重要的是，我們要知道自己是誰。

彷彿伸手去拿一本經常翻閱的書籍一樣，我的思緒再次轉到回去北韓的念頭。但現在的我已經是南韓的國民，回北韓是犯法的。如果我回去了，運氣好的話，爲了作爲一種宣傳的手段，北韓的政府會公開讚揚我的行爲，因爲我拒絕了南韓（有些人最後會決定回家，因此這種情況偶爾會發生）；運氣差的話，我會面臨坐牢或者槍決。

母親感覺得出來我孤單又不快樂，我每個星期天都會跟她聊天，但我不想加重她的負擔。她有她自己的煩惱，在軍方的人因爲我送了那三個布袋連同一些錢過去而導致她的房子遭到搜索以後，她每天就過著愁雲慘霧的日子。那個事件吸引了保衛部的注意，因此只要平壤那邊下令嚴格取締，她就會發現自己的名字出現在境內流放的名單上，要被流放到某個偏遠的山村去。每次她都得花一大筆錢去賄賂調查員把她的名字從名單上移除掉，但她擔心自己這樣下去撐不了多久。如果他們知道了事實——她的女兒叛逃到了南韓——他們會毫不遲疑地立刻逮捕她跟敏鎬。

她說，惠山市的日子越來越難捱了，而饑荒也回來了。

我開始非常擔心她。也是時候該讓她來南韓了吧？

我開始會在每個星期天溫柔地勸她來首爾，慢慢提升她的意願。

「我永遠，絕對不會離開。」她總這麼說。

我慢慢地將自己拉出沮喪的境地，冒了那麼多風險才來到這裡，我不能夠在這一刻放棄。那天陽光明媚，在前往統一院的路上，我答應自己會在這個國家出人頭地，讓南韓以我爲傲。無論如何，我都會堅定信念，走向成功之路，我不會失敗。

我非常的用功，也順利在二〇〇八年底取得了會計師資格。一間律師事務所請我去他們那裡上班，月薪是一百三十萬韓元（約等於台幣四萬元），待遇相當不錯。但在考慮之後，我回絕了那個職位。我發現，少了高學歷，永遠也不會有升遷的機會。

我開始考慮去報考困難重重的大學入學考試。

到取得大學的入學資格，我已經三十歲，等到畢業都三十四歲了，我辦得到嗎？我把這個問題貼在一個線上的諮詢論壇裡。這篇文章激起了很多人來回帖。其中一個人說：「跟年紀比妳小十歲的人一起工作會很辛苦。」另一個人說：「放棄吧，直接去找份工作比較好。」還有一個人則回應：「最好的辦法是去結婚。」他們應該要再加上趁現在還來得及的時候。

朴先生卻鼓勵我。他眞心希望看我有所成就，因此鼓勵我去嘗試。然而，在申請之前，我還有一件事情得要做——取一個新名字。

還在統一院的時候，我聽說保衛院一旦發現脫北者是去了南韓，就會懲罰他們在故鄉的親人。幾乎可以確定脫北者裡面一定有隸屬平壤的間諜。因爲這個原因，許多人換了自己的名字。這不單只是唯一的動機，其他更名的人則是因爲命理師告訴他們換名字能帶來好運。

我告訴朴先生自己想要換個有特殊含意的名字，他介紹了一間取名所，他們是專門幫人取名字的專家。我付給負責的女士五萬韓元（台幣一千五百元），然後給了她我的生日，以及家人最早幫我取的兩個名字。

「其中一個名字給妳帶來了厄運。」她溫柔地說。

我忍不住笑了出來。我想起母親在多年以前的清晨帶我去大五泉找那個灰髮的靈媒算命。這個人體面多了，她是一個燙了捲捲頭的中年婦女。當她閉上雙眼，我立刻有種似曾相識的感覺。我覺得整件事情很荒謬，但又很想相信她所說的每一個字。

我決定幫助她。

「我經常會覺得冷。」

「沒錯，」得到我的暗示以後，她說。「沒錯，妳的體質偏陰而背陽，所以妳得取個能溫暖妳自己的名字。」她拿出五個名字讓我選。我選擇了晛瑞。

「取了這個名字以後，太陽的力量將會照射在妳的身上。」但她警告我：「這個名字很強大，會給妳帶來極大的好運，但若它的力量淩駕了妳，妳就會面臨極大的厄運。所以，我建議妳取個小名，好平衡『晛瑞』那非常強大的正面力量。」

不了，我心想。我不要再取更多的名字了。晛瑞就夠了。

二〇〇九年秋季，我用新的名字申請了很多所大學。爲了拿到額外的證書，我開始研讀英文教科書，卻發現學習英文非常困難。如果有學校要我過去面試，或要我參加入學考，那都會是在九月和十月的時候。我得等上幾個禮拜。如果有學校要收我的話，接下來的幾年可以預期將會區分成學期與假期。

但就在人生逐漸開始成形、穩定的同時，我卻被直接拉回了深淵之中。

# 等待二〇一二的到來

「人們也許現在在挨餓，」母親說。她的語氣不再那麼沒把握。「但是事情會好轉。我們都在等待二〇一二年的到來。」

我發了聲牢騷。這天是金日成的百歲誕辰紀念日，距離現在不到三年了。多年以來，黨的文宣資料都不停鼓吹這是北韓完成目標，成爲了「強大又繁榮的國家」的時刻。

我知道沒有事情會因此而改變，但她怎麼會知道呢？她雖然會抱怨生活，但她看事情就只有單一的角度，而且依然認同黨政府的價值觀。外人很難去理解，要讓北韓人去相信「金氏政權不但壞得離譜，更是錯得離譜」有多困難。從很多角度來看，我們在北韓過的日子很正常——我們有金錢上的困擾、孩子快樂父母就快樂、酗酒、擔心自己的事業。我們只是不會去質疑黨所發表的任何文字，而這會帶來非常嚴重的問題。從來沒有離開過北韓的人不會用批判性的方式去思考事情，因爲根本無從比較起——向來都是同樣的政府、同樣的政策，而他們也沒有見過外界的其他社會。因此，我母親就跟其他人一樣，都在等待二〇一二年神祕曙光的降臨。

「媽，妳說那裡的生活越來越差了，情況不會好轉的。」我說。「聽好，我在這裡遇到了許多來自北韓的家庭，通常都是會有其中一個人先過來，然後這個人再從這裡安排，把其他的家人都帶出北韓。」

「我看過好多想要逃走的人因爲這樣而被處刑，」她忽然生氣的說。「我不希望敏鎬因爲我們的關係去坐牢。我不想要在惠山機場被槍斃，妳的阿姨跟舅舅們還得坐在第一排親眼目睹這一切。」

「但是媽，這裡的生活眞的舒適很多，妳想要買什麼都可以，政府會給我們一大筆安家費。」

「妳說過妳過得不快樂。」

「我只是在發牢騷啦，」我所說的話開始穿透她原本抗拒的心態。「我幾乎已經有十二年沒有見到妳了。二十幾歲的青春年華來了又走了，而過程中我一次也沒有見過妳。我想要結婚生小孩，但如果妳沒辦法來看我們，那又有什麼意義？如果我們現在不做點什麼的話，我們這輩子就不會再有機會見到面了。」

電話那頭久久沒有聲音，我發現她在悄悄地哭泣。她說，她沒有辦法接受我們之間永遠都沒有辦法見面的可能性。

我又繼續施壓了三、四個星期。「來待個一年半載嘛，」我說。「如果不喜歡的話，妳隨時都可以回家，很容易的。」

我當然是在說謊，但我必須說服她，我相信自己的謊言是善意的。我們將會重逢，而她將過起平平安安的日子。我不停鼓吹這樣的畫面，因爲她已經開始研究要怎麼在事後去修改紀錄，來讓自己看似從未離開過祖國。

但她仍猶豫不決。

後來，一件轟動惠山市的事件改變了她的想法。懸賞海報貼滿了整座城市，海報上面的人是知名的黨幹部薛正植，他是兩江道社會主義青年同盟的第一書記。很快就有謠言指出他叛逃了。惠山市的居民都很訝異。我母親心想：如果連薛正植這種大角色都能逃離，爲什麼我不行？現在正是逃離的好時機。

在發生這件事情以後的下一個星期天，她想通了。「我決定好了。我會去。」她依舊使用這種模稜兩可的方式來表達，免得保衛部有在竊聽。她很緊張。「安全嗎？」

我幾乎都快叫了出來，我好開心。「我會讓這件事情百分之百安全。」雖然這麼說，但我心裡知道，這種承諾只有中國總理才給得起。

「妳弟不會去的。」

這句話讓我從天上落回人間。「但是他一定要來，你們兩個一定要一起來，把他留在那裡太危險了。」

「他沒問題的，他有他自己的事業，而且他還要娶允智呢。」

「要娶她？」

這件事情我就不知道了。我知道敏鎬的事業，他在走私摩托車——主要是中國品牌「豪爵」跟「雙十」，但有時也會走私高檔的日本摩托車。夏天的時候，他會把摩托車解體，然後用竹筏載著渡江。到了冬天，他會直接把摩托車騎過冰凍的江水。不管賺多少錢，他都會拿出一成來付給邊境守衛，也會給他們香菸、中國啤酒跟熱帶水果。敏鎬解決問題的能力一流，很懂得大街小巷裡的人情世故——他對惠山市最早的記憶是大饑荒，這件事情讓他變得很堅韌——但就跟我一樣，他很頑固。一旦他決定要怎麼做以後，別人很難去動搖他。

我應該要爲他感到高興才對。母親告訴我，允智美若天仙。她滿十八歲的那年，負責物色音樂家及美麗少女來服侍金正日的特派員來到她的學校，全校只挑她一人加入受親愛的領導人管轄的歡樂組[16]。爲了避免讓她被帶走，允智的母親佯裝她的女兒有健康上面的問題。

敏鎬說，他會幫忙帶媽媽進入中國，但他事後仍會留在北韓。他說，允智的媽媽在保衛部工作，他相信她能夠保護他，他們家的人絕對不會洩露出我們的祕密。

我沒辦法再多說些什麼了。敏鎬顯然非常喜歡這個女孩子。

我開始擬定計畫。我計畫的第一步，是要先聯絡上金牧師。信奉基督新教的金牧師中年歲數，他所參加的組織每個星期六都會在首爾熱鬧的商店街區「仁寺洞」參加人權遊行。在首爾，吵鬧的遊行隊伍是日常生活的一部分。每次只要去市中心，我都會看見一個手裡拿著陳情標語牌的抗議者待在政府大樓的外頭，或者是頭上綁著寫了訴求的頭巾的工人們唱著歌曲，同時雙手對著面前的空氣揮舞。第一次看到他們的時候，我很訝異——南韓的國民可以大喊出他們的不滿，而且不會遭到逮捕或公開處決。

16 為女性組織，成員約兩千人，受國家領導人直接管轄，負責為勞動黨內的高級官員提供性服務及娛樂，有時也會用來招待貴客。旗下分為三個小組：「滿足組」負責提供性服務，「幸福組」負責提供按摩服務，「歌舞組」負責唱歌、跳舞（包含脫衣舞）表演。

透過他在中國認識的人脈，金牧師幫助了數以百計的人逃離了北韓。他的專長是引導脫北者們穿過中國西南方的城市昆明，然後跨越國境進入越南，脫北者們就可以從那裡出發，自己走到南韓的大使館。

這趟橫越中國的旅程超過三千公里，得花上一星期的時間。由於路途艱險，因此有些脫北者會隨身攜帶毒藥，被逮捕時，他們寧可服毒自盡，也不願被送回北韓。南韓在北京有大使館，在中國各地也有領事館。南韓不希望因爲接納了尋求政治庇護的脫北者而惹惱中國，因此就跟中國當局串通，把這些脫北者阻隔在外。就算一個脫北者僥倖進了大使館的大門，這個人還是有可能要面臨漫長的等待期。有些人足足等了七年，中國才准許他們離開。

某個週六，我在抗議現場的人行道上找到了金牧師。一旁有人大喊要大家靜坐抗議。金牧師跟我說，我母親得自己渡過鴨綠江，但接著就可以由他來帶路，費用是四千美元。或者，她可以自己跨越中國，去到昆明，再由人帶她去位於越南的南韓大使館，這樣的費用則是兩千美元。他會安排一名中國的仲介去引導她。我謝過他，同時記下他的電話號碼，但我的心情很沮喪。

仲介。

那天晚上，我在公寓裡反覆思索這件事情。金打了電話來，問我今天做了些什麼。我張開口準備跟他講，但想想算了，他不會懂的。他會告訴我那麼做非常危險，而且他會想知道爲什麼我就是不能滿足於現狀。他不了解北韓。他的朋友們也是——他們多數排斥去想北韓，遑論提及北韓。如果我提到北韓，他們的心裡就會關上一扇門。北韓是他們住在閣樓裡的瘋叔叔，是一個應該要避談的話題。

我本來很希望金牧師能夠想辦法去避免讓仲介參一腳，但我知道就算是人權組織，也必須仰賴一些在地的豺狼虎豹。這些仲介的眼裡沒有法律，他們的動機就是錢，因此多數不值得信賴，態度也很差。如果情況出了差錯，他們會像晨霧一樣立刻消失，讓他們的顧客落入警察或是更可怕的人的手裡。如果我母親因此而被遣送回北韓的話，我永遠也不會原諒我自己。在跟玉姬聊過以後，我決定只會在旅程的最後階段動用到仲介的幫忙——也就是在離開中國的時候。

我會去長白縣，在江邊跟我母親碰面。我會自己帶她橫越中國，去到昆明。

# 一個充斥著鬼魂與野狗的地方

我按下電鈴，感受到跟當年相似的忐忑感。忽然間，我就變成了十七歲，同樣站在這扇門的外面，準備展開我的冒險。我在顫抖。比起首爾，中國的北方冷多了。我穿了一件連帽的厚運動衣、牛仔褲、慢跑鞋，把我所有的東西都裝在一個背包裡。我聽見有人走近，門閂發出喀鏘的聲音。

「我的老天啊，」伯母說，她把我從上到下打量了一番。「妳變了好多。我最後一次看到妳的時候，妳還只是個小女孩呢。」

她外形上的改變也讓我嚇了一跳。她變成了一個老婦人，又瘦又駝，手指因為風濕病的關係而發腫。眼前的景象很快就讓我想到，自己的母親一定也不知道老了多少。

伯母邀請我進門。她把公寓重新裝潢過，因此帶我四處看看。吉他依然放在我以前住過的那間房裡。她說，伯父出遠門去談生意了。

我很久以前就把欠伯父的錢都還清了，也持續都有在跟他聯絡。多年前，我因為不想嫁給根秀而逃離了這裡，希望時間已經撫平了我當年帶來的傷害。我聽說根秀後來結婚了，我很替他開心。我再也不用為了他堅持不嫁了。她那可怕的母親一直想要抱孫子，我很好奇不知道他生了沒有。我不敢問。

伯母很熱情地歡迎我，顯然過去的嫌隙就算仍舊忘不掉，他們已經選擇原諒了我。我放下了心中的石頭，因爲我又一次需要她的幫忙，而且是個大忙。

「我的身分證？」她嚇了一跳。

我眼神低垂。「我在兩個禮拜以內會寄回來給妳。」

爲了要讓我的計畫能夠成功，我需要借一張眞正的身分證讓我母親使用。聽完我的解釋以後，伯母笑了。我很高興聽見她的笑聲。

「嗯……我想應該可以吧。」

我把時間都算得很清楚，因此沒辦法在伯母家久留。收下她的身分證以後，我爲自己必須立刻離開這件事情跟她致歉。她搖了搖頭，給了我五百人民幣（約台幣兩千四百元），並祝我一切順利。不到一小時的時間，我已經搭上了前往長白縣的夜間巴士。

我小心地把伯母的身分證收進皮夾裡。我身上帶的錢足夠付給仲介、買食物、住宿跟交通費，在上海存的錢就只剩下這些了，我一直都是靠這筆錢跟南韓政府每個月提供的一小筆津貼三十五萬韓元（約台幣一萬元）過日子。

現在來到二〇〇九年九月的尾聲了。所有的事情都很順利，兩個禮拜以內我就會回到首爾，而我的母親——我因爲恐懼跟興奮而渾身顫抖——我親愛的母親將會在胡志明市的南韓大使館尋求政治庇護。這表示，如果有大學接受了我的二〇一〇學年度的入學申請，我仍然會有足夠的時間參加隔年春天的入學考試及面試。

擔任警察的朴先生警告我要特別小心。「不要跟任何人提到妳是脫北者。」在許多案例中，明明脫北者身上帶著合法的南韓護照去旅行，中國的警方依舊把這些人逮捕後送交給了保衛部。因此，我一通過在瀋陽的入境大門以後，就立刻把南韓的護照藏起來，拿出了我以前使用的中國身分證，這樣會讓我比較安心。

在清晨三點的時候抵達長白縣，我登記入住了一間兩星級的飯店做準備。在敏鎬帶著母親跨越邊境之後，我的計畫就是在敏鎬回到惠山市以前，跟他們兩個一起共度幾天的假期。為了讓他們融入當地的中國人裡面，我買了幾件長褲要給敏鎬，買了幾件色彩鮮豔、品質良好的衣服要給母親，而她得把所有北韓製造的東西統統丟光。

我跑了鎮內的多家旅館，要看看哪家最安全，最後選定了長白賓館，因為長白賓館的大廳是最大的，這樣我們要出入的時候就不用每次都還要經過服務台。長白賓館也是鎮內最貴的旅館，因此，無論是中國的警察或保衛部的特務，也都最不會想到這裡居然躲了脫北者。隔天登記入住長白賓館的時候，我選了一個有兩張雙人床的房間。

敏鎬確認了計畫——他會在隔天晚上七點到八點之間，帶著我們的母親來長白縣。他告訴我他們會在哪裡渡江。我知道那個地方：在靠近中國的這一側有一棟廢棄的房子。

母親的脫北計畫非常巧妙。如果她跟多數脫北的家庭一樣——把所有的東西都留在北韓，就只有人消失——當局就會在事後來找敏鎬的麻煩。但同時她也知道，如果她先把房子賣了，當局仍然會想知道她究竟跑去了哪裡。不管她選擇哪一種做法，敏鎬都會被質疑。為了要先發制人，她賣掉了房子，然後告訴市政當局她要搬去咸興市。然而，她卻沒有去登記自己在咸興市的住處，而是買通了一名當地的醫生，請醫生為她開立死亡證明跟喪葬文件。如果保衛部調查的話，情況看起來會像是她在前往咸興市的旅途中去世了。

隔天晚上六點十五分，我開始準備。我很害怕，卻也莫名地興奮。感官都變得很敏銳，身體因爲緊張而變得緊繃。我把手機調成靜音，穿了一身黑。我拿起一個袋子，袋子裡裝了要給母親跟敏鎬換上的新衣服。然後，平靜又堅定地穿過旅館的大廳。到了旅館外面後，我招了一輛計程車，要司機沿著江邊開約一百八十公尺，到小鎮的盡頭處。那裡，在一排低矮的建築物後面，那棟廢棄的房屋就藏身樹林之中。我在一堵老舊的花園牆後面蹲下身子等待，這個地方又冷又潮濕，而且還聞得到朽葉跟動物糞便的味道。我從牆的上面往外偷看，看見北韓的邊境巡守隊正走過對岸。藏身昏暗的樹木底下，我覺得自己有如與環境融爲了一體。

夕陽的顏色看起來很不吉利，宛如一塊上面有著混濁的紅色跟黃色的調色盤。江水另一面的惠山市看起來沒有任何的生命跡象，有如一座從岩石裡挖出來的城市，或是一座精巧的墓園。那是一個充斥著鬼魂與野狗的地方。我一點也不懷念那個地方。我對它只懷有蔑視的情緒。你如果膽敢不把母親給我，大家就走著瞧。

一陣凍寒的微風吹得樹葉繞圈打轉，也使得江水的表面掀起了一陣漣漪。要不是因爲緊張跟興奮讓我渾身有了動力，我一定會在一個比較溫暖的地方等。在這邊連站著不動都讓人覺得冷。

時間逼近了，我就要再次見到媽媽了，眞不敢相信這件事情就要成眞了。

敏鎬告訴我，他會帶著媽媽橫渡高度齊腰的江水，然後幫助她爬上中國河岸這邊的樓梯。江水一定冷冰冰。

在那一小時裡面，我每分鐘都會拿起自己的手機來確認時間。

已經八點了，但仍然沒有看見他們。一隻夜鳥發出哭喪般的叫聲，嚇得我跳了起來。

十五分鐘過後，夜幕如灰雲般降臨。我看不見對岸的任何東西。惠山市斷電了。

我的手腳冰冷，每分鐘的溫度都不斷下降，我不知道自己的牙齒是因爲寒冷或是慌張而打顫。他們到底在哪裡？

又過了一個小時。

然後黑暗中忽然發出了聲音：「嘿！」

我的心臟狂跳。一道光線在北韓岸邊的砂石小徑上來回晃動，是兩個一起巡邏的邊境守衛跟另外一組守衛打招呼，他們每兩分鐘都會經過一次。我不記得以前有這麼多的守衛。他們距離我只有五十公尺，我聽得到他們說話的聲音。

其中一組守衛帶了一隻狗，那隻狗把頭轉往我的方向吠叫，引得十多隻狗都跟著叫了起來。我忽然想起了一個壓抑了很久的回憶：曾在某天早上，我看見冰上流淌著血。逃脫失敗。我用雙手摀住耳朵。如果那些狗能夠不要再吠叫的話——

我的電話在響。

敏鎬的聲音又快又緊張。

「我們有麻煩了。」

# 兩難

敏鎬很快地解釋：在他跟母親準備要渡江的時候，他們就立刻遇到了一名邊境守衛。幸好這人之前有收過敏鎬的好處。那個守衛跟他說，上頭告訴所有的守衛，說今晚有來自平壤的高官一家人想要叛逃，因此要他們嚴加戒備。他說，沿岸不只增派了更多守衛，也有保衛部的特務。整個區域都被封鎖了。那名守衛說他還要繼續警戒，要敏鎬多留一會兒陪他。同時，我母親就跟他們道了晚安，然後走開了。

敏鎬說他跟母親會在黎明以後再試一次。

我回到長白縣，現在的時間是午夜，小鎮裡空無一人。我獨自待在黑暗中，覺得自己無處可藏。我緊張得睡不著覺，因此找了一間整晚都不打烊的餐廳。我點了一碗大醬湯，然後把敏鎬說過的話再回想了一遍。眞不敢相信。我居然選了一整年裡面最糟糕的夜晚要叫我母親渡江，而且事情已經出了嚴重的差錯。我要自己保持冷靜，好好地把事情都想清楚。幾個小時以後，一切就會沒事了。我喝不完那碗湯。走回旅館，衣服也沒脫，我想說要打個盹。

我一定是迷迷糊糊地睡著了，因爲恢復意識的時候，手機就在我臉的旁邊在響。

「我們會在六點到那邊，」敏鎬說。我跳下床。幾分鐘以後，我人上了計程車，他又打了電話過來。「我們過來了。我們現在躲在那棟廢棄的房子裡面。」

我欣喜若狂，我已經有十一年九個月又九天沒有看到我親愛的母親了，如今我再幾分鐘以後就能見到她了！我要司機待在原地，然後走過粗糙的地面朝著河岸的方向走去。

東方的天空泛起了一層淡淡的藍綠色。接著，就在那裡，約在眼前五十公尺的地方，在廢棄的房屋旁，我隱約辨識出兩個人影，他們半蹲著身子朝我走過來。

媽媽。在不明亮的燈光中，我看見了一張緊張、老邁的臉龐，以及一具腳步非常僵硬的身軀。站在背後的敏鎬摟住了她，保護她的同時，也在引導她往前進。

我跑過去找他們，但沒有時間上演重逢的戲碼。「我們得走了。」我說。

在河岸與小鎮之間空無一物，沒有任何東西可以遮蔽我們的身影，中國的邊境守衛就要開始巡邏了。先前，我要計程車司機在看不見這邊的地方等，但他說不定有跑出來，而且看見了這一切，他說不定會舉報我們。

我把買給他們的衣服都拿出來。「穿上這些衣服。直接套上去就好。快。」在他們穿好以後，我就帶著他們走向那輛計程車。「動作不要太大，正常就好，不要說話。他會以為你們是當地人。」

我們坐上計程車。為了避免司機舉報我們，我要他載我們到另外一間旅館。十分鐘的路程裡，我們只是坐著，一句話也沒說。我付了車資。這裡沒有給小費的習慣，但我沒有要司機找錢。我們下了車，司機開車離開以後，我們就往長白賓館的方向走。時候還很早，附近沒有任何人。大廳空無一人，唯一的一名接待員忙著在講她的手機。我把母親跟弟弟送進了電梯，要他們去房間等我。接著，我來到了櫃檯的前面。

「哈囉，」我語氣輕鬆地說。「那個婦人也會住在這裡。我們明天下來吃早餐的時候，我會把她的身分證拿過來這邊讓你們登記。那個男的不會留在這裡過夜，他很快就會走了。」

「喔好。」她說完以後忍不住打了一個呵欠。

走進房間以後，我關上了門。有那麼一段時間，我們只看著彼此。我們三個已經有半輩子的時間沒有待在一起過了。沒有人說得出話。然後我母親忽然痛哭了出來，她全身的壓力也隨之鬆懈。我摟住她。我的喉頭哽住了，從來也沒有像此刻一樣同時感受到劇烈的歡樂跟哀傷。母親失控狂哭，站在她背後的敏鎬的臉看起來十分哀傷。這些年來，他跟她一起承擔這些痛苦。而很快地，他就要跟她道別，而且說不定此生將不再見面。我們往後退了一步，彼此凝望，看清楚我們臉上的改變，看清楚歲月對我們的摧殘。母親看起來無助又脆弱。我的腦海裡依然殘留著我離開那晚所看到的她的影像，她當時四十二歲，是一個活力充沛又坐不住的女人。如今的她五十四歲了，但她看起來卻更老。她比我記憶中瘦多了，而她的嘴巴憔悴又滿是皺紋。

他們倆都變了。敏鎬是一個成熟的男人了，我從他的肩膀跟手臂看到了他的力量。我們上次見面已經是八年前的往事。當時我們在安先生家才重逢不久，就被黑幫分子給打斷了。跟我們的父親一樣，他把情感都埋藏在心裡，但他卻在看到母親的悲痛後，雙眼盈滿了淚水。她的雙手在顫抖。她摸了摸我的臉，然後摸了摸她自己的臉，然後又摸了我的臉。

「媽。」我說。她看見我眼裡的擔憂。

「我在剛剛的十二小時裡老了十二歲。」她說。

我笑了出來，然後又再一次去摟住她。她總是拿自己的長相來開玩笑。摟住她的同時，我忽然想起，她底下還穿著那些又濕又冰的衣服。

在洗了熱水澡以後，他們看起來放鬆多了。但我卻又開始擔心了，我們還沒有安全，得要掌控局面，保持警覺，這個計畫裡最困難的部分還沒到呢。

「妳臉上怎麼起了這麼多疹子啊？」母親說，彷彿時光從未流逝。在我十七歲的時候，她也會對我說出一模一樣的評語。為了準備這一切所帶來的龐大壓力在我的臉上帶來了一場大浩劫。

「早知道我應該帶點冰塊來給妳才對。」安非他命。

「我覺得這不是個好主意耶，媽。」

「冰塊對妳的皮膚很好。跟水攪拌在一起，用來洗臉，這些疹子馬上就會消失無蹤。」

「我晚上開車的時候也都會用冰塊來提神。」敏鎬說。

現在跟他們爭這些沒有意義。兩個分開的世界在這個房間裡碰撞在了一起。敏鎬換上了我買給他的新牛仔褲跟上衣，他看起來很帥，我的弟弟。我不想去想我們那迫在眉睫的分離。

我們全都睡眠不足，但卻沒有人想去睡覺。我想知道昨天晚上發生了什麼事。他們在河岸撞見了那個邊境守衛以後，母親就暫時去住在附近的朋友家裡等待著。在陪了那個守衛幾個小時以後，敏鎬回到了允智的家。在結婚以前，他都會跟她以及她的父母一起住在那裡。婚禮已經在籌備當中，但確切的日期還沒決定。

「你們兩個應該要待在一起才對。」我看著他們兩個說。

「我不能夠讓允智知道我在幫媽媽逃走，」敏鎬說。如果他們的關係後來生變，這件事情將會爲他帶來致命的影響。「如果我們昨天晚上一起過來，我就會簡單打個電話給她，說我在這裡還有點生意要處理，一兩天以後就會回去了。我今天早上離開的時候，她還在睡。我寫了一張字條給她。」

敏鎬跟母親在天亮以前走回河岸旁，當時有兩個守衛在巡邏。他們問他那個女人是誰。他告訴他們她是自己的客戶，她想要去中國跟人碰個面，會再回來。

「我告訴他們，她會付我一大筆錢。因此等到回去以後，我得給他們一些東西。」敏鎬遲疑片刻，我看到他眼神中的擔憂。「有趣的是，我們在聊天的時候，又出現了更多守衛。他們要來跟前方的守衛換班。忽然間，總共有九個守衛停下來在跟我們講話。其中有些守衛試著要勸我不要帶著那個女人渡江。他們相信我，但他們不知道她是誰。他們說，把那個女的留下來吧。因爲要跟他們爭辯，所以我們延誤了一下子。」

我說，他應該要等到守衛離開了才出來。

「天快亮了，我不想要碰到對岸的中國守衛。反正，這些人全都認得我，沒有什麼問題，我跟他們道別以後就渡江了。」

一群人共九個警衛，就這樣看著他牽著母親的手涉過齊腰的江水而過。

這個畫面眞的太諷刺了，我開始咯咯笑個不停。對任何想要逃跑的人來說，穿越國境是過程當中最危險的時刻。但所有那些守在河邊的、持槍的邊境守衛居然就這樣看著我弟弟跟母親離開，還跟他們揮手道別。

下一刻，我們三個都變得笑中帶淚。

隔天早上坐電梯下去吃早餐的時候，我告訴母親跟敏鎬，在用餐的時候說話要小聲一點。我會時不時地用中文跟他們說些什麼。其他時候，我們都保持安靜，不要說韓國話引起別人的注意。我很擔心大家會注意到敏鎬，他是整間旅館裡最年輕的人，其他的住戶都是中年人或長者。

早餐結束以後，我們冒險出了門，控制自己盡量少說話。雖然很多住在長白縣的人，都是以韓文當作主要語言，但太重的北韓腔調會引起別人的懷疑。我們去一個市場裡買東西，這樣我就可以讓他們看看貨架上的商品有多齊全。然後我帶他們去一間高級的韓國餐廳吃中餐。我又一次想，這裡應該是人們最不預期會看到脫北者的地方。但我同時也想要招待他們吃頓好料。敏鎬很快就要離開我們了，而我希望我們三人能在這最後相聚的時刻留下美好的回憶。

回到旅館的房間以後，敏鎬打開手機。電話立刻響了。是允智。

他接起電話時，她正在大聲吼叫。母親跟我聽得到她所說的每一個字。「你在哪裡？你身旁那個賤人是誰？」

「爲什麼妳會這麼問？」

「你難道不知道發生什麼事了嗎？」

「冷靜一下。怎麼了？」

「這裡的每一個人都要爆炸了，讓你渡江的高階守衛人現在就在我們家裡，他快嚇死了。」

「爲什麼？」

「有人通報他的指揮官，說你帶著一個女人渡江了。那個指揮官說，如果你現在就立刻帶著那個女人回來，那一切就到此爲止。但如果你自己一個人回來，你就要惹上大麻煩了，連帶那個讓你渡江的守衛也會遭殃。他們會指控你是人口販子。」敏鎬不可置信地瞪大了眼。「那個守衛人在這裡，他正在懇求我叫你回來，現在。」她說。「還有，你帶著一起渡江的那個賤女人到底是誰？」

「她來這邊拜訪親戚。」敏鎬的聲音聽起來很困窘，含糊其辭。

「那，你幹嘛不帶她渡江以後就立刻回來？」

「她付了我很大一筆錢。」

「我們不缺錢。幹嘛爲了那個賤貨冒這麼大的風險？」

「說話不要這麼難聽。」

「快帶她回來。」她大叫。

「我之後再打給妳。」

他掛斷電話，整個人癱倒在床上，手掩住了臉。

母親跟我聽到了一切。

敏鎬陷入了一個兩難的局面，這是他生命中最困難的抉擇。他得要回去，但又不能帶著母親走——否則他們會質問她跑去中國做什麼。唯一有可能的答案就是來跟我碰面。如果隻身回去，他會被控人口販賣的罪名，而且會被刑求逼供。保衛部會瓦解他的防備，很快就會得知實情——他在幫助自己的母親叛逃。他將會被關進政治犯監獄，一進去就再也出不來。他的人生將到此爲止。

我走到窗邊，前額砰的一聲撞上了玻璃。我設想了很多有可能會發生的災難場面，但卻萬萬沒想到情況會變得這麼複雜。足足有幾分鐘的時間，我們什麼話也沒有說，沉浸在自己的思緒中。

我打破了沉默。

「敏鎬，如果回去的話，你會惹上很大的麻煩。」我緩慢又平靜地說。

敏鎬宛如一尊蠟像。母親什麼也沒說。

「如果你們兩個一起回去，情況會更糟，因此媽媽不能跟你一起回去。所以我們只有兩個選擇，我們可以期望你跟守衛們的關係能夠幫助你解決掉這個難題……」我在跟他說話，但他卻一副聽不到我說話的樣子。「另一個選項……則是不要回去。」

我的話語在房間裡面迴盪。

「你的守衛朋友完蛋了，我也覺得他很可憐，但我們是你的家人。敏鎬，你不能回去，你絕對不能回去，太危險了！你得跟我們一起走，我沒有預料到會發生這種事，但我們一定能夠找到辦法解決的。」

我知道其實別無選擇，但我得讓他自己決定。兩個選項風險都很高。敏鎬得以偷渡客的身分橫渡中國。再者，我已經準備好母親身上要花的錢跟給仲介的費用，但若要連他的部分一起加進來，我的錢可能就不夠用了。我不確定我們能不能辦得到。但如果他眞的認爲自己可以厚著臉皮回去，透過賄賂的方式解決這些問題，那也是他自己的選擇。

敏鎬受到了很大的打擊。

「我不可以回去，」他的聲音很小很小。「我們都知道的。」

我握住母親跟他的手，然後摟住他們。「我們會一起離開。我們會盡全力去做。」

他的電話響了。又是允智。

「你在回來的路上了嗎？」她問。

「我還需要再一天的時間。」他小聲地說。

他正在拖延時間，在想要怎麼跟她講。她的雙親喜歡他，也有人脈可以幫得上他。但如果他們認為他要拋下她，他們也有能力讓他走不遠。保衛部的人有權力來到中國追捕脫北者。

「你一定要回來啊！」她哭著說。我們都聽見了她的啜泣聲。

她已經感覺到他不會回去了。

到了早上，我們決定要盡快離開長白縣。敏鎬害怕地打開手機。電話不到一秒就響了。允智又打來了。她現在比較冷靜了。她說，她有預感他不會回來了。她待在房裡，她的雙親都在身旁。

「跟我說……那個跟你在一起的女人。她真的是陌生人嗎？還是你母親？老實跟我說。」

「是我母親，」他說。「我姊來接她。這就是我渡江的原因。」

她的雙親已經料想到了。她又開始哭泣。

「敏鎬，拜託你回來。」她在懇求他。「你留了一張字條給我，但你自始至終都知道自己不會回來了，你怎麼可以在我睡覺的時候沒有說一聲就離開我？」

母親摀住自己的嘴。她的心很痛。

敏鎬的嘴唇在顫抖。「請妳相信我，我也想回去，我眞的想，但我不能帶著我媽回去，所以我怎麼有辦法現在自己一個人回去呢？妳去打開放錢的抽屜，我的錢全部都在裡面。如果我眞的打算要走，我怎麼可能會把錢全部都留在那裡呢？」

「我相信你，」她說。「回來吧。」

「敏鎬。」現在是一個男人的聲音。很嚴肅。是允智的父親。「請你現在立刻就回來吧。我求求你，爲了允智回來吧。」

敏鎬沒有回答。他在深呼吸。我以前就看過他這樣的表情。在他還是個小男孩的時候，如果他希望某件事情不要發生，他就會露出這樣的表情。我從他手裡接過電話。

「我是敏鎬的姊姊，」我說。我聽見自己聲音裡的冷靜。「我們希望他回去，他也想要回去。他現在不管做什麼都很危險，但請你們要諒解，現在立刻回去是個危險的選擇。」

「我知道這個問題很嚴重，」他說。「但我們也會盡力幫忙。不管要花多少代價，我們都會想辦法解決這個問題。」

「很好。謝謝你。我們也會想想看有沒有其他的辦法，」我說。「我們明天再聊吧。」

我可以聽見允智在背後幾近歇斯底里的哭泣聲，我結束了通話。這場災難的規模很明顯。他們兩個戀愛了。

我把手機關機，然後意料之外地流下了許多眼淚。我好累。我轉頭過去看母親，她從頭到尾一句話都沒有說。我能夠想像她心底的罪惡感。她一直都是我們生命中的支柱，她總是會幫我們解決所有的難題，搞定任何情況。如今，我們不過才重逢了一天，她卻要眼睜睜地看著自己的孩子因爲這起不幸的事件而飽受掙扎。

「我去沖個澡。」敏鎬說。

母親疑惑地看了看我。他關上浴室的門。我們聽見他打開了水龍頭，把馬桶沖了水。隨著嘶嘶一聲，蓮蓬頭打開了。母親跟我看著彼此，然後我們低下了頭。我們聽見他在啜泣，我們覺得很痛心。他除了自己的身體跟身上的衣服以外一無所有，他的母親跟姊姊卻什麼忙也幫不上，說什麼也沒有用。

幾分鐘以後他出來了，他已經穿好了衣服，正在用毛巾擦乾自己的頭髮。我假裝什麼也沒有聽到。他回復了一部分的沉著。

「那麼，姊，妳有什麼計畫？」他之前總在電話裡叫我姊姊，親耳聽到他這麼喊讓我覺得心滿意足。

「我們要在一個小時以內離開這座小鎮。」

# 進入黑夜

我把敏鎬跟母親留在旅館的房間裡，自己去客運站買車票。街道繁忙，我因爲緊張而渾身緊繃，彷彿每個跟我錯身而過的人都要掏出手機聯絡保衛部似的。到了車站以後，我才明白自己爲什麼那麼緊張。到處都是警察——穿著海軍藍色制服的公安民警，以及穿著橄欖綠色制服的人民武裝警察[17]。發生了什麼事？

要買票的時候，櫃檯後面的女人伸出了她的手。「妳本人還有其他乘客的身分證。」

我很驚訝。「身分證？」

「妳不知道嗎，」她語調平板的說。「今天是國慶日。」

難怪有這麼多的警察。今天是十月一號。而且今天還不是普通的國慶日。今年是二〇〇九年，是中華人民共和國建國的六十週年慶。平常的這個日子，路上的警力都會加強，免得有任何事情干擾了這天的節慶。但由於社會普遍認爲六十週年非常吉利，因此警力也隨之調整到最高。

我不可置信地四處張望。我不單選了一個最差的夜晚讓我母親渡江，我還選了一個十年以來

17 與台灣人常以「公安」稱之的民警不同，人民武裝警察（簡稱武警）與人民解放軍一樣採軍事化管理，因此被稱為「士兵」或「戰士」，屬於軍人。武警的主要功能是鎮暴、反恐，也會上街巡邏以震懾罪犯。

最差的日子要去遠行。

「敏鎬，你有辦法從長白縣這邊認識的人手上借到一張身分證嗎？誰都可以。」

敏鎬說他會試著跟幾個有跟他做過生意的人問看看。

第一個男人開了一間摩托車行。看我們靠近，他就走出了店門，把雙手在一件沾染油汙的T恤上抹了抹。

他用來問候我們的話是：「你怎麼會跑來這裡？這女的是誰啊？」他其實不胖，但他懶洋洋地站著，把顆大肚子掛在腰帶上。

敏鎬說兩天以後是韓國的秋夕，所以他來這裡買些禮物要送給家人。他說我是他的瀋陽表姊。他也想去瀋陽，但得借張身分證用個幾天。

「如果我借你了，然後你惹了麻煩，我要怎麼辦？」

敏鎬告訴我這人雖然誠實，但只要聽到是要犯法的事，就成了個人生的膽小鬼。

「到時就說被人偷了吧。」我說。

他鼓起臉頰，緩緩地搖了搖頭。

敏鎬的第二個聯絡人是個摩托車零件的買賣商，人很友善，鬍子有些凌亂。我們請他吃了中飯，跟他說了同樣的話。我還另外提到要付給他一千人民幣（台幣四千八百元），而且一星期以內就會把身分證還給他。

「如果你被抓了怎麼辦？」他說，同時點了根菸。

「就說你的證件不見了，辦張新的就好。」

他把笑聲、緊張，跟煙霧都一股腦一起噴了出來。「到處都是數不清的警察。他們會抽查每一個路過的人。」我看得出來他想拒絕。但他只說：「給我一天的時間，讓我考慮考慮吧。」

除了等，我們也沒有其他辦法。我去了安太太的家，想看看她能不能幫忙。房子都用木板釘了起來。一個鄰居說她搬走了。

我們沒有其他辦法了。要不是那個賣機車零件的人答應，要不就沒了。與此同時，我又得付一晚昂貴的旅館費。

我走到了一個狹窄的角落，不自覺地閉上眼，對著祖先喃喃自語，迫切地懇求祖先能夠幫我們的忙。但我不奢望會發生奇蹟，我們的前途看似一片渺茫。

我們隔天在吃早餐的時候，那個零件商打了電話過來。

「想到要做這種事，我就嚇得屁滾尿流。但敏鎬幫我賺了很多錢，我欠他這個人情。」

拿到身分證以後，我發現那個男人今年三十八歲。敏鎬才二十二歲，而且長得跟他一點也不像。不過性別才是最重要的。我相信所有的警察主要都是查看性別欄。這張證件的格式跟我的也不同——上面同時寫了中文跟韓文，我以前從來沒有看過這種身分證。

那個零件商跟我們說，警察單位在六十週年紀念活動開始以前，會實施大規模的社會淨化運動。出遊的旅客將面對到處都有的盤查跟路障。比較合理的做法，是等到兩週過後，等所有的事情都慢慢平靜下來以後再出發，但我沒有那麼多的錢。我們得前進。我不想嚇壞母親跟敏鎬。我再三跟他們保證，我相信我們的運氣會很好。如果命運跟我們站在同一個陣營的話，不管我們遇到什麼事情，它都會保護我們。如果情況相反，那我們不管怎麼做，都依然會遭殃。

我在客運站買了三張一百六十人民幣（台幣八百元）的車票，發車時間是隔天下午兩點。車上備有由兩條走道區隔的三排雙層臥鋪。我請售票員給了我巴士後方第二層的三個位置。我的想法是，如果巴士停下，警察會走進來檢查所有人的證件。如果我們的位置在後方的話，警察既看不清楚我們的面貌，也不會仔細檢查證件上的照片是否跟本人相符。

巴士準時出發。我們的大冒險開始了。因爲不安，我的胃緊緊地絞在一起。但我也抱有希望，敏鎬能夠拿到身分證這件事，讓我認爲上天已經開始眷顧我們了。我們從西南的方向離開小鎮，沿著鴨綠江走。我們旅程的第一站是距離這邊約四百公里的瀋陽。我們會走過鄉間的丘陵地段，旅程得花上十二個小時。

我拿起照相機，對準窗外。我前一天拍了幾張惠山市的照片。窗外的風景飛逝而過，說不定我以後再也看不到這裡的景色了。這件事讓我深思，讓我覺得很難過。我瞥見了在對岸舊家的白色高牆。我想起了多年以前，當饑荒還沒發生，某年春天的那段日子。想起父親帶我們去打水漂，想起江水對岸的世界看起來是如此的寬闊而神祕。

巴士經過了在友誼橋末端的海關檢查哨。我拍了最後的幾張相片。接著，我們的旅程開始才不到五分鐘，巴士就忽然減速，停在路邊。

我們朝走道探出身體，看看到底發生了什麼事。巴士的液壓門嘶一聲打開了。一名穿著綠色制服、戴著綠色帽子、手裡拿著一把自動步槍的士兵上了車。

我感覺到自己的五臟六腑糾成了一團。

我從敏鎬那邊的窗戶往外看，一群人民武裝警察組成了一個看起來類似臨時檢查哨的地方，前方路上的兩旁都停著吉普車。

那個士兵沿著走道前進。他並沒有要大家拿出身分證，他在檢查大家的眼睛，當面看著每個乘客的臉孔。爲什麼要這麼做呢？要看受檢對象有沒有緊張的跡象嗎？要看對方長得像不像中國人嗎？直到這時候我才意識到，敏鎬是這輛車上唯一的男性，其他的乘客都是女性。敏鎬甚至看起來也不像中國人，他飽經風吹日曬，膚色比同齡的中國男性來得深，北韓人根本就沒有聽過什麼叫做防曬。早先在街上的時候，我拿了一頂自己的棒球帽讓他遮陽。此刻，他用帽子遮住了眼睛，假裝自己睡著了。

那個士兵慢慢前進，仔細看著眼前的每一張臉。我聽得見自己的心臟怦怦跳個不停。他已經檢查完半數以上的乘客了。

我看著那座飛舞著旗幟的橋樑，可以看得見遠方的北韓守衛。

士兵就在旁邊了，他看著我的眼睛，然後他看見了敏鎬。

彷彿就像慢動作，我把腿從臥鋪上放下，擋住了走道。我感覺到手裡有個堅硬的金屬物品，是我的相機。想都沒想，我就把鏡頭對準了那個士兵，拍了一張照片。閃光燈不知道爲什麼亮了。

「喂，喂，喂。」他說。

然後我轉過身，把鏡頭對準窗外，然後開始拍下檢查哨上的武警的照片。

他抓住我的手臂。「不准拍照。」

「喔。」我傻笑，用手摀住了嘴。「對不起。你穿軍服好帥喔。」

我看見他背後的每一個乘客都探出了頭來看。

「這樣做是犯法的，立刻把那些照片都刪掉。」

「唉唷，」我說，聲音聽起來很氣惱。「我不可以保留這一張嗎？」

「不行，現在，快刪掉。」

車上的乘客看起來都像是長白縣當地的住戶，我看起來則像打扮時髦、從外地來的女孩。我運氣很好，他們全都以爲我是搞不清楚狀況的觀光客。那個士兵又羞又惱，他知道整車的人都在看著自己。

「這張是你的照片，」我說。他的臉看起來又白又震驚。「你看，我正在刪除。」

接著他就轉過身，腳步咚咚咚的踏過走道，逃離了眾人的凝視。自動門在他的背後關了起來。

我跌回自己的臥鋪上。剛剛發生了什麼事？我有種回到現實世界的感覺，彷彿我才剛走下舞台，而剛剛的表演把我累得半死。眼前的路程超過三千公里，這種事情發生的頻率會有多高？

在前往瀋陽的剩下路途上，我們都躺在自己的臥鋪上，一句話也沒說。在太陽下山以後，其他乘客也都蓋起了粗糙的毯子進入夢鄉。

眼前的道路不停往黑暗延伸而去。我躺著，但是沒闔眼，只聽著引擎發出的嗡嗡聲。我煩惱到睡不著覺。我的心靈飛出了巴士，要去探測眼前的危險。

# 在一片寬闊的亞洲天空下

住在瀋陽的伯母，原本希望我能帶母親去她的公寓住個一兩天，適應一下這個新的國度，但我們實在沒有時間可以浪費。我已經仔細地思考過下一段旅途。搭飛機去昆明最快，只需要六小時，但這只是癡人說夢，機場的官員一定會仔細檢查我們的證件。搭火車需要兩天，但如果有人檢查我們的證件的話，那可是面對著面，所以反而更教我擔心。最不危險的辦法就是搭客運，不過搭車很累，而且還得轉車、等車什麼的，我猜大概要花上一星期。雖然搭客運會更常遇到警方臨檢，但司機通常會把所有人的證件一股腦兒全部拿給警察，而警察則會用一台手持的機器去一一檢查，不會去跟證件本人做比對。

再次打起精神，我們要搭車橫越八個中國的省份。

如果跟在離開長白縣的時候一樣，又遇上了麻煩的話，我們會假裝我母親跟敏鎬是聾啞人士，而我則是他們的嚮導。這個點子很極端，很瘋狂，很荒謬，但我想不到其他辦法了。

旅途的下一站是鄭州市。位於黃河邊的鄭州市是河南省的省會，在瀋陽的西南方，距離這邊約一千四百公里，車程要十八個小時。啓程後一小時，我們第一次遇到了警方的檢查哨。如我所料，車掌拿走了我們所有人的身分證，然後把那些身分證都交給警察，警察拿到證件後就離開了車去檢查。在長白縣搭車遇到麻煩的時候，我覺得自己有看到士兵在上車時瞟了車子的後方一眼。他大概立刻就注意到敏鎬了。這次，我選擇筆挺地坐在看起來最可疑的地方。如此一來，警察就會覺得我們光明磊落，沒什麼見不得人的。我們一樣選擇坐在第二層，敏鎬靠窗，我在中間。由於我旁邊的位子有人了，因此母親坐在我的後面，一樣是在中間。十分鐘以後，警察把證件都交還給了司機。

自動門關上的那一剎那，我們終於鬆了一口氣。我們安全了。

我們三個開始自在地說話，精神很好，昨天晚上在瀋陽一家旅館裡睡得很飽，因此我們談天說笑吃零嘴。巴士上坐滿了人，到了這個時候，如果乘客們沒有想到我們是韓裔華人的話，他們可能會覺得我們可能是少數民族，或者是外國人。客運巴士在高速公路上的餐廳旁停了兩次車，乘客們便魚貫地下車伸展雙腿、上廁所，或找東西吃。

七或八個小時以後，巴士又停下來了。當時還很早，我們在北京附近。眼前停了一輛警用吉普車，吉普車上面的藍色燈光閃爍、旋轉。車掌再次收集我們的證件後交給一名警員。十分鐘以後，那個警員上車了。他手裡拿著那些身分證，要司機把車停在路旁邊，同時打開車上的燈。

一陣空調吹出的冷風吹過了我的頭頂，我感覺自己的眉毛冒出了冷汗。

警察看著第一張證件，叫出了上面的名字，接著有個乘客緩慢而笨拙地爬下走道去接那張證件。

「什麼名字？」他說。「家住哪裡？搭車要去哪？出來做什麼的？」在那名乘客回答了最後一個問題以後，警察把身分證交還給了他。

知道警方在做什麼以後，我感覺到一股全然的恐懼。

他在找那些不會說中文的偷渡客。

我覺得我們很無助，無處可藏。先前開心地用韓文對談的舉動暴露了我們的身分。我的眼皮猛跳，在扭動全臉以後才停止跳動。

到此爲止了。我們完蛋了。

我轉頭看看母親跟敏鎬有沒有注意到發生了什麼事。敏鎬之前買了一瓶廉價的中國酒「茅台」，此時他偷偷喝了一口。那難聞的惡臭立刻飄到了我的鋪位。他說這是自己的戰術，如果警察質問他的話，他會假裝自己喝醉了。他安靜地把帽子戴了回去，然後閉上雙眼。他的嘴唇緊抿。我對他跟母親感到萬分的抱歉，都是我害的，不然他們現在應該平安地待在家裡才對。因爲我的自私，卻要害他們付出代價。

敏鎬的干擾戰術失敗了。

「昌洙。」警察在叫敏鎬證件上的名字。那是個韓國的名字，但警察卻是用中文把它唸出來。敏鎬的眼睛仍然閉著。我什麼忙也幫不上。

他又喊了一次那個名字。沒有人回應。然後他又生氣地喊了第三次。我推了推敏鎬，假裝要叫醒他。其他的乘客看著他爬下自己的鋪位。我看見他的腳在發抖。他緩慢地往前走，彷彿要去接受槍決。我的心在爲他滴血。

如果是仲介的話，就會躲回自己的床位，眼睛看著窗外，讓他迎接自己的命運——但是我不能那麼做。

我會幫他擋下這顆子彈。

「你叫什麼名字？」警察用中文問他。站在警察的面前，敏鎬只能無助地低著頭。警察看了一眼證件，然後抬頭看他。

「他有聽障，不會說話。」我爬下鋪位，用中文說。

「妳又是誰？」

「我們是一起的。」我說。他找到了我的證件。

「妳說他又聾又啞，是眞的嗎？」警察手裡拿著我跟敏鎬的身分證。「妳的上面寫中文。但是他的寫的是外文。」

「那是韓文，」我說。「東北方的韓裔中國人的身分證上都是寫兩種語言。」

「以前沒看過這種證件。」

「她沒說錯，」車掌插話。我轉過頭，看見司機不開心地用手指點了點手腕上的錶。「朝鮮自治縣的證件全都長那個樣。」

證件上的韓文對這個警察來說很新奇，因此他把注意力都放在韓文上，反而沒注意到證件上的照片跟生日。他依然懷疑地看著敏鎬，接著把證件還給了他。

忽然間，我的背後響起了一個宛如猩猩發出的巨大咿啞聲，那個聲音吸引了所有人的注意。母親吃力地爬下她的鋪位，彷彿聽不見自己的聲音似的，她發出了一連串沒有意義的聲音，同時揮舞著自己的雙手，要表現出她非常生氣，抑或只是還沒吃藥。母親的演出太逼眞了，嚇得警察往後退了一步。

他罵了聲髒話。「還有一個啊？」

「她也是跟我一道的，」我語帶歉意地說。「我負責幫他們兩個帶路。」

那個警察不甘不願地把證件都還給我們，沒有再多問些什麼。整輛車上的人都在看這場古怪的演出，他們之前才聽過我們講了好幾個小時的話，他們可能也是因爲太訝異了，所以反而說不出話來，但卻一個人也沒有舉報我們。我有五十二名共犯，而且全部都是陌生人。

一分鐘以後，巴士又回到了高速公路上。敏鎬跟我的母親看起來就像那些剛躲過死刑的罪犯。我可以感覺得到背後其他乘客的好奇眼神，我想要轉過身找個藉口搪塞過去，或者是跟他們表達謝意，但我卻又羞又怕，開不了口。車程還剩下八小時。母親跟敏鎬沒有再說過一個字。

我們在下午時分抵達鄭州市，然後再從那裡前往廣西省的省會桂林。其他的乘客都是要去看灕江沿岸著名的岩溶峰林地貌[18]，因此沒有注意到我們。在那趟二十四小時的車程中，我們幾乎都是打著瞌睡度過。我偶爾會拉開窗簾，看著綿延的低矮丘陵上方那片寬闊的亞洲天空。東北的寒冷已遠離。我們進入了中國的亞熱帶區。我們又搭了夜車往西前進，然後在旅程第七天的早上抵達了位於雲南省的昆明。

我感覺到體內湧起了一股堅定跟興奮，我們很靠近中國的邊界了，國境的後面就是自由。我們辦得到，我們會完成這項壯舉。

18 為具有溶蝕力的水對可溶性岩石如石灰岩等進行溶蝕等作用所形成的地表和地下形態的總稱。由於早年在東歐前南斯拉夫的喀斯特地區曾做過詳細的研究，因此也稱之為「喀斯特地形」、「溶蝕地形」或「石灰岩地形」。

金牧師的仲介在昆明客運站的購票大廳等我們。他是一個中年、膚色黝黑的中國人，身上穿著黑色牛仔褲、廉價皮夾克，還戴了一副墨鏡。他自我介紹姓方。我立刻就對這個人沒什麼好感。

我是顧客，付了錢要他幫忙，但從跟我們打招呼的那一刻開始，他的態度就有如我們是被送來惹惱他的，而他在幫我們一個大忙。我看見他瞥了一眼我的母親，然後搖了搖自己的頭。在自己的社會裡，她的社會地位可是曾經相當崇高，而且還是一名高級軍官的妻子。但在這傢伙的眼裡，她不過是個一無所有、正在逃亡的老女人。他的舉止流露出輕蔑，他說話的態度更是如此。

我承認，身爲一個韓國人，我很在意別人怎麼對待我。在我們階級制度的文化當中，每個人的地位不是比你高，就是比你低。如果對方的社會地位比你高，你就得用敬語。當今天遇到了一個陌生人，最好的辦法就是先使用敬語，直到你弄清楚了對方的年紀或地位。但這個男人卻用跟小孩子說話的語氣來跟我們對談，他尤其瞧不起敏鎬。

「那個傻瓜還眞是慢。」敏鎬在客運站上廁所時，他這麼說。

如果今天我們是在首爾，我會立刻當面要他注意自己的口氣，但我壓抑住了自己的怒氣。我不能讓自己的情緒干擾到我們的目標，我強迫自己把這個狀況視爲另一種型態的檢查哨。如果要過這關，我就得保持沉著、冷靜的態度，保護家人的安全爲第一優先。

方先生的韓文有股很重的中文腔，於是我只好一次次請他再說一遍。我從來沒有聽過腔調這麼重的韓文。到最後，我只好請他說中文，而他因此非常不滿。

與此同時，從我們下了客運巴士開始，母親跟敏鎬就很不適應這裡沉悶的濕氣或是瀰漫的汽油味。更慘的是，從瀋陽啓程開始，我們沿路在高速公路餐廳裡吃的那些油膩食物，也開始帶來了影響。他們的身體沒辦法適應那些食物。他們現在腹部都在絞痛。到了旅程的這一步，身強體壯的敏鎬應該是要肌肉緊繃、保持警戒才對，偏偏現在的他卻變得臉色蒼白、虛弱無力。

方先生帶我們去一間旅社過夜。那間旅社是最廉價的那種，位在一個老舊的窮困地區中，街上都是單層房屋，骯髒的窄巷裡到處都看得到痰沫。打開浴室的燈光時，一隻小壁虎快速地衝過牆面，用來淋浴的蓮蓬頭上面綁了一隻襪子。

方先生在一張床上坐下，他立刻就提到了報酬的事。沒問我們介不介意，他就自顧自地在房裡點起了一根菸然後抽起來。

我拿出自己的現金。從過去跟黑幫以及仲介打交道的經驗，我知道自己絕對不能洩露出任何絕望的跡象，抑或是轉而祈求他的憐憫。我說話的態度猶如一切的事情都在掌控之中。

「最早請金牧師幫忙安排的時候，我們只計畫要幫我母親離開。後來發生了一些狀況，所以我弟弟也會跟我們一起走，但現在我身上的錢只夠先付一個人。」

「多少錢不是都已經講好了嗎？」

「我們的交易依然算數，」我說。「我回到首爾以後，會立刻把另一個人的錢付給金牧師，他會再轉帳交給你。」

那個男人暗暗地咒罵了一聲。「小妞，事情這樣是行不通的。」

「沒問題的，因為我會把自己的南韓身分證交給你。」我從皮夾拿出身分證，然後交給了他。「我的證件就交給你保管。你跟金牧師現在就知道我叫什麼名字，住在哪裡。如果我沒付錢的話，你們儘管來找我。而我一定會付錢。」

我全身上下只剩下那張身分證有可能說服得了他。

他似乎用手把身分證掂了掂，評估了一下它的價值，然後收進了他的夾克口袋裡。

「他們明天離開，」他說，同時對我母親跟敏鎬點了點頭。「明天一早就會有人帶他們跨越中國的邊境，進去寮國。」

哪裡？「不對，我們是要去越南。」

「那是本來的計畫，但是兩天以前，越南的警方逮捕了一群北韓人，然後把他們遣送回了中國。」

我瞥了一眼母親。她聽不懂中文，但她看得出我眼底的驚慌。

「以前越南會讓你們北韓人去到南韓，」他說。「我們不知道爲什麼他們的政策變了，但這就表示走那條路現在不安全。我們不能冒這個險，我們要改去寮國。」

我的頭一陣暈眩。「寮國在哪裡？」

「在越南旁邊。從這裡出發，距離都一樣，需要七個小時。」

「安全嗎？」

「安全？」他哼了一聲。「我可沒辦法保證妳什麼，但我們做這行已經很久了，我們可以帶你們跨越國境，去到位於永珍的南韓大使館。」他再度看見我的茫然。「那是寮國的首都，我會把妳母親跟弟弟都帶到那裡去。」抽了最後一口後，他把香菸往敞開的窗戶彈出去，菸蒂的餘光在空中劃出了一道橘色的拋物線。

「我也會跟著去。」我說。

爾。」

「不，妳不能去。」他懷疑地看了我一眼，彷彿我想要偷走他的商業機密。「妳要回去首

「我不能放下他們兩個。他們需要我。」

「會有人負責保護他們的。」

「他們不會說中文，他們也不知道北韓以外的世界。我要跟他們待在一起。」

「太危險了。妳會成爲我們的負擔啊，小妞。」

我握緊拳頭。他敢再這樣叫我一次試試看……

「我們所做的一切都是犯法的行爲，」他說。「持有南韓的護照，妳就可以在免簽的情況下在寮國待十五天。他們可是連護照都沒有。」他一派輕鬆地指了指我母親跟敏鎬。「如果妳跟著他們一起被抓到的話，他們會因爲妳非法幫助偷渡客而逮捕妳。他們會以爲妳是仲介，而把妳關進大牢裡。妳在那裡幫不上任何的忙。他們會需要妳幫他們安排一些南韓的事務。」

「我可以帶著自己的中國身分證去。」我說。

話一出口，我就知道這個主意很爛。

他彷彿讀出了我的心事。「那如果事情出錯的話，妳希望被遣送回哪裡？南韓？還是中國？如果中國的官方發現妳也是脫北者的話……」

沒有出口的結果懸掛在空氣中。

他贏了。我啞口無言。

在過去一星期的每分每秒裡，我都是家人唯一的依靠。但現在，我卻失去了控制場面的權

力，我得把他們留在一個我壓根兒不相信的男人手裡。

黎明時分，空氣依舊潮濕，外頭依然吵雜，伴隨著不知名的鳥類啼叫聲，巷弄裡有腐爛的垃圾的味道。我們只花了沒幾分鐘的時間就準備好了，母親只會帶一個小包，她把冬天的衣服都拿給了我。我出去幫她跟敏鎬買盥洗用品。我檢查了一下皮夾裡剩下的現金。裡面剩下的錢不多了，而且我後續還得買一張飛回首爾的機票。

我陪他們走到客運站。我給了敏鎬一千人民幣（台幣四千八百元）。我把自己在南韓的手機號碼寫給他跟母親，並要求他們背下來。

我們互相道別。我不想放開他們的手，但敏鎬對我一笑，說：「姊，我們沒問題的。」

我看著巴士往前走，轉了彎，消失在視線之中。請一定要保重啊！命運的骰子又開始滾動了，如今所有的一切都在命運的手中。

我留在昆明等候敏鎬的通知。他在晚上的時候打電話給我，他們已經到了邊境，過程中沒有遇到任何問題。方先生會去收買守衛，他們會在黎明時跨越邊境。清晨五點的時候，他又打了電話過來。

「我們到寮國了。」

放鬆的心情就像溫暖的春水一樣流淌在我的體內。旅程的盡頭就在眼前了。過去幾天以來，我都一直處在緊張到快要崩潰的地步。如今，隨著不安的情緒消退，我累到幾乎沒有辦法移動。

我找到一間郵局，把兩張借來的身分證都郵寄了回去。接著，在猶豫片刻之後，我打了電話給我那待在首爾的男朋友金。我已經有超過一星期的時間沒有跟他說過話了，我也沒有跟他說自己打算要做什麼。我沒有回覆他那些擔心的簡訊。然而，當我告訴他自己人在哪裡，他的驚訝之情大過他受傷的心情。

「妳說妳在哪裡？」

他正在開一場商務會議，我聽見背後的開會聲音都靜了下來。

我簡單跟他說我做了些什麼事，以及我的家人目前人都在寮國，準備往南韓大使館的方向前進。

電話那頭的他震驚得說不出話來。一會兒之後，他才總算說：「我不知道該說些什麼。」然後我聽見他那優雅的笑聲。「趕快回來吧。」他說，他覺得我瘋了，但我聽出他聲音裡的佩服之意。「妳要把所有的過程都跟我說喔。」

我心滿意足地坐在一輛計程車的後座。完成了一個艱鉅的任務，我等不及要離開骯髒又潮濕的昆明了。車子靠近出境的航廈時，我的電話響了。

是方先生。一開始我沒有聽見他的聲音，因為有一輛飛機低空從我的頭上飛過，飛機的高度低到我可以看見機身上的鏽痕。我只聽到了一個字：麻煩。我宛如感覺到胸口出現了一團硬塊。

「麻煩？」

我盯著計程車司機的後腦勺看，手機貼在耳旁。

「警察把他們帶走了。」

# 迷失寮國

我緊緊地閉上雙眼。怎麼會遇到這種事。

「哪邊的警察？中國嗎？」

「寮國的。」

「在哪裡？什麼時候發生的？」

「我不知道。」

「你不知道？」我從說話變成了吼叫，「他們現在在哪裡？你打算怎麼做？」

「小妞啊，事到如今我什麼忙也幫不上，」他低聲生氣地說。「他們在一個檢查哨被警察攔下。我們本來救得了他們，但妳給我的錢不夠。」

「我給了你一半──我們說好了的。」

「我們當時有跟檢查哨裡的警察還有其中一個守衛談過。如果妳那筆錢一毛不少都給了我的話，我就能夠付錢讓他們兩個走，但妳沒給我那麼多錢。」

我費了很大的勁控制住自己的怒氣。生氣只會讓我沒辦法思考，而我得要思考。

「好。ＯＫ。你覺得他們現在應該在哪裡？」

「八成在琅南塔。」

「琅南塔？」那鬼地方在哪裡啊？

「跨越國境以後會碰到的第一座城鎮，距離中寮邊境約四十公里。」

我掛斷了電話，用雙手摀住自己的臉。

直到兩天以前，我還不知道寮國的存在。我根本連這個名字都沒聽過。或者也有可能我聽過，但是我忘記了。仍然實施共產主義的寮國，是北韓在世界上少數的盟國之一。寮國的官方名稱是「寮國人民民主共和國」，寮國每年都會祝親愛的領導人生日快樂，而媒體也都會報導這件事。平壤會把這個外交上的寒暄之詞，當作頭條新聞來報導——黨政府希望藉此暗示居統治者之位的金氏家族，廣受其他國家的愛戴及尊敬。

寮國，我連想像都想像不出來的國家，它只是在中國遙遠邊境上的一個黑暗之地，它吞噬掉了我的母親跟弟弟。

計程車停了下來。到處都是拖著行李箱的人們。

我渾身無力，我的聲音聽起來虛弱不堪。「請載我到客運站。」

「妳之前自己說要到機場的。」司機大聲地說。

「我知道。但我現在得去寮國。」

他轉過來盯著我看，彷彿我需要的不是客運站，而是一間精神病房。

「好。」他緩慢地說，然後再次把車發動。

我打給敏鎬，但他的手機要不是沒電了，要不就是被拿走了。我現在要怎麼去聯絡他們呢？

我得想辦法靠自己去找到他跟母親。

我覺得身體很虛弱，抵達客運站的時候，我幾乎連自己的背包都拿不起來。我把裡面的冬衣全部都拿出來，送給了計程車司機。他相當感激，並再一次用古怪的眼神看著我。

我的旅程在隔天中午來到終點，我抵達了中國的最後一站。母親跟弟弟二十四小時前也到過這裡。搭了很長一段時間的車，加上有吃了些晚餐，我的精神感覺比較好了。我問了路，提起背包，然後往寮國的方向前進。

中國的出入境審查大樓是一幢現代化的建築，周遭有低矮的山丘，山丘上長了許多熱帶的樹木。我注意到，這裡的天空很漂亮，是一種洗過的藍，比我以前在上海跟首爾看到的都還要澄澈，巨大的白雲宛如永恆之物般緩緩地在山丘上面飄移。

大概有二十個人正在排隊等著要在護照上面蓋章，其中有幾個是興高采烈的西方背包客。我羨慕地看著他們。他們住在另外一個世界，支配那裡的是律法、人權，跟熱情友善的觀光局。這些東西，在我所住的那個有祕密警察、假身分證跟底層仲介的世界裡，早已被人遺忘。

那群人的旁邊站了一個令人矚目的白人男子。他大約五十出頭，身體很強壯，長得非常高，比在場的所有人都高，只能隱約看到他的頭部跟肩膀。他有粉紅色的皮膚，黃沙色的頭髮，如果偶然讓北韓的孩子看到這個西方人，他們肯定都會呆呆地看著他。現場似乎只有我跟他是單獨一人上路的旅行者。

我們跨越了國境，這裡跟現代化的中國完全相反。寮國的出入境辦公室是一棟泥巴色的矮房子。我立刻就明白這裡是一個窮困的國家。我們排隊搭上一輛劈啪作響的二十人座巴士。那個很高的白人也上車了，他把腳不自在地收放在木椅之間。

晃個不停的小巴沿著鄉間的山丘路面行駛，搖得乘客的骨頭都要散了。我再一次看著澄淨的藍綠色天空，這片天空讓地上的植物看起來十分茂盛——這裡的樹種看起來有闊葉樹跟橡膠樹，還有甘蔗田；隨處都有的野花，一大片紫色的木槿花跟金色的茉莉花從樹冠上懸垂下來。如果心情輕鬆一點的話，我大概會對眼前的花草很感興趣吧。但現在的我卻處在痛苦的情緒中，因此對這些美麗的事物只是視而無感，根本就沒有機會去享受美景。

跟韓國一樣，寮國是屬於比較大型的小國。寮國的面積比南北韓加起來還大一些，形狀屬狹長形，從北到南的長度大約是一千公里。寮國是內陸國家，很貧困，被許多較知名的國家如中國、越南、泰國、緬甸，以及柬埔寨等環繞。我從寮國的最北端進入，往南邊前進。

到琅南塔花了一個小時的路程。我下車時，那個很高的白人男子跟另外三、四個人也下了車。

琅南塔是同名省份的省會。附近有許多的西方人，他們有的在市場裡閒逛，有的躺臥在旅社的陽台上。除了警察局跟一兩間旅館以外，小鎮裡都是單層的房屋，每條街道上都看得到交錯的電線。我得找個當地人幫我，因此我問人當地的中國餐館怎麼走。餐館的老闆有家室，是一個友善的胖子，給人的感覺有點像安先生。

「我正在尋找兩個昨天被逮捕的北韓人，」我用中文說。我對他露出了一個大大的笑容。

「如果你可以幫我的話，我就天天都來你這邊吃晚餐。」

他笑了。「那麼，就先從移民辦公室開始吧，」他說。「那裡面有一間牢房。」他立刻就提議要用機車載我去。他說自己姓尹。

移民辦公室的大門關著，看起來空無一人。我站在外面仰頭大喊：「歐媽呀！敏鎬呀！娜呀！」（母親！敏鎬！是我啊！）沒有任何回應。

「接著換去警察局找找吧。」那個男人說。

聽完我的問題，警察搖了搖他們的頭。他們說這裡沒有北韓人。我們最後來到稍微有點距離的監獄。這個地方的警察告訴我們，這裡面關的都是眞正的罪犯。我並不認爲自己的家人會在這裡。監獄裡面都是單層的建築，周遭則築起一道高高的泥牆。我再次扯開喉嚨大喊：「歐媽呀！敏鎬呀！娜呀！」

大門外，幾個不用當班的警衛跟幾個當地的女孩就坐在附近。他們脫下了制服夾克，正在喝著罐裝啤酒，同時大笑。「這裡沒有北韓人，」他們說。「這裡只有關毒販跟殺人犯。」他們還說，這裡不是像我這樣的人該來的地方。

亞熱帶地區的天色暗得很快。尹先生提議要載我去我待的旅館，說我自己一個人走在大街上很危險。我謝過他，然後告訴他不用擔心。我現在不放棄任何希望。我心想，說不定母親跟敏鎬逃走了，正在這附近閒晃。我走近城鎮裡的亮光處，路上的車子變多了——嘟嘟車[19]緩慢地駛過我的身旁；駕駛們用寮語對我大喊、吹口哨，車子則激起了煙塵跟廢氣。我在附近走了好幾個小

19 即由摩托車改裝的電動三輪車，通常後座可載二至四名乘客，有車頂，為南亞跟東南亞常見的交通工具。

時，眼裡看著所有經過的面孔。

當時是週五的晚上。我的搜索行動得等到週末結束以後才能繼續。除了留在這座城鎮以外，我別無選擇。

星期一早上，我直接就去移民辦公室。一群穿著深綠色制服的人坐在辦公室外的長椅上。這個地方看起來似乎陷在一種懶散的氛圍中。我立刻就明白，這裡不管要辦什麼事，都要耗上不少時間。他們用懷疑的眼神看著我。我自我介紹，說是自願從南韓來到寮國，要幫助兩名北韓人。我讓他們看了我的護照跟簽證。

他們動也沒動。我猜想可能沒有人聽得懂我說的話。

然後其中一個人說：「有啊，」他說的是中文，同時用力拍打了他臉上的蒼蠅。「有兩個北韓人在邊境被抓了，送到了這裡來。」

# 不管要付出多少代價

至少我有個方向了。「我可以見他們嗎？」

「妳得要在警局提出官方申請，」那個男人說。「但是在我們的文書作業還沒有處理完以前，妳這麼做是沒有意義的。」

這些男人的態度擺明了所謂的「文書作業」一點也不急。但我至少來到了自己熟悉的領域。

在接下來的七天當中，我不停地在警局跟移民辦公室之間來回奔波，好和官員建立起關係與情誼。我知道自己得要行賄。我試著去想像，如果是我母親的話，她會怎麼去處理這件事——透過親和力、說服力跟現金三者的結合。我很友善，我會奉承他們，我知道了他們的名字跟癖好。我每天都比任何人早到移民辦公室，然後就坐在外面的長椅上等，如此一來他們每天早上看到的第一張臉孔就是我的臉。我會送給每個人一包菸。如果不這麼做的話，如果我只是坐著等他們辦好了通知我的話，我知道自己可能要等上好幾個禮拜或好幾個月。在這裡，本來只要幾分鐘就能處理好的行政作業，會被拖上好幾個小時或好幾天。午後的潮濕會削弱每個人的體力。但每一天，我都覺得自己一寸寸地接近我的目標。

移民辦公室裡的官員跟我說，他們想要抽紅色的萬寶路，也就是香菸裡面最貴的那種。他們一旦知道我好說話，而且想跟他們打交道的話，他們的腐敗就會赤裸裸地展現出來。每次我前去拜訪的時候，他們都會問我從自動提款機領了多少錢出來。

「一百塊錢，」我會這麼說。或者是：「只領了五十而已。」

他們會輕拍我的手，說他們要看。然後我會把那疊寮國的貨幣「基普[20]」拿出來遞給他們看，他們會拿走約半數的紙鈔（有時也會多一些），然後把剩下的遞回來給我。

接連被敲詐了幾天，加上吃飯跟住宿的費用，幾乎耗光了我所有的錢。雖然不情願打這通電話，但我也沒有其他選擇了——我打給了在首爾的金，他立刻就匯了一筆錢給我當資金。我非常感謝他，並跟他說這筆錢一定要算是我跟他借的，我會還給他，就像我把錢還給瀋陽伯父那樣。

在早上拜訪過移民辦公室以後，我下午能做的事情就不多了，因此我會坐在一間叫做「咖啡屋」的店裡閱讀。咖啡屋是一間西式的咖啡館，店內有提供泰式跟西式的食物。我還記得一點點英文，但依然看不懂菜單，因此我問服務生，坐我附近的某個顧客點了什麼東西。

「麵。」他用英文回答我。

我每天都吃麵。一星期以後，我想換個口味，因此打電話問金「飯」的英文怎麼說。

「Rice。」他說。

「Lice。」我複誦一遍，只不過講成了英文裡的「蝨子」。

「不是lice，是rice。這是兩種不同的東西。要講rice才是對的。」

20 為一九五二年起由寮國人民民主共和國銀行所發行的寮國法定貨幣。目前台幣一元約可兌換二百六十二基普。

「好。Lice。」

我每天中午都在咖啡屋用餐，晚上則是在尹先生的中國餐廳用餐。爲了要減少花費，我開始不吃早餐。我不在乎。這會讓我覺得自己跟母親還有弟弟團結一心。我甚至不敢去想像他們吃的是什麼食物，或者餐點的量有多麼少。有天下午，我一樣待在咖啡屋裡，我又看見了那個黃沙髮色的高個兒，他的膚色被豔陽曬得更形粉紅。有如巨人般緩慢地從我身旁走過時，他用眼神跟我打招呼，我則報以微笑。

經過了七天以後，移民辦公室的長官，一個又胖又懶，一顆大肚子緊緊綳在綠色制服襯衫裡的男子，說他會帶我到關那兩個北韓人的地方。我立刻就覺得如釋重負。

我們上了他的車。他說：「妳身上帶了多少錢？」

我打開皮夾給他看。數都沒數，他直接拿走了一半，完全不用找藉口說是某項費用或某種開銷。如今回想起來，身爲一個城鎮裡的高階官員，他這種自在、無恥的搶劫行爲讓我很生氣，但當時的我並沒有這種想法。我一心一意只想找到我的家人。我心想，不管要付出多少代價，我都願意承擔。人類很自私，只在意自己跟他們的家庭。我跟這些人有什麼不同嗎？

出乎我意料之外的，我們來到了鎮內的主要監獄，也就是我第一次造訪時，外面喝著酒的人漠不關心地跟我說裡面沒有關任何北韓人的地方。要是我知道媽媽跟敏鎬的確關在裡面，我一定會每天都過來，就算我來其實只不過是幫他們加油打氣，也在所不惜。我會朝著高牆的上方大喊：「歐媽呀！敏鎬呀！別擔心。有我在。」我會在每天下午從移民辦公室來到這裡坐著，一路待到黃昏，待到夜空中充滿了群蟬的鳴叫聲爲止。

監獄裡的獄官跟我說，我可以在獄中的女子區跟我的母親會面，但他們不准我去男子區見敏鎬。他們帶我穿越過由泥牆圍成的操場，來到一扇黑色的大門前。門鎖哐噹響，鐵門發出嘎吱聲以後往旁邊打開。鐵門的後面站了一個人，是我的母親。

她怒視了我一會兒，臉上則帶著一種古怪的冷淡表情。她的外形嚇了我一大跳。她瘦很多，頭髮油膩膩地黏在頭皮上。不知道爲什麼，她一手放在臀部上，身體怪異地往一邊傾斜。

她忽然朝我跑過來，用雙手把我環抱住，然後開始啜泣。她身上穿的衣服，就跟我最後一次在昆明看到她時所穿的一樣，腳上也穿著同一雙橡膠拖鞋。

「我還以爲妳走了，」她大聲號哭。「我還以爲再也見不到妳了。一秒鐘以前，我還以爲自己在作夢，所以我捏自己的大腿，直到大腿發疼了，我才放開跑過來。」

難怪她會用那麼奇怪的眼神看我。

她撫摸了我的臉，就像她剛跨過鴨綠江時所做的一樣，要確認我是真的存在。

抱住她的我也開始落淚，但我強迫自己停止。我用手掌擦拭雙眼，同時讓自己冷靜下來。我不想讓警衛們知道我是她的女兒，因爲這樣會讓情況變得更複雜。

我跟她一起坐在監獄的操場裡。她被關在一間專門囚禁外籍女性的牢房裡。她說，有一個中國女人已經在那裡關了十年，她把家族的照片都掛在牆壁上。這裡沒有乾淨的水可以用，獄方每天都會提供一定份量的髒水讓她們飲用兼盥洗。幾天以前，她們聽說有些警衛聯手把一個泰國男囚活活打死。那個泰國人的太太跟母親關在同一間牢房裡，她從此以後天天慟哭不止。

「裡頭是不折不扣的地獄，」她說。「我們真不該離開故鄉。」

曾經消抹掉的那些景象——骯髒的廁所、女人之間彼此動手動腳、在大庭廣眾下做愛，以及差到會害人喪命的衛生環境——一一浮現我的腦海。

我沒辦法辯解，但如今木已成舟。警察把我在昆明給她的那些錢全都拿走了。趁警衛不注意的時候，我塞了些當地的貨幣給她，好讓她能買些食物。

見過她之後，我回到了城鎮，同時立刻打電話給在永珍的南韓人使館。

「妳自己一個人待在那裡太危險了，」館內的領事說。「立刻離開寮國吧，這些事情交給大使館的人來處理就好。」

他這一席話相當振奮人心。「要多久才能把他們帶出來？」

「這點比較遺憾，我們還是得照規矩走。沒有更快的辦法。我們會要求他們提供相關的資料，然後請他們允許我們前往探視，不過當然這都需要時間——」

「要多久？」

「五到六個月。」

我用手扶住自己的頭。但其實不意外，我可是親眼看過這個國家的官僚機構裡的那懶惰又漠不關心的態度。

我不能把母親跟敏鎬留在這個地方。

監獄裡的口譯員把頭轉向我。「五千塊錢。」他簡單地說。

我張大了嘴。我把臉從口譯員轉向典獄長。他把手肘靠在桌上，用好幾根手指同時輕拍著桌子。他的眼睛眨也沒眨。一台轉速緩慢的電扇吹亂了他的頭髮，而他則每隔一段時間就會再把頭髮梳整齊。

「不可能。」我說。

典獄長聳了聳肩。「美元。」他說，而且還做了一個隨妳便的手勢。

接下來的這幾天，我都一大早就會去到監獄，同時不忘帶些禮物跟賄賂去給典獄長。我又開始跟他試著當朋友。那個口譯員告訴我，說我非常幸運——若是早個兩年，寮國會把所有的脫北者都遣送回去。由於國際輿論譁然，遣送脫北者的政策才因此有了改變。

「現在，他們只要付罰款就好了。」他說。

我慢慢地把價格降了下來，說好的價格最後停在一人七百美元。我每次獲准進去操場見母親時，典獄長都會拿走我身上一半的現金，無論金額多寡都一樣。我會陪她坐在一個遮蔽處，同時跟她報告我處理的進度。我告訴她自己正在努力籌錢時，她遞給了我一個骯髒的塑膠小圓管。裡面是我早些時候給她的現金，她只用了其中的一小部分來買飲用水。

我猜七百美元應該很接近法定的罰款金額，但我仍然籌不到這麼多錢。但這次，幾乎金匯過來的所有款項都已經用盡。此外，母親還做了一件讓我更添憂慮的事。我隔一次去拜訪母親時，她帶了三個外形邋遢的人來見我——她們是一個月前被抓到的脫北者。三個人之中，有一個人年紀很大，另外兩個則是一名中年的女性跟她的女兒。母親非常同情她們的遭遇，她希望我也能幫助她們。我氣餒地看著她們，不過我知道自己會盡力去幫忙。她們把自己藏在私處的錢都掏出來交給我。我的資金現在到了一千五百美元——離我們需要的總數還有很長的一段距離。

此時，我十五天的簽證快要到期了。兩名負責琅南塔簽證辦公室的女性官員跟我說，她們可以幫我把護照送去首都永珍更新簽證，不過因爲我的簽證再過一天就要到期了，所以她們得搭機過去才行。我得幫她們支付機票錢跟相關的花費。算一算又是好幾百美元。

我恍恍惚惚地走回咖啡屋，覺得自己所有的一切都被榨乾了，而家人遭人綁架勒贖。我癱倒在窗邊的一張椅子裡，然後嘗試去思考，但每一條思緒到最後都會走進死胡同。我沒有其他的選擇，不知道該怎麼辦。

我閉上雙眼，正打算不顧會不會被人聽見，要開始大聲地祈求祖先的幫忙時，一個非常高的人影擋住了光線，同時用英文跟我說話。我仰起頭。陽光穿過那頭黃沙色的頭髮，並在他的髮間閃爍。

「妳是出來旅行的嗎？」他說。

# 好心的陌生人

那個高大的白人說了「旅行」這個字。我勉強知道這個單字的意思，但我聽不懂他的問題。因爲我現在已經跟咖啡屋裡的服務生都很熟了，所以就找了一個會說英文跟一點點中文的服務生來幫忙翻譯我們之間的對話。

「多數人只會在這裡待一到兩天，」那個高大的男人說。「妳已經在這邊待好幾個禮拜了，跟我一樣。妳是來這邊工作的嗎？我只是好奇而已。」

這是第一次有白人跟我說話。他眼珠的顏色藍中帶白，他那黃沙色正在轉灰色的落腮鬍很整齊。他看起來比我還害羞。英文考倒我了。我不知道該怎麼回答他。我作勢請他跟我坐同桌，然後打開了手機上的英韓字典功能。

雖然有許多尷尬的笑聲跟停頓，但我們緩慢地開始溝通。我告訴他，我是南韓的志工，想要來這裡幫助五個現在因爲非法進入寮國而被關在監獄裡的脫北者。那個男人露出了非常訝異的表情，而我看到了他眼神中的痛楚。我搜尋出了更多字，然後告訴他寮國的政府要求他們支付一筆龐大的罰金。

「多少錢？」他問。

「每個人七百塊。美國錢。」

他抓了抓自己的鬍子，然後盯著馬路看了一會兒。然後他用一個手勢說，在這邊等我一下。然後又做了另一個要去打電話的手勢。他走到咖啡店的另一頭，打了通電話，幾分鐘以後才回來。我這輩子都沒辦法想像接下來會發生什麼事。他輸了一些字進入我的手機。

翻成韓文以後，這句話是說：我剛剛打了個電話給我一個在澳洲的朋友。跟對方聊過以後，我決定要幫妳的忙。

我起了防衛心。爲什麼？爲什麼一個五十歲左右的白人男子會忽然在意起一些他從沒有見過面的北韓人遇到的問題？

我試著從他的臉上找出線索。我立刻排除他的動機是要求歡——我認爲如果是的話，我會從他的眼神中看出端倪。我猜想，他八成只是想打腫臉充胖子，到頭來根本只是講好聽話。我告訴自己不要有所期待。

「謝謝你。」我用英文說。他似乎感受到了我的懷疑。

他再次用我的手機打字。上面寫著：之前在泰國旅行的時候，我遇到了兩名北韓的女性，她們所說的故事深深地打動了我。

他又一次做了手勢要我等一下。

我看著他走過馬路，走到對街的自動提款機前面。他帶著厚厚的一疊綠色鈔票回來。

他把好幾百張的美元鈔票放到我的手中，我非常驚訝。「這些錢是要用來繳罰款的一部分。我明天會再把剩下的部分領出來。」

我在作夢嗎？在努力要去理解剛剛發生了什麼事情的同時，我也在試著表達出我的謝意。

在手機字典跟幫忙翻譯的服務生幫助下，那個高大的男人解釋說，他正在進行一場爲期兩年的東南亞旅行。他本來打算明天要啓程前往泰國，但如果我需要他的幫忙的話，他會很樂意留下來，並陪我一起走一趟監獄。

「當然。」我在終於弄懂了他的意思以後說。

他的親善跟樂於幫忙的心情教我萬分訝異。我接著的想法是，如果這個身形高大的男人願意陪我一起去監獄的話，我就不用自己一個人去面對典獄長了。

「那很好，」他說。「妳何不乾脆搬到我住的旅館去呢？那裡說話也比較方便。我們早上再一起去監獄。」他非常謹慎地說，而且他說這話的態度會讓我不至於誤解了他的好意。

我默默地點了頭。

「如果妳願意的話，我們晚點可以一起吃晚餐，」他說。「去拿妳的包包吧。」

「好。」我茫然地說。

他伸出手來。「我的名字叫做狄克・史托普。我是從澳洲的伯斯那邊過來的。」

我握了他的手。我連他的名字都沒有問。他轉身走開，但我跟了上去。我吞吞吐吐地用英文說：「爲什麼你要幫我？」

「我不是在幫妳。」他害羞地笑了笑。「我是在幫助北韓人。」

我看著他離開。

我走到外面時，一件不可思議的事情發生了。那些我在這個國家看見的、被封閉起來的美麗事物，以及我一直覺得自己被阻隔在外的一切，忽然都打了開來。我聞到了樹上的茉莉花香，太陽跟壯闊的白雲都在慶祝我的好心情，整個世界忽然隨之起了變化。

狄克住的旅館比我原先住的那間好太多了。在他幫我做了這麼多以後，我並沒有預期他會幫我付房間的錢，但他卻付了。如果你跟我一樣，長大成人以後就過著對錢斤斤計較的日子，忽然有人對你這麼慷慨，你反而會覺得不知如何是好。我的反應包含了無所適從，除了說謝謝你之外，我什麼事情也做不了。他一次也沒有要求任何回報。我以前從來沒有經歷過別人如此超然的慷慨，我跟他非親非故，而他也沒有欠我什麼。如果我們是兩個孤單的惠山人偶然在寮國相遇，或是一群長者之中的兩個年輕人，那我或許還有辦法了解這種衝動。但狄克純粹的好意無關乎年齡、種族，或是語言。我曾想過，也許他富有到錢對他來說根本就是身外之物，但我後來才知道，他其實並不富有。

晚餐時分，我跟狄克還有另外五個人坐同一張桌子一起用餐：一對五十多歲的德國夫妻、一個專門拍紀錄片的中年中國女子，以及一個年輕的泰國女人跟她的德國男友。每一個人都用英語交談。我幾乎聽不懂他們在說些什麼，但我不在乎。不用再一個人孤單度過，讓我覺得很放鬆。我意識到自己要學好英文，英文是世界的共通語言。那天晚上既自在又愉快，離開首爾以後，我第一次開懷大笑。

狄克跟我租了輛摩托車騎去監獄，我們帶了水果、食物和毛毯。

他並不知道監獄裡的那位婦人是我的母親，她的兒子則是我的弟弟，而我自己也是北韓人。

但就算他知道了，事情也不會有任何的改變。我想要告訴狄克自己的眞實身分。他理當知道。但北韓人長期以來都習慣戴面具，要把面具摘下來對我們來說相當困難。

他負責騎車，我從後面抱住他。路途上，他把車停在自動提款機旁，把要繳罰款剩下的部分的錢都領了出來。

我對人類天性的基本認定都被推翻了。在北韓的時候，母親教導我說，只有家人可以信賴，相信外人的行爲既有風險又危險。到了中國以後，我從青少年時期開始，就靠著自己的狡猾過日子，爲了存活下去不惜說謊，隱藏起自己的眞實身分。唯一相信別人的那次，我卻因而惹上了大麻煩，遭受了瀋陽警察的審訊。我不單相信人性自私又卑劣，我還知道很多人根本就是壞蛋——他們藉由摧毀他人的生活來讓自己獲益。我見過韓裔中國人爲了錢，而把脫北者出賣給警方。我認識有些人被人口販子當成牲畜一樣買賣。我很熟悉那樣的世界。在人生當中，我所遇到的偶發的仁慈數量少到都殘留在我的腦海之中，而我會想：眞奇怪，這人居然會對我這麼好。而狄克的所作所爲，改變了我的生命。他讓我看見了另外一個世界。在那個世界裡面，陌生人之間會彼此互相幫助，只因爲這麼做是正確的；在那個世界裡面的人多數都很熱心，只有極少數的人毫不在乎他人的苦難。狄克把我當成家人或是老友看待。就連到了現在，我都沒有辦法完全理解他的動機。但從我遇到他的那一天起，世界就變得不再那麼冷漠，我開始感受到別人身上發出的溫暖。這件事情似乎如此自然，然而我以前卻從來都沒有感受到過。

金牧師曾經警告過我，在前往永珍的路上，會有許多的檢查哨。這趟旅程要花上十八個小時，過程中還要經過三個由不同的省政府管轄的省份，因此我們很有可能要面臨另外被關三次、罰三次的風險。他建議我們全程都租用一輛警用的廂型車。這個主意聽起來很不錯。如果那些穿著制服的移民警察願意帶我們上路，我們就等於有了保護。

移民警察局的局長告訴我們說，要這麼做不是不行，但他要求的金額卻非常昂貴。我懇求他，跟他說我很窮，因此把價格殺到了一個人一百五十美元，而我們總共有六個人：我們家的人加上另外三個北韓人。但我仍然沒有足夠的錢。

狄克再一次介入，支付了這筆費用。

* * *

警察跟狄克說，他不能夠跟我們一起去永珍。但是狄克很堅持，他認爲自己的存在能夠保護我們，但是警方的態度非常強硬。他們不希望他也在場。到了早上，他租了一輛摩托車，跟著那輛廂型車到了監獄。雖然所費不貲，但至少那輛新的豐田牌警用廂型車坐起來很舒適。

五個囚犯都被帶了出來，我在經過了好幾個星期以後第一次見到敏鎬。他的膚色蒼白，臉上布滿了可怕的粉刺。但他露出牙齒對我笑，彷彿一切都沒什麼好抱怨的。我心想，我的弟弟是個硬漢。身爲硬漢的姊姊，我感到相當地自豪。

到了這個時候，他們已經都知道了誰是狄克，以及他做了些什麼事。他們一一跟他握手，同時又感激又不可置信地跟他鞠躬敬禮。那個老婦人設法用英文說出：「萬分感謝。」

車子的引擎發動，我們準備要出發了。

狄克說他要啓程前往泰國了。他給了我他的電話號碼跟電子信箱，然後又給了我一個最後的大禮：讓我能飛回家的機票錢。「妳比我更需要這筆錢。」他在我還沒有辦法好好酬謝他之前，就跟我道了別。他跨上摩托車以後騎走，口中大喊：「需要我的時候，儘管跟我聯絡啊。」

我的天使就像他忽然出現那樣又忽然消失了。

我們出發前往永珍，車上除了我們六個人以外，還有一名隨行的高階警官、監獄裡的口譯員，以及警車的司機。作爲交易的一部分，我得支付他們三個人路途上所有的餐費，而當我們停下來吃中餐跟晚餐時，他們三個可是貪得無厭地大吃特吃。

一如金牧師的警告，沿途每隔一段距離就會出現檢查哨，但警車每次都只要簡單地揮揮手就可以馬上通過。我們都對此感到非常地驚奇。我們駛過滿布桃花心木的鄉間丘陵，以及一座座風景如畫的村落。車窗敞開，微風吹入，每個人似乎都深深吸進了自由的氣息。

敏鎬告訴了我，在我最後一次在昆明見到他跟母親之後，接下來發生了些什麼事。在靠近中國邊界的地方，方先生帶他們來到了一座山丘的底部。「我最遠只能帶你們到這裡了，」他說。「國界就在那座山丘的後面。」敏鎬仔細地聽他的指示。「繼續往前走，你們就會遇到一間小小的空房子，走進去，有一個男人會過來，跟著他走。」

敏鎬跟母親很震驚地發現，現場忽然就只剩下他們兩人，而且周遭一片漆黑。他們開始往上爬。地形很快就變成了茂密的叢林，天空也開始下起一陣小雨。地上非常滑，而且沒有任何可以跟著走的道路。他們得要抓住樹枝跟藤蔓把自己拉上去。到最後，他們的手上跟臉上都是滲著血的刮痕。身處完全的黑暗之中，他們不知道自己身在何處；他們試著繼續筆直前進、繼續往上爬。曾經以爲的丘陵，如今看來更像一座高山。母親差點就要撐不住。她說，要不是敏鎬陪著她，她一定會迷路，然後就此喪命。

經過幾個小時以後，在他們幾乎要爬下山的另一側時，一個人影忽然從黑暗中冒出來，出現在他們的眼前。對方是一個男人。他一直蹲在矮樹林叢中，此時站了起來擋住了他們的路。敏鎬認出了制服上閃閃發亮的徽章。那個男人舉起了一隻手的手指，然後用手指彼此磨蹭，用來表示錢。然後他又做了另外一個手勢，意味著兩雙被上了銬的手。

給我錢，否則我就會逮捕你們。

敏鎬把我給他的錢拆成了好幾份，分開放在不同的口袋中。他拿出了三百人民幣（台幣一千四百元）。「不夠，」那個男人用英文說。敏鎬再給了他五百人民幣（台幣兩千四百元）。那個男人露出了微笑，放他們繼續往前走。

不久之後，他們很幸運地找到了仲介所形容的那間空房子。那間房子藏在茂密的森林之中。的確有另一個男人在裡面等。他作勢要他們睡覺，把一些紙箱弄平以後散落鋪在地面上，然後躺了下去。他們看著他睡著。母親認爲，對方看起來很貧窮。

天亮以後，他用一輛嘟嘟車載他們到了一個巴士站。他指著某一輛巴士，並要他們上去。敏鎬以爲那個男人會跟他們一起上車，但他卻消失了。他們又一次只能仰賴自己，而且完全不知道自己要去向何方。

「那個仲介的其中一個手下一定也坐在這輛巴士上，」敏鎬說，他試著想讓母親放心。「時間成熟以後，他就會表明身分了。」

事實上，那個仲介的手下是一名警官。他本來應該要出現在下一個檢查哨裡，但因爲一點差錯，所以巴士抵達時，他人沒有在自己的位子上。母親跟敏鎬被人上了手銬，並要他們上一輛警車。我很慶幸自己直到此刻才知道發生的所有事情。想到自己的媽媽被人上了手銬就令我感到痛苦。到了監獄以後，敏鎬剩下來的現金，都被一個幫警衛維持牢房紀律的黑幫牢友給拿走了。

我們在一早抵達了永珍。這裡跟我想像中的首都截然不同。這裡沒有高層大樓，幾乎都是低矮的建築，建築物之間則是用茂盛的熱帶植物去做區隔。比起建築，這些房子更像是一座座花園。

車子轉彎，我們來到一條林蔭大道，兩旁有許多上面插了旗杆的、看起來像是官方的建築物。我猜想這裡可能是使館區。我的眼睛張望著眼前的道路，四處在尋找南韓的國旗。

我們停在其中一棟建築物的外面，建築物外面的牌匾上寫著寮文。我沒有看到南韓的國旗。

「這裡是什麼地方？」我問口譯員。

「這裡是永珍移民辦公室，」他說。「我們下車吧。」

我立刻處於警戒狀態。「爲什麼？」

「只是一個固定的程序。南韓大使館的人今天下午會來這裡。」在我跟典獄長打交道的同時，我跟口譯員也建立起了情誼，並慢慢地贏得了他的同情。他看起來比其他人更正派、誠實。我看著他跟那名高階警官長談。口譯員原本跟我說，我們會直接前往南韓大使館。他似乎對高階警官跟他說的話很不滿。

「怎麼了？」我說。

「別擔心。請你們下車吧。」

我們把自己的包包從車上拿下來，然後就被帶往二樓的移民辦公室。我們把包包都留在一個角落，然後安靜地坐下來等。我對此有股不祥的預感。接著，一位移民辦公室的官員走了進來，並叫了我的名字。「請跟我來。」

我告訴母親跟敏鎬自己幾分鐘以後就會回來。其中一個北韓女人請我買點盥洗用具回來。

「我們只有幾個問題要問而已。」我們沿著一條走廊往前走的時候，那個官員說。

「我不想跟大家分開。」

「別擔心，我會帶妳回來。」

他把我帶進一間有空調的會議室裡。會議室裡有四個穿著綠色制服的官員正在等我。其中，有一個四十多歲的女人，她的嘴上塗了口紅。那個官員介紹說，她就是移民辦公室的主任。她的肩章上有金色的星星。她說的是寮語，一個穿著制服的官員把她說的話翻譯成中文。

「妳知道我們爲什麼要審問妳嗎？」她冷淡地說。

「我不知道。」

「因爲妳是一名罪犯。」

# 穿梭外交[21]

我張大了嘴卻說不出話。我腦中的第一個想法是，這一定是某種荒謬的誤會，或者我可能被帶進了錯的房間。

我看了看四周的每一個官員。他們都在看著我。「爲什麼我會是罪犯？」

「那些北韓人非法進入我們的國家，」她說。「所以他們是罪犯。而妳幫助了他們。」

從我們的車停在這棟建築的外面開始，我就一直感受到體內有股瀕臨爆發的怒火。因爲我猜，他們一定是想要在我們得到政治庇護之前，再扒我們一層皮。但在聽見自己的家人被貼上了「罪犯」的標籤之後，我爆炸了。

我大叫。「罪犯？他們才不是罪犯！他們是殺了人嗎？搶了人嗎？我在這個國家裡遇到了很多搶匪，這些搶匪全部都是警察！他們是來尋求政治庇護的難民。」

21 一九七三年十月六日，為了搶奪領土，以色列跟埃及、敘利亞之間爆發了「第四次中東戰爭」。當時的美國國務卿亨利·季辛吉為了降低參戰國之間彼此的敵意，因此不停往來於各個參戰國的首都之間，以促進彼此達成協議，後來這種「為了達成協議而不停忙碌奔波的外交行為」就被稱為「穿梭外交」。這裡借指李晛瑞來往於移民辦公室與南韓大使館之間所耗費的心力。

我不應該失控的，因爲我再也沒有辦法靜下心來思考。

那個女主任一臉鎮定。

「他們是非法入境的，我們不能忽略掉這點，而妳幫助了他們。」

我試著要冷靜下來，但我卻依然憤怒。「這是我第一次到寮國來，我只是想幫忙這些人獲得政治庇護，我不是靠這個賺錢謀生的，我不是仲介。」

我胸口感覺到一股恐懼帶來的刺痛。剛剛爆發的時候，我有說出「家人」這個字嗎？我不確定。我到這個時候才想起了擔任警察的朴先生給我的警告：不要讓任何人知道我跟母親還有敏鎬之間有親屬關係。如果這個女人知道我也是北韓人的話，我就會失去南韓護照所能帶給我的保護。

「我們知道妳是初次造訪這個國家，」她說。「但妳依然是個罪犯。」

如果當時的我腦袋夠清醒的話，從我如今對寮國的官僚制度的了解，我就會猜想，她大概只是想要我認罪，然後付罰款了事。但由於我拒絕接受母親一干人被視爲「罪犯」，也拒絕承認我是幫助他們的「罪犯」，因此她就沒辦法繼續往前提到罰款的部分。而我此刻開始激怒她的這些行爲，顯然不會爲眼下的情況帶來任何益處。

「妳可能要坐牢。」

「我只是一個志工而已，」我說，同時拿出電話。「我要打給南韓大使館。」

「妳誰也不能聯絡。」

她手指朝其中一個官員比了一下。他朝我走來，從我手中奪走了電話。

「這裡是寮國，」她說。「你們的大使館在這裡沒有任何的權力。」

剛剛拿走了我的手機的官員現在也要求我交出護照。我沒有其他選擇，只好交給他。

那個女人用寮語跟其他人說了一分鐘的話，然後說：「妳現在可以走了，明天早上過來這裡，我們得要再聊聊。」

我回到了其他人原先等著的地方。他們都不見了，他們的包包也連帶消失，只有我的背包還孤單地留在現場，宛如是在恐嚇我。我立刻回到剛剛那間審訊室裡。

我又一次大吼。「妳把他們都帶到哪裡去了？」

「帶去一間旅館，」那個會說中文的官員說。那個女主任背對著我。「現在這邊已經沒妳的事了。」

我下了樓，移民辦公室裡的大廳空無一人。現在是午休時間。服務台裡沒有人，服務台的兩側各有一條長長的走道。確定四下無人以後，我偷偷潛進其中一條走道，接著一間接著一間地探看走道裡的房間。在第三條走道的盡頭有一排牢房的鐵門，只有一間是打開的，剩下的門全都關了起來。我往裡面窺看，那裡很冷，而且聞得到潮濕的混凝土味。牆壁因爲長了黴而發黑，天花板低矮，關在裡面的人根本就站不直。這些牢房簡直就像關牲畜的圍欄一樣。他們應該不會在這裡面吧？那些上了鎖的門背後沒有任何的聲響。

我不敢大喊歐媽耶！敏鎬耶！免得被樓上的人聽到。

外面的天氣很熱，因此街上看不到任何行人。我看見一排摩托計程車正在等著要載客。比手畫腳再加上英語，我請一個司機載我到南韓大使館去。幾分鐘以後，我先看到了南韓的國旗，然後就看到了大使館，但門口的警衛要我午休時間結束以後再過來。

我沿著街道往前走，想找看看有沒有哪個地方可以坐下來。我躲到樹蔭底下，這裡涼多了。然後，就在我的左手邊，在街道的另一頭，我看見了一面讓我二度張望的國旗。南北韓的大使館距離彼此不過幾公尺而已。同一天，我第二次感受到自己處在一個古怪的情境中。東西德很早以前就統一了。南北越也是。爲什麼世界上就只剩下我們的國家還必須承受這種怪異的分家，而不能早早就統一？爲什麼我的家人要爲這樣的分家付出代價，在這一個遙遠又不友善的國家裡受苦受難？我呆呆地站在空蕩蕩的街道上，心裡想著我這一生就是卡在這兩面國旗之間的距離當中。

「歡迎妳過來，」那名領事說。「我們這裡不常有韓國人來。」他請我進去一間會議室。

我解釋說，自己是從琅南塔那裡過來的。我本來帶了五個人一起來，但那五個人現在都被永珍移民辦公室裡的人拘留了。「我們原本預期是要直接過來這裡。」

「沒錯。」他摸了摸眼鏡下方的鼻梁。「我們有接到琅南塔移民辦公室的消息，說有五個北韓人正在往這裡來。但妳跟他們之間有什麼關係？」

「我一個月前有打過電話給你。你還記得嗎？我當時告訴你，我的家人被囚禁在琅南塔。你說你會處理這件事情，同時要我離開這個國家。」

「喔。對。」他有點訝異地看著我。「妳沒有離開啊？眞沒想到妳能走到這一步。而且妳只靠自己嗎？就只花了一個月的時間？了不起。眞的。」

他說話的語氣像個覺得無聊的叔叔，明明對孩子的圖畫一點也沒興趣，卻要裝出一副興味盎然的模樣。

「他們的人告訴我們，說你今天下午會過去移民辦公室那邊，」我說。「接下來該怎麼做？」

他略帶歉意地笑了笑。「我沒辦法想去就過去，得等到他們打電話叫我才能過去。」

「但他們拘禁了五個北韓人耶。他們把我的護照跟行動電話都拿走了。他們真的可以這麼做嗎？」

「我們在這裡沒有任何的權力，我們不能指使他們該怎麼做，不過我們會想看看有沒有辦法可以知道目前的情況。」

在這趟旅途的每一個階段當中，每當我以為自己看見希望，失望就會穩穩地駐紮在我的前頭。在我起身要離開的時候，我把母親跟我提過的事情告訴了他——幾天以前，有一群共十二個北韓人遭到了逮捕，並在她跟敏鎬昨天出獄之前被關進了琅南塔監獄。「但我想你應該知道這件事情才對。」

「不，我不知道，」他說，彷彿我告訴了他一個雖然聽起來很瘋狂但卻千真萬確的事實。「我會去查這件事情。」

我在想，在這個國家各地的監獄裡，不知道關了多少北韓的難民，都在等待這個男人做點什麼事情。

隔天早上，一名初級外交官陪同我到永珍移民辦公室去。以現在的角度來看，這實在不是一個明智的決定。那次的會議給人一種兩個國家在開高峰會的感覺。這場會面在一間一旁豎立著一排各國國旗的大會議室裡進行。隔著一張拋光的長桌，我們面對著五個穿著制服的移民辦公室官員，其中也包含那個女主任。

她堅持會議中要使用寮語交談，而且也不肯改變她的態度：我因爲協助了非法入境的外國人，因此而觸犯了法律。如果不支付法定罰款一千三百美元的話，我就得坐牢。

「她眞的很氣妳，」我們暫時離開那間會議室時，那個外交官低聲對我說。「她說妳非常沒有禮貌。」

我明白自己犯了一個策略上的失誤。如果我是帶著一顆後悔的心情回來，並且跟她道歉的話，她可能就會饒過我，但事情已經發展到了另一個地步了。由於我帶了一名外交官員回來，因此整個事態便因而向上提升了一個層級。

我拿出自己的皮夾給移民辦公室的官員們看，並解釋了我目前的困境。在我們最後一次見面的那天，狄克知道我身上的錢不夠買坐回首爾的機票以後，就給了我八百美元。這些錢只夠讓我買一張單程機票。那個女人拿走了所有的現金，然後就把護照跟手機還給我。

「別再以這種身分來到我們的國家，」她說。「否則，妳就會以仲介的身分被關進大牢。不過……」她的臉上露出了我此生看過最虛假的女性笑容。「歡迎妳來觀光旅遊。」

我想甩她一巴掌。

「我們幫妳把簽證的時間延長了二十四小時，」她說。「如果到了明天的這個時間，妳人還在這裡的話，我們就會立刻逮捕妳。聽清楚了嗎？」

「我也很想立刻就離開你們國家，」我說。「但是我根本沒有錢買機票。」

她抿起了嘴。意思是那跟我可沒關係。

要離開移民辦公室的時候，那名韓國的外交官跟我保證母親、敏鎬，以及另外三個北韓人明天就會被送到大使館去。在那之後，他們就可以離開這裡，前往首爾。他說，大概只需要個幾天吧。

人們常說，人會去相信自己想要相信的東西，而我眞的很想要相信這個消息。聽到這件事讓我非常的開心。我再三地感謝他。當然，在那當下我應該要多問他一些問題，以判斷他說的話是否值得相信，但另外一個迫在眉睫的問題讓我分了心。

「我身上連一毛錢都沒有，沒辦法買機票離開這裡。我可以先跟大使館那邊借一點錢嗎？」

很可惜，他邊說邊上去自己的車，借錢給國民並不在大使館的政策當中。

我傻傻地再次跟他道謝。因爲家人即將脫離這一切的苦難，因此我滿懷了感激的心情。直到幾分鐘以後，又一次孤單一人站在街頭的我才意識到，他是在知道我身無分文且無處可去的情況下開車離開的。我後來得知，根據國際法的規定，大使館有義務要保護並幫助自國的國民，我非常難以理解在永珍的南韓大使館的行事態度。

我不知道該做些什麼。我以爲自己要露宿街頭了。我才剛把手機開機，電話立刻就響了。是狄克。我開始猜想他該不會是神仙還是什麼的。在我用蹩腳的英文解釋了目前的情況以後，他便提議要多給我一些錢，但我拒絕了他。他已經給了我太多了。我會自己想辦法解決。

我在街頭漫無目的地閒晃了一陣，但我知道自己只剩下一個選擇——跟金借錢。要開這個口很難，比跟狄克開口還難。我有我的自尊，我不想讓他覺得我貧困又絕望。這件事情也象徵了我跟他之間的鴻溝。我害怕自己拒絕不了他的好意。他透過轉帳的方式把錢給了我，我再次強調自己是跟他借，我一分一毫都會還給他。

我在隔天早上離開寮國。

時間是十二月的第一週，白天。我從亞熱帶回到了明亮、凍人的首爾。藍天高掛，天氣寒冷，冰晶如羽毛般出現在我的公寓窗戶的內側。我立刻得要添購些衣服。因爲我把自己冬天的服裝都給了那個滿臉困惑的昆明計程車司機。

當天晚上，我蜷縮著身子，待在金在江南區的公寓裡。我的手裡捧著一杯咖啡，身上穿著他的針織毛衣，邊聽爵士樂邊描述我的冒險旅程。不知怎地，這給我一種不眞實的感覺，自己忽然間又回到了另一個溫暖、安全的宇宙之中，看著從未離開過這裡的金。他凝望著我，試著要明白我經歷過了些什麼樣的事情。他長久無語，困惑地不停搖著頭聆聽我們遭遇到了一連串的災難，卻又幸運地扭轉頹勢，化險爲夷。他也對狄克．史托普印象深刻。

「在那樣的地方和情況下，」他說。「卻能遇到那樣的人？老天，妳眞的是超級幸運。」

「能夠擁有你，我也很幸運。」我說。

我們在聽的那首爵士樂曲演奏完了。房裡充滿了沉默。

我離開的時間比自己原先預期的還要長——兩個月——因此我錯過了大學的入學考試跟面

試，得等上一年才能再次申請。我其實沒有很介意。我心想自己接下來會忙著幫母親還有敏鎬去適應首爾的生活。

回到南韓以後的隔天，我打了電話到在永珍的南韓大使館去。我的心情很正面，想說會聽到好消息。電話打通以後，接到了一台答錄機，英文語音告訴我依據不同的服務需求可以按下不同的鍵。我花了一整天把每個鍵都按過，但電話卻怎麼也轉接不到任何人的手上。隔天跟再隔一天也是同樣的情形。不過我並沒有很擔心，我預計母親跟敏鎬隨時都有可能會抵達南韓。而且我知道，一旦國情院開始審理他們的案件，他們就會有好一段時間不見蹤影。話雖如此，但我還是希望能親耳聽見在永珍的外交官給我一個明確的答覆。

三個星期過去，他們依然無消無息，我開始變得很焦慮。金告訴我寮國那邊做事情向來都很慢，試著叫我別擔心。終於，在第四個禮拜時，我的電話響了，來電的號碼我不認得。那個號碼的前三碼是八五六，是寮國的國碼。電話那頭的聲音非常微弱。

「是姊姊嗎？」

「敏鎬？」

「對，是我。」

「你還在大使館嗎？」

「這只電話是跟別人借來的。妳可以回撥嗎？」

爲什麼他講話要那麼小聲？我立刻回撥電話給他。他在電話還沒響之前就接了起來。

「我人在彭東監獄。」

# 等待已久的自由

我感覺自己的公寓有如開始在身旁旋轉。我的手緊緊地抓住電話，緊到指甲陷進了手掌之中。

「你說什麼？」

「這裡是他們用來關外國人的地方，」敏鎬說。「這裡比琅南塔的監獄大多了。」

又一次陷入了那個夢魘之中，我被直直地扔回了黑暗裡。我的嘴唇開始顫抖，但弟弟的聲音聽起來很冷靜，他說話的語氣彷彿是在形容一間自己剛開始就讀的新學校。

「裡面有白人，也有黑人，什麼人都有，但就是沒有當地人……」

「這是誰的電話？」

「我在牢房裡認識的中國朋友，」他低聲說。「持有手機是違反規定的。」

我用手扶住自己的頭。「爲什麼，爲什麼，爲什麼你人不是在南韓的大使館裡？他們的人跟我說隔天就會去接你了。」

「大使館？我沒有看到過他們的人耶……」

敏鎬解釋說，在我離開了以後，那些官員就把他、母親跟其他人都帶去關在一樓的牢房裡。

原來他們人就被關在走道盡頭那些發了霉的混凝土牢房中。幾天以後，他們就被帶到了彭東監獄，母親也被關在那裡的女子區中。敏鎬說，自己已經有好幾個禮拜沒看過太陽了，他的膚色現在變得非常白。不過他的聲音聽起來很開心。我很敬佩他承受肉體的不適或困苦環境的能力。我後來才知道，他眞正難以適應的，反而是那個瑰麗的世界帶給他的壓力。

「這裡有兩個南韓人。其中一個因爲販賣安非他命，被判五年徒刑。另一個人，是在寮國跟人有了生意上的糾紛。在他們知道我們是從北韓來的以後，他們就用自己的錢，從外面買了食物來要給我吃，也送了一些去女子監獄那邊，給媽媽還有其他人享用。他們已經在這裡關了很久了，但是他們都會鼓舞我。他們叫我不要擔心。他們說很多北韓人都曾經關在這裡過，後來就都被送到了南韓大使館去。姊，這是正常的程序。不用擔心。我們會沒事的。」

敏鎬說，這間牢房裡除了他跟他的中國朋友以外，還有兩個人，一個人是從英國來的，另一個人則是從迦納來的。那個英國人因爲持有大麻而被判處長期徒刑。他的名字叫做強，是一個非常親切的人。

「姊，猜猜看怎麼了？我開始學英文了耶！」

一聽到這句話，我的水庫就洩洪了，我哭到眼淚鼻水直流，邊哭邊說：「等你到這裡以後，我們就可以一起說英文了。」

縱使身陷囹圄，敏鎬依然用他獨有的方式在享受探索新世界的樂趣，他從最底層的地方展開自己的探索。我非常欽佩他。雖然可能要在監獄裡關上幾個月甚至幾年，他仍不讓這樣的處境擊倒自己。他正在面對未來，準備進入人生的下一個階段。

至少我現在知道，爲什麼那個初級外交官當初會匆匆駛離現場了。他故意騙我，我的家人一兩天以後就會出來了。他知道這些程序，但卻不希望我繼續留在那邊惹是生非。不過，我依然有理由期望他們的苦難很快就會結束，然後他們就可以迎向快樂的人生。如今回想起來，縱使是那個曾經對我大爲光火的寮國移民辦公室主任，都從來沒有提過說母親跟敏鎬可能會被送交到北韓大使館，或遣送回中國去。

母親跟敏鎬在永珍的彭東監獄又關了兩個月，然後，一如敏鎬的朋友們所預料的，他們被送抵南韓大使館。他們又在那裡待了三個月。他們跟其他北韓人一起待在一間大使館管轄的收容所裡，等待寮國政府緩慢地審理他們的離境事宜。

終於，在我從寮國回來超過六個月之後，在二〇一〇年的晚春，我接到了首爾的國家情報院打來的一通電話。電話另一頭的那名特務跟我說，在他們正在審理的一群已經抵達南韓的北韓人當中，有一個女人自稱是我的母親，還有一個男人則自稱是我的弟弟。

在聽到這些話以後，我緊繃的情緒終於得以放鬆；再加上那個特務說這話時，那宛如例行公事般的死魚口吻，逗得我止不住地咯咯笑了起來。我試著跟他道歉，但他了不起地說：「沒關係，不急。妳一定覺得如釋重負吧。」

他們已經到了。

一切都結束了。

# 一連串驚奇的小事物

由於南韓先前曾在來尋求政治庇護的脫北者當中發現間諜，因此南韓的規定有了調整，使得我的家人在國情院裡接受審理的時間比我的還長。在經歷了三個月的審查後，他們才被移送往統一院，在那裡又待了另外的三個月。那幾個跟母親以及敏鎬一起被囚禁在寮國的女人跟他們同時抵達南韓。很不幸的是，在歷經千辛萬苦到了南韓以後，那個年紀比較大的婦女最後卻死於癌症。

在等待的這幾個星期之中，我一直都覺得很憂鬱，幸好信淑跟我聯絡，才讓我擺脫了負面的心情。信淑就是那個在我人還在上海的時候，因爲她從事的是視訊聊天的工作，因而赤身裸體地出現在我的筆電螢幕上的友善女孩。她說，她一直都試著要跟我取得聯繫，但因爲我更改了姓名，因此使得她很難查到我的下落。在我抵達首爾以後不久，她也過來了，我聽了覺得非常興奮。我邀請她來我家。但打開門的時候，站在門外的女孩卻是個陌生人，不是我曾經在視訊聊天時看到的那個人。一個念頭忽然閃過我的腦海：是陷阱。脫北者的社群中有不少傳言，說我們這些脫北者當中，其實潛藏了保衛部的間諜以及殺手。

看到我一臉困惑，她覺得很有趣。「是我啦，信淑啊。」她拍了拍手，同時大笑。

我認出了她的聲音。她解釋說，自己花了兩萬美元動了全身整形手術——眼睛、額頭、鼻子、嘴唇、胸部，全部都整了。她的南韓男友沒有辦法接受她的改變，因此選擇跟她分手。

在我告訴她，我把自己的家人也從北韓救了出來以後，她眼中的神采便隨之黯淡了下去。她變得安靜又憂傷。就像我一樣，她也很想念她的家人，想念到心幾乎都要痛了。她說，她也想把自己的家人救出來，但她很害怕後面要承擔的風險。她的遭遇遠比我的還要悽慘許多。就跟許多北韓的女性一樣，信淑被假裝成自己是仲介、能夠幫助她逃離北韓的男人們給騙了，因而被賣到了中國。她覺得自己很幸運，是被賣到了成人視訊聊天的產業裡去，而不是被賣作貧困中國農夫的新娘。這件事情讓我覺得很羞愧。十八歲的時候，我曾經認為生命中最糟糕的事情，就是嫁給住在瀋陽的根秀。明明他其實家境富裕，而且個性無害。

在母親跟敏鎬要從統一院出來的一星期以前，我決定要跟金好好地談一談。這件事情我已經拖了很久了，我不想再繼續拖下去了。我的家人將要加入我的生活之中。我的人生將要展開一個新的篇章，而我知道金不會出現在這個新的篇章之中。由於過往的經驗，因此我的個性很實際。我不會當個浪漫的傻瓜，期待他會違抗自己雙親的意願來娶我，而我也不認為他會這麼做。他從來沒有做過任何會讓家人不開心的事。苦苦思念舊愛的橋段只會出現在電視連續劇的劇情裡，不會發生在我的身上。我現在的首要之務，就是幫助母親以及敏鎬調適新的生活。我得要繼續前進。

「我覺得我們之間不會有未來。」我對他說。我猜，在我今天晚上到了他的公寓以後，他就從我說話的語調之中猜到了幾分。

在一段漫長的沉默以後，他說：「我知道，妳說得沒有錯，我家裡那邊會很難處理。」

我們在他的公寓裡頭坐了一會兒，其間只是隔著沙發彼此互望，同時聆聽著城市的聲音。我沒想到自己會這麼難過。眞的很可惜。我們非常喜歡對方，彼此也互相尊重。他剛從健身房回到家，身上穿了件能夠突顯身材的運動衫。他是一個俊美的男子，也很仁慈。但他的未來卻緊緊地連結著他的過去，以及他的家庭，我也是如此，而這意味著我們的命運是分開的。

「看來也沒有什麼好說的了。」如果不想要哭出來的話，就得速戰速決。

「是啊。」他說。

我溫暖地對他笑了笑。「讓我們以朋友的身分分手吧。」

我們彼此擁抱，我在他看見我崩潰之前離開。

兩天以後，我站在地鐵站樓梯的最高處，焦急地等著母親跟敏鎬。現在是二〇一〇年的八月了，距離長白縣那時的戲劇性會面已經快要滿一年了，距離我最後一次在寮國看見他們也已經九個月了。一看見他們，我就立刻三步併兩步地跳下階梯，投入他們的懷抱。他們終於自由了，他們成爲了南韓的國民。我現在擔心的是，他們有沒有辦法適應這種「自由」。

「妳之前跟我說，只要兩個禮拜就夠了，」這是母親提到的第一件事。「要是我早知道要拖這麼久，而且過程還這麼痛苦，我懷疑自己當時會不會答應過來。」

「唉唷，我們現在全家都在一起了啊，」我說。「這才是最重要的嘛。敏鎬，看看你。我最後一次看到你時，你瘦得只剩下皮包骨，現在的你太胖了啦。」事實上，他看起來健康多了。

「少來了，」他說。他露出牙齒對我微笑，我在他身上看到了父親的影子。「我餓了。我們去吃東西吧。」

他們對眼前所有的一切都感到好奇。地鐵在靠近市政府的繁忙區域把我們吐了出來。他們的所有感官，都遭受到這座世界上最現代化的城市裡的影像跟聲音所襲擊。首爾被爭相吸引眾人目光的招牌所照亮，而發光的宣傳廣告則是設計要來完成勾引及誘惑路人的任務。街道上車子的數量完全超乎北韓人的想像，群眾往四面八方移動，這些都是過著現代化生活的韓國人。母親雖然聽得懂他們所說的話，但是他們所追求的時尚、他們的生活態度，以及他們對數以千計的各色人種自由自在地跟自己一起過日子一事所表現出來的泰然模樣，都跟她所知道的世界有很大的衝突。放眼望去，到處都是一大片忙碌、繁榮的景象。

我也邀請了玉姬一起來跟我們享用由牛骨熬成的「先農湯[22]」。

「媽，多吃點。」我說。我很擔心，因爲她看起來很虛弱。我原本預期她在從統一院出來以後看起來應該會更自在也更健康。

「大部分時候，我都因爲壓力太大，所以吃不下飯。」她說。

我們盡情談天，直到餐廳休息爲止。我好開心，我不停地握住他們的手。我已經有超過十年的時間，都在幻想著這一幕的上演。

母親在這個已開發的世界裡過的自由日子的頭幾天，都在試著理解一連串驚奇的小事物。她

22 以牛腿骨熬成的韓國湯品，可搭配白飯吃，亦可將白飯倒入湯中成泡飯。由於以牛骨長時間熬煮，因此湯的顏色呈乳白色，因此也有人音譯為「雪濃湯」。其名稱的由來可追溯至高麗時代的成宗王二年（西元九八三年）正月，成宗王在先農壇祭祀神農及后稷，並在祭祀完畢後宰殺牛羊熬成湯飯後賜與百姓，因此才有「先農湯」之稱。

努力試著要跟上時代的腳步。東大門是一個著名的夜市景點，那裡有很多小吃的攤販。我們到那裡以後，我用自動提款機提領現金，母親看得都呆住了。「我完全不懂那個東西是怎麼運作的，」她說。她猜想，有一個非常非常矮小的出納員蹲在牆裡面的一個小空間中，用很快的速度在算錢。「好可憐，要待在這個連窗戶都沒有的地方。」

「媽，」我開始大笑。「那只是一台機器啦。」

我給她的那張旅遊卡也讓她覺得很困惑。上了一輛公車以後，她照著我的動作，把卡片刷過讀卡機，然後就出現了一個機械式的女性聲音說「換乘」（轉乘），意思就是說車資已經付了。

「我需要回答她嗎？」母親大聲地問我。

後來，在街上的時候，她問我，她在街上不停看到的那些孩子，是不是加入了類似北韓的社會主義青年同盟的組織。

「不是啦，妳怎麼會這麼覺得？」

「他們彼此之間會敬禮，像這樣。」她舉起自己的手心。

「媽，那叫做『擊掌』啦。」

有一天晚上，我們吃完晚餐以後在逛街，她說：「看來不是全部都是假的嘛。」

「什麼東西，媽？」

「這些車子啊。這些燈光啊。我在非法的南韓電視連續劇裡看過這些景象，但我一直都以爲那是宣傳用的。在拍攝的時候，他們一定是把整座城市裡的車子全部都集中到一條街上。」她搖了搖頭。「眞是太驚人了。」

# 「我已經準備好要赴死了」

二〇一〇年九月，我考取了韓國外國語大學，隔年春天開始在那裡進修漢語及英語。敏鎬有了一間自己的公寓。母親也在找工作以資助我。她先前在北韓曾享有崇高的社會地位——在惠山市政府局處內工作——如今到了首爾，她也只能從零開始，因此她接下了一份工作：在一間小型汽車旅館裡當計時清潔工。旅館提供食宿，每個月有一天的休假。她年紀已經開始大了，而且也不習慣重度體力勞動。工作不到幾個星期，在換床單的時候，她的椎間盤忽然突出，導致她在劇痛中倒下，而且在那件事情之後，很快就得去醫院動手術。

母親勇敢面對南韓新生活的嘗試因而停滯。更慘的是，她還得看著敏鎬也陷入了同樣的掙扎。

住在南韓的北韓人有兩萬七千人，這些人以往在北韓所過的日子可以分爲兩種：第一種人經常餓肚子，又會遭受國家的迫害，因此日子過得很悲慘；第二種人則是應付得還不錯，所以日子還算過得去。第二種人調適得很快。對他們來說，新生活固然充滿挑戰，但日子過得一定比以前還好。而對第一種人來說，在南韓的生活非常令人力不從心。面對南韓的生活，他們不免經常懷念起過往的單純跟秩序：大事都是由國家幫他們做決定，生活也不用過得如此充滿競爭壓力。

在離開惠山市以前，母親不但處理好了自己的死亡證明，也留了一些錢在高阿姨那邊，因爲她覺得自己有一天也許會回去。她開始非常懷念自己的手足，因此每晚下班以後都會哭泣。她開始不停地懷念起鴉片舅舅講的那些稀奇古怪的老故事，或是窮舅舅的艱困生活，或是漂亮阿姨做生意的一些小手段。然後，有一天晚上，她終於說出口了。

「我想要回家。」

「媽，」我就害怕聽見她這麼說。「不行啦。妳知道他們會怎麼處理妳。」

「我已經準備好要赴死了，」她說，眼神從容地望著空中。「我想要死在家鄉。」

「不要這樣說啦。」

「我永遠都看不到太陽，」她說。當時是冬天，她在天還沒亮的時候就得起床去工作，下班的時候天已經黑了。「我是爲了過這種日子，才來到這裡的嗎？這種日子沒有任何意義，我也沒有未來。」

接下來的幾個月裡面，我們一次又一次地重複了類似的對話。她從不曾怪罪我說服她離開，但我開始覺得自己犯了一個大錯。我冒了極大的風險，以我們的性命爲賭注，還耗費了許多的精力跟金錢，來讓我們全家能夠團聚。但雖然我是一片好心，母親卻因而過得很悽慘。她現在進退兩難：她想回家，但如果她眞的這麼做了，她勢必又將再次跟我分離。

一開始，我鼓勵她要有耐心。我說，要適應這裡的生活不容易，但她一定能夠辦得到。只是需要一些時間而已。但在她開始說自己想要死在北韓時，我就知道自己要正視這個問題了。

我沉重地告訴她，如果她眞的想要的話，我會幫助她安全地回到那裡。接下來的幾個禮拜中，我權衡了相關的風險。眞沒想到，在經歷了這麼多事情以後，我現在居然在想辦法，要試著引導母親一路回到北韓。但如果她都已經決定好了，我又能怎麼辦？

比起我們經過漫長的旅途才到達首爾，要回到北韓，相較之下就沒這麼困難。以南韓觀光客的身分，我們可以輕而易舉地去到長白縣的邊境處，然後我可以雇用一名仲介帶她渡江。但她得要確定——百分之兩百的確定——自己回去以後，有辦法抹消掉曾經離開北韓的所有事證。

我躺在自己的床上，毫無睡意，眼睛盯著首爾上方那層米黃色的天空。我真的要這麼做嗎？

「媽，」我隔天說。「如果他們發現妳曾經去過中國的話，他們就會逮捕妳，然後痛打妳。如果他們發現妳到過這裡的話……」不需要再多說些什麼，我們都知道下場會是怎麼樣。我看著她的眼睛。「我必須要確認妳的計畫會奏效。」

「沒問題的，」她說。「我清清楚楚地知道應該要去賄賂檔案局裡的哪個官員，而且他一定會同意。接著，妳的漂亮阿姨會幫忙我搬到一個新的城市去。沒有人會知道我曾經離開過北韓。」

看來就是這樣了。敏鎬對這件事情非常不開心。他跟我們的媽媽一樣非常想念家鄉。他有自己的麻煩要去調適，而同時他也不想失去自己的母親。

在接下來的一個星期以內，我開始規劃她的行程。但當我試著要跟她討論確切的日期及可行性的時候，她變得沉默而心不在焉，彷彿心事重重、心煩意亂。

與此同時，我也在試著說服敏鎬去嘗試考大學。他焦躁不安，對現況感到不滿。我很怕他會去做出犯法的事情。雖然走私在北韓也許犯法，但只要警察睜一隻眼閉一隻眼，那麼在不公開的情況下，社會大眾就會認定走私就跟做生意沒兩樣。但南韓的社會可不會容許這種行為。敏鎬對這個主意很恐懼，每次我只要提到這件事，他看起來就會變得很低落。由於北韓的教育毫無任何意義，因此他的學識落後同齡的人許多。我要他花個一年的時間考慮看看。

他已經在工地找到了一份工作。他以一如既往的頑強去面對，工作非常賣力，因此沒幾個禮拜就升任了組長的職位。然而，在六個月過後，他辭職了。他告訴我說，如果他不做點什麼去改變的話，他這輩子就會全部虛耗在建築工地上。他會試著去報考大學。聽到他這麼說，我終於放下心中的大石頭，也爲他感到開心。不久之後，又傳來了更多的好消息。

「我不回去了。」母親有天早上忽然這麼說。

我之前就覺得她心有疑慮，因此就沒再多說些什麼，只希望那些疑慮能慢慢深入她的內心。

「我會非常非常想念妳跟妳弟，」她說。「雖然我能夠見得到妳那些阿姨、舅舅，還有他們的孩子，但是我會更想念你們，那個痛楚會比現在還要強上一倍。」那天晚上，她在我的公寓裡過了夜。後來，在她出去工作以後，我抱頭痛哭。我應該感到欣慰，但我卻不能因此而忽略事實：我害她此生都要經歷失落跟悔恨的痛苦。我很強烈地感受到，這一切都是我造成的。

二〇一一年九月，母親跟敏鎬已經在首爾過了九個月的自由生活。正當我以爲他們都已經開始安定下來，也適應了他們的新生活時，卻又發生了另外一個事件，差點害我們又要骨肉分離。

敏鎬又重新開始跟自己的未婚妻允智聯絡，經常會打電話給她。他還沒有放棄她。在多次聊天以後，敏鎬成功地說服了允智過來南韓跟他相聚，也跟幾個仲介做好了所有複雜的準備，要帶著她穿越中國。我並沒有阻止他，他知道會面臨哪些風險，但他心意已決。

他申請了護照，拿到了中國的簽證，然後去中國接她。但在他抵達長白縣的時候，她已經改變了心意。她說，她不想給自己的父母帶來麻煩。

幾天以後，在我第一天上大學時，他打了電話給我。那是個美麗的春日。我正在穿越校園，同時也正在看地圖找自己要去上課的那棟教學大樓。

「我人在長白縣。」他的聲音聽起來很奇怪，彷彿我們是在一場夢境之中。「我正在看著江水對岸的惠山市。」

「你不應該太靠近那裡，說不定會有人認出你來。」

「姊，眞的很對不起，但我還是要跟妳說，我要回去了。」

「一點都不好笑。」

「我今天把頭髮剪了，把牛仔褲也丟了，然後買了一條看起來就像北韓人穿的那種長褲。」

我的血液瞬間凝結。「什麼？什麼時候？」

「現在。我現在就要渡江回去了。」

我尖叫了出來。「敏鎬，你不可以這麼做。」

「允智的母親會擺平所有的事情，我會有如從來都沒有離開過。」

我試著要集中精神。我得要阻止他。我感覺到整個頭開始變得很緊繃。

「敏鎬，聽我說。一旦過去以後，你就再也回不來了。你想清楚。」

「我在首爾沒有未來，」他說。「我不確定自己有沒有辦法處理好大學的課業。在惠山市，我可以娶允智。我知道該怎麼賺錢。」

「你對未來充滿不確定，是因爲你才剛到不久，世界對你來說依然很可怕。但過了一兩年以後，你就不會有任何問題了。」
他沒有說話，我聽見他在深呼吸，只要他不想要某件事情發生，他就會這麼做。
「敏鎬，你是我弟，我不能再失去你一次。你是我們家裡的男人。想想媽媽，她會作何感想？我們經歷了一段地獄般的旅程，但我們都還活著。生活很艱辛，但我們一定可以克服這一切。你跟我，我們都還年輕，我們想做什麼都可以去做。還記得要到這裡有多麼困難嗎？但我們辦到了。你想要把這一切都拋棄掉嗎？」
「那允智怎麼辦？」他的聲音微弱又哀傷。
我們三個人都面臨了相同的難題。我們所做的每一個決定，都會讓我們永遠失去自己所愛的人。
「她會沒事的。」我轉守為攻，直接處理我認為他會這麼做背後的主因——他很害怕自己在南韓永遠也找不到一個會對他產生興趣的女人。「這裡有很多的女孩子，我有認識一些朋友，我會開始把她們介紹給你，她們都知道你是我的英雄。」
「也許吧。」
「或者我們也可以一起去美國，我們可以在拿到自己的學位以後就去美國。韓國這裡有一些不確定的要素，但美國可是自由的國度呢。」
「美國？我沒事去那個鬼地方幹嘛？」
「我們要做什麼都可以，敏鎬。我們要去哪裡都可以，我們沒有任何的束縛。只要有心，我們什麼都辦得到。」

我們就這樣講了一個小時的電話。他慢慢地回到了現實。在整個對話的過程當中，我都在繞著一個四方形的地方打轉，或聊天或推著腳踏車的學生們不停地從我的身旁走過。

「我經常想起那條沿著江水的小路，」他說。「我懷念知道自己在幹嘛的日子。」

「我知道。」

「但是妳說得沒有錯。我會回去，我會再試一次。」

他掛斷了電話。我找到一張長椅坐了下去，全身都在發抖，感覺自己像個差點讓飛機墜毀的駕駛員。

# 不受拘束的心靈之美

在我的家人抵達南韓後不久，玉姬介紹我加入了一個名稱叫做 PSCORE（「韓國人民成功統一聯盟」的縮寫）的組織。這個組織的宗旨是要提升脫北者的生活。在一個週六的晚上，我跟她還有一群 PSCORE 的志工一起去弘大區聚會。弘大區裡面有很多音樂放得很大聲的喧囂酒吧，也有很多首爾的學生愛去的夜店。說來奇怪，在我們這群人當中，除了南韓人以外，居然還有三個年輕的西方男性。吃晚餐的時候，我發現自己旁邊就坐了其中的一個。自從我在寮國遇見狄克・史托普以後，我對西方人的好奇心就增加了不少。不知道還會不會有一兩個人就跟狄克一樣優秀呢？我想再多認識一些西方人。而且我承認，坐在我隔壁的這個人長得眞的很帥。他有一頭金髮，一雙栗色的眼睛，舉止友善又謙遜。我猜，他應該是二十五、六歲吧。

他說自己的名字叫做布萊恩，是首爾延世大學的研究生。他問我從哪裡來的。

「一個叫做惠山市的地方。」我平靜地說，說話的口氣猶如每一個人都應該知道惠山市在哪裡，然後愉快地看著他抓自己的下巴。

「惠山市，惠山市，」他喃喃自語。他試著在想惠山市在地圖上的哪裡。「怪了。我很熟這個國家啊。」

「在北方，」我說。「靠近中國。」

他一臉訝異地看著我。「妳是開玩笑的吧。」我是他認識的第一個北韓人。他說自己是從威斯康辛來的。他看到我一臉茫然的表情。「在美國。」

後來，我們那天晚上就一直都在聊天。我很訝異他對所有事情都持開放性的看法，同時也非常地誠實。他講話直率，不會避重就輕。他不會心存戒備，也不重視社會地位的差別。我可以非常輕鬆自在地跟這個陌生人相處。一開始，我對他也都很誠實，直到那天晚上要結束的時候才說了謊。我是個傻瓜，居然自己挑起了年齡這個話題。

「是喔，那妳幾歲？」他笑著說。

「二十五。」我立刻下意識地撒了謊。我又突然重啓了那個計算所有利弊的自私模式。這跟我多年以來習慣就自己的身分去說謊也有關係。我故意少講個幾歲，讓自己對他更具吸引力。我並沒有什麼罪惡感，而且也沒想到我們會再見面。

我沒料到布萊恩會打電話給我，沒料到我們會開始約會，而在那次聚會的幾個月之後，我們開始正式交往。當初的小謊現在可不能等閒視之了。我不停搪塞，不跟他說我眞正的年紀，直到有一天我再也受不了了。我得要把這件事情做個了結。

「布萊恩，我得跟你道歉，」走在大街上時，我對他說。「我騙了你。我不是二十五歲，我是二十九歲。」

「喔，」他疑惑地看著我。「我不介意啊。但我要妳知道，妳永遠都可以對我說實話，我不會批評妳。」

布萊恩是第一個對我展露出不受拘束的智慧的人。他幽默，對世事充滿懷疑，不視任何事情為理所當然。這讓我也開啓了自己不受侷限的思考方式。他讓我知道，外界的人都很在乎那些在北韓裡面受苦的人，而且他們也都對北韓裡面所發生的事情清清楚楚。他的態度，讓我得以勇敢地去面對南韓人對脫北者慣有的偏見——脫北者在美國絕對不會遭受同樣的待遇。在我所認識的脫北者當中，多數人都隱瞞起自己的身分，因爲他們害怕被視爲低下階層。要是我也這麼做，那我就太可惡了。如今，我的家人都已經平安地跟我待在了一起，因此我沒有什麼好隱瞞的。

但布萊恩也讓我看見了另外一個自己沒有預想到的問題。我要面對的不單只有南韓人的偏見而已。我也得改變一些脫北者的觀念，而其中有些人的關係跟我很親密。

母親跟敏鎬知道我談戀愛了。他們想要見見這個男性，而且他們不懂我爲什麼一直在迴避，甚至連名字都不願意跟他們說。隨著我跟布萊恩的感情關係越來越深厚，我意識到也是時候讓他們知道了。到最後，我決定震撼療法是最好的治療方式。

因此，在一間餐館內，我把布萊恩介紹給了母親跟敏鎬。他們發現自己面對的，是北韓文宣裡那可恨的豺狼美國佬。我們沉默地坐下。我那通常斯文有禮的母親目瞪口呆地看著他，她跟我弟弟動彈不得，一臉遭人冒犯的神情。我知道他們在想什麼。北韓有一句眾所周知的俗話是這麼說的：「如同豺狼不會變成綿羊，信奉帝國主義的美國人也不會改變他們貪婪的天性。」我負責幫雙方翻譯。在一頓折騰人的晚餐匆匆結束以後，布萊恩在不失禮的前提下，盡快找了一個藉口離開。敏鎬持續不說話，只盯著桌子看。母親只自言自語地說了一件事：「我活太久了，我太老了，沒辦法承受這種鳥事。」

後來，敏鎬跟我坦承，他一看見布萊恩，就覺得這人教他生厭。他說，布萊恩是個美國混蛋。

雖然母親跟敏鎬覺得受到了冒犯，但我並不覺得他們可憐。我覺得布萊恩更可憐，他斯文又和善，根本沒做錯任何事情，卻必須忍受他們的蔑視。但我知道，為此跟母親還有敏鎬大吵一架並沒有任何益處。他們離開北韓不過幾個月而已，有些信念不會在一夜之間就改變。

慢慢地，我開始公開捍衛脫北者，也提到了北韓對人權的侵害——先從脫北者團體的聚會開始，接著是小型的公開演講，然後上了一個嶄新的電視節目，節目名稱叫做《現在就讓我來認識妳吧》。這個節目的來賓都是脫北者當中的女性。節目會安排這些女脫北者穿上色彩鮮豔的新衣服，以擺脫北韓人在大眾認知中那衣衫襤褸又值得憐憫的形象。這個節目深深影響了南韓人對脫北者的觀感。

我開始深度思考人權的問題。在北韓的壓迫者與受害者之間的區別之所以會如此模糊，其中一個主要的理由，就是那裡沒有任何跟權利有關的概念存在。要意識到自己的權利遭受了侵害，或者你正在侵害他人的權利，那你首先得要知道你有自己的權利，以及了解權利是什麼東西。但因為缺乏能夠跟世界上的其他社會去比較的資訊，因此在北韓的社會裡就不存在這樣的認知。這也是為什麼多數人離開北韓是因為饑餓或惹上了麻煩——而非他們渴望自由。許多躲在中國的脫北者甚至不想前往南韓——他們認為這是一種對祖國的背叛，也是對偉人的領導人遺訓的背叛。如果北韓人民能夠意識到自己擁有的權利，包含了個人的自由以及民主政治的概念，平壤政府的所作所爲就會曝光。百姓會意識到，在這個國家裡面，只有一個人享有完整的人權，並且樂在其中——姓金的統治者。在北韓這個國家裡，只有統治者一人享有以下的權利：思考自由、說話自由、行動自由；在未經審判的情況下，不會被刑求、監禁，或是處決；擁有良好的醫療照護及充足的食物供給。

巧合的是，在我思考這些事情的同時，發生了一件沒有一個脫北者能夠意料得到的事情。二〇一一年十二月十七日晚上，母親跟我正在看電視，新聞忽然報導了「親愛的領導人」金正日亡故的消息。悲痛欲絕的北韓新聞主播說，金正日因爲一生都奉獻給了人民，因此導致「身心皆操勞過度」，最後死在私人列車上。

我震驚地把頭轉向母親，我們在歡呼。她舉起了手掌，跟我擊了掌。玉姬立刻就打了電話來，我們想要慶祝，天眞地以爲北韓將會發生巨大的改變。

我們都不敢相信。他才七十歲，我們以爲他至少能再多活個十年。在平壤，有一整座研究機構都在致力於延長他的壽命。他得以享有世界上最頂級的醫療照顧，也能享用最好的食物。他所食用的每一顆稻米都經過檢驗，不能忍受有一丁點的瑕疵。

然而幾天過後，我們的心情就變差了。我們看見了影片：大眾被迫爲這個冷酷無情的暴君落淚、哭號。金正日是一個非常糟糕的統治者。面對北韓歷史上最大的災害之一：大饑荒，他幾乎沒有任何作爲。然而，從他個人的觀點來看，他做得非常成功——他一直都享有無上的權力、他平靜安詳地死去，也把統治的權柄交到了他最小的兒子金正恩的手中。

布萊恩為我的人生帶來了穩定的基礎。我覺得很安定，也比較不會心煩意亂；我專心向學，開始在課業上獲得了自信，特別是英文。我持續為脫北者發聲，接著發生了一件完全出乎我意料之外的事情。經過了全世界的海選，我獲選在TED大會上發表演說。（TED三個字指的分別是技術、娛樂、設計。TED每年都會舉辦大會，將一些有趣的想法呈現給廣泛的聽眾知道。）二〇一三年二月，我飛往加州，要在一大群觀眾面前講述自己的故事。

讓我覺得吃驚的是，那場演說獲得了許多來自世界各地的人極其正面的回應。其中有一些最為振奮人心的訊息來自中國。我愛中國，但中國卻也為我帶來了不少苦難。許多人表示他們覺得很丟臉，自己的政府居然會協助北韓政府追捕脫北者。我也收到了一些憤恨的訊息，指稱我是叛徒，還有其他更糟的形容詞。布萊恩一笑置之，也建議我無須認真看待。

同年，過了一段時間以後，我受邀前往紐約，跟一些從北韓集中營裡倖存下來的脫北者一起，在聯合國北韓人權調查委員會的面前作證。在委員會裁定北韓違反人權以後，國際輿論譁然，使得平壤政府終於注意到了我。中央通訊社以它一貫的獨特方式，發表了這樣的言論：「總有一天，這個世界會認清這些……罪犯的眞面目。在西方世界明白自己竟然邀請了這些恐怖分子（去作證）以後，他們將會為此感到無地自容。」

在這些恫嚇言論的背後，我感受到了他們的恐懼。縱使獨裁政權都看似堅不可摧，但它們總是外強中乾。跟民主國家不同，他不是先讓眾人在廣泛斟酌與討論之後，才來決定要怎麼做。這些國家的獨裁統治者總是任性妄為，透過恐怖手段去統治百姓，所有的事情都是他說了算。即便如此，我認為金正恩的獨裁政權仍舊穩固，不會在一時半刻之間土崩瓦解。很不幸地，如歷史學家安德烈·蘭科夫[23]所說，一個不惜殺害眾多人命，只為鞏固自身政權的政府，往往都能執政很長的一段時間。

那麼，這個苦難什麼時候會結束呢？有些韓國人會說要等到統一以後。雖然這是我們這些住在國界兩邊的北韓人的夢想，但是在經歷了超過六十年的分裂以後，再加上雙方生活水準的巨大差異，因此許多南韓人都對這樣的未來感到惶惶不安。但當我們在等待奇蹟發生，在等待一個全新的、統一的韓國誕生之際，我們不能夠只是毫無作為。如果繼續這樣下去，那些被拆散的家族的子孫，將於再次碰面時，以陌生人的身分相見。統一的日子一定會到來，而在統一來臨以前，如果住在北韓跟南韓的百姓之間，能夠至少有點接觸；如果政府能夠允許休假的時候去拜訪故鄉的親戚，或允許他們參加甥姪的婚禮的話，也許屆時因統一而引發的紛亂，就能因此降低一些。我們最少要確保能夠讓脫北者知道，在賭上一切逃離祖國以後，他們不會因此而跟被留下的親友失去聯繫；讓他們知道世界上有很多人支持他們這麼做，也希望他們能夠平安、順利；讓他們知道自己在跨越國界的同時，有許多人的信念跟他們同在。

在經過了這些事情以後，我的曝光率大幅增加，使得母親再也不能無視我跟布萊恩在交往的事實。他一直都很支持我。不只如此，因為我的努力，所以吸引了許多人的注意，從而改變了她跟敏鎬的觀念。因為我的緣故，大環境逼迫他們要用更具國際性的觀點去看待自己的人生。慢慢地，他們開始意識到自己是一個更廣大的世界裡的公民，而不是來自北韓兩江道裡的一個小地區

23 出身俄羅斯，為北韓問題專家，曾在平壤的金日成綜合大學就讀，現居首爾，於首爾國民大學任教。

的難民。

然而，要讓母親接受接下來要發生的事情，對她來說可是要跨出很大的一步。在我告訴她這則消息時，她的態度顯得既安靜又寬容。

「媽，布萊恩跟我求婚了。我希望妳能夠祝福我們，因為這對我來說意義重大。」

# 尾聲

聽起來也許會讓人覺得很不可思議，明明我們就住在一個人與人之間很容易取得聯繫的世界，我卻在離開寮國以後不久，就沒有辦法再跟狄克·史托普取得聯繫。我使用的那一家郵件伺服器停業了，因此我原先儲存的電子信箱地址也都跟著全部消失了。我寫了幾封信給幾家澳洲報紙的編輯，希望他們能夠幫我刊登出來，這樣如果狄克看見的話，他就會跟我聯絡。我想要讓他知道，他的仁慈跟他的英勇事蹟帶來了怎麼樣的效果。沒有一家報社刊出我的信。直到TED的演說引發了大眾的關注以後，那封電子郵件才終於出現在我的收件匣中。「晛瑞，是妳嗎？」狄克並不知道我是北韓人，因此他不確定自己寫信的對象是不是我。一個澳洲的新聞節目《SBS洞察》在聽說了這個故事以後，就安排讓我飛到澳洲，當面跟狄克致謝。電視台的攝影機拍下了我們的重逢。在正常的情況下，這種公開場合帶給我的壓力，會讓我那張北韓面具緊緊地黏在臉上，但當我一見到狄克那高聳的身影，當我一見到他那跟我當天在琅南塔的咖啡屋外看到的、同樣溫柔而仁慈的微笑時，我就抱住了他，並開始落淚。

我知道自己的面具也許永遠也沒有辦法完全脫落，就連微不足道的小事偶爾都會讓我穿上鐵甲，切換到體內的那個生存模式。或者，在別人希望我能夠更開放一點的時候，我有可能會僵立當場。在《現在就讓我來認識妳吧》這個大受歡迎的南韓節目的某一集當中，每個女人在訴說她們的故事時，個個都是淚如泉湧。只有我例外。

我仍然會自我厭惡。多年以前，在中國的某一個地方，我開始不再喜歡自己。在拋棄了自己的家人以後，我覺得自己不配再慶祝生日，因此我從來都不會在自己生日的這一天慶祝。我永遠都對自己感到不滿。在我完成某件事情以後不久，我就會因爲自己沒有做得更好而覺得不快樂，於是又會開始朝向下一個目標邁進。

我試著去感激自己所擁有的一切，並隨時保持微笑。我最近剛從大學畢業了，這一切都要歸功於警察朴先生友善的鼓舞。敏鎬也唸了大學，會講英文了，這些日子以來跟布萊恩也變成了好朋友。到他們初次見面的那間餐館用餐時，現在兩個人都會笑了。從很多角度來看，這件事情都象徵了北韓的政治觀點塑造出了荒謬的錯誤觀念。

而母親，我那偉大的母親，現在很少哭了。她甚至偶爾也會露出微笑，尤其是在布萊恩把一些韓文裡的東西搞混了的時候。那些被她留在故鄉的人——我的舅舅跟阿姨們——依然會出現在她的夢境中。她試著爲我堅強，但在有些夜裡，我會聽見她暗自啜泣。

或許，在母親的人生旅途當中，她所跨出的最大一步，是發生在我們邀請她到美國的中西部，到布萊恩的故鄉來參加我們的婚禮的時候吧。我很訝異，她居然沒有拒絕，也沒有任何怨言。

因此，母親跟我們一起踏上一段旅程，前往信奉帝國主義的野獸美國佬的腹地，來到美利堅合眾國。如果她的母親，也就是我的外祖母，就是那個在六十年前，爲了不讓美國的士兵發現，而把自己的勞動黨黨證藏在煙囪裡，並終其一生，都將那張黨證用條細繩穿著，繫在自己的脖子上的女人，有辦法親眼看見母親從位在芝加哥的約翰．漢考克中心的第一百層樓，用讚嘆的眼光欣賞眼前的景色；或是跟我一樣，看著她坐在一間美式餐廳裡，淺嚐美國食物的話，外祖母一定會不敢相信自己眼前的景象吧。還有一件事，外祖母若看到了，一定也會跟布萊恩還有我一樣震驚：我們看見母親用英文請女服務生再幫她倒一杯咖啡，然後嘴裡哼唱著樂曲，眼睛凝望著被陽光照得閃閃發光的、由許多摩天大樓構築而成的大峽谷，態度非常悠閒而自在。

愛視界003

# 擁有七個名字的女孩

## 一個北韓叛逃者的真實故事

作者：
李晛瑞 Hyeonseo Lee／
大衛・強 David John｜譯者：
朱浩一｜出版者：愛米粒出版有
限公司｜地址：台北市10445中山
北路二段26巷2號2樓｜編輯部專
線：（02）25622159｜傳眞：（02）
25818761｜【如果您對本書或本出版公
司有任何意見，歡迎來電】｜總編輯：莊
靜君｜特約編輯：金文蕙｜校對：蘇淑惠．
陳佩伶｜內文排版：黃偵瑜｜印刷：上好印刷
股份有限公司｜電話：（04）23150280｜初版：
二〇一五年（民104）八月一日｜二十四刷：二〇二〇
年（民109）六月十五日｜定價：380元｜總經銷：知己圖
書股份有限公司｜郵政劃撥：15060393｜（台北公司）台北市

# THE GIRL WITH SEVEN NAMES

## A NORTH KOREAN DEFECTOR'S STORY

106辛亥路一段30號9樓｜電話：（02）23672044／23672047｜傳眞：
（02）23635741｜（台中公司）台中市407工業30路1號｜電話：（04）
23595819｜傳眞：（04）23595493｜法律顧問：陳思成｜國際書
碼：978-986-91938-1-8｜CIP：783.288／104012125｜Originally
因
為閱讀，我們放膽作夢，恣意飛翔。在看書成了非必要奢侈品，
文學小説式微的年代，愛米粒堅持出版好看的故事，讓世界
多一點想像力，多一點希望。

愛米粒出版　愛米粒FB　線上回函